JN271556

ISOから
TQM総合質経営へ

ISOからの成長モデル

飯塚　悦功　監修
超ISO企業研究会　編著

beyond

日本規格協会

超 ISO 企業研究会

委員長	飯塚　悦功	東京大学大学院工学系研究科化学システム工学専攻教授
委　員	池田　晃三	株式会社マネジメントシステム評価センター審査本部
	石川　　茂	財団法人日本科学技術連盟 ISO 審査登録センター 情報セキュリティ審査室室長
	慈道　順一	財団法人日本規格協会品質システム審査員評価登録センター
	住本　　守	独立行政法人製品評価技術基盤機構認定センター技術顧問
	二宮　慶三	古河テクノリサーチ株式会社コンサルティング部品質環境推進室室長
	福丸　典芳	有限会社福丸マネジメントテクノ代表取締役
	松本　　隆	財団法人日本規格協会国際標準化支援部国際支援課調査役
	丸山　　昇	アイソマネジメント研究所所長
	村川　賢司	前田建設工業株式会社総合企画部部長
	山上　裕司	株式会社イノベイション代表取締役
	山崎　正彦	(元)コニカマーケティング株式会社常勤監査役

(敬称略, 50 音順)

超 ISO 企業研究会 (TQM 9000) のウェブサイト： http://www.tqm9000.jp/

超 ISO 企業研究会での研究成果等の情報は，上記ウェブサイトで入手可能です．関心をおもちの方は，ご覧ください．

まえがき

 2005年7月，私たちは『超ISO企業実践シリーズ』という一連の書籍を日本規格協会から出版した．ISO 9001認証（審査登録）組織の立場でISO 9000の意義と本質を考察してみれば，競争力向上のためには，ISO 9001を基盤としてISOを超えるQMS（Quality Management System：品質マネジメントシステム，質マネジメントシステム）の構築が必須であることが明らかになる．それゆえ，ISO 9001認証を基礎としてどのようにステップアップしていくのか，その優れた指針が望まれる．

 この社会的ニーズに応えるために，私たちは，"ISOを超える"ということの三つの意味をご理解いただき，そのうえでTQM（Total Quality Management：総合質経営）への第一歩（TQMへのファーストステップ）を踏み出すように促すことをねらいとして，代表的な経営課題をいくつか取りあげて，その取組みのステップを分かりやすく解説する，大部でない一連の書籍をお届けしてきた．

 シリーズ第1巻の『ISOを超える』の巻末に"ISO 9000からTQMへのファースト・ステップ発展表"という付表を収録した．この表は，ISO 9001からTQM総合質経営への4段階発展モデルのうち，レベル1（ISO-QMS）からレベル2（TQMの基盤）の二つのレベルの表を掲げ，ISO 9000レベルからTQMへのステップアップモデルを示したものである．レベル3はTQM品質保証，レベル4はTQM総合質経営と，その基本概念は定義していたし，様々な側面から，それぞれのレベルの特徴を記述することもしていた．

 しかしながら，ISO 9001の要求事項を基軸にして，これにどのようなQMS指針を追加したものが，レベル2, 3, 4であるのか，具体的に示してはいなかった．

 私たちは，TQMへのファーストステップばかりでなく，セカンドステップ，すなわちレベル2からレベル3へのステップアップの実践シリーズを企画し，さらにその先の，レベル4へのステップアップガイドも書きたいと思っている．

 このような構想の全貌を明らかにし，"超ISO企業"の研究開発を体系的に進めるためには，何としてもISO 9001からTQM総合質経営へのステップアップのフルモデルが必要であった．

 そこで，4段階発展モデルの原案を検討するグループを組織して，精力的に検討してきた．そのメンバーは，丸山，慈道，福丸，村川，山崎である．検討メンバーはグループ内で議論を尽くし，検討中間段階の表を研究会に提示して修正を重ねてきた．このように，ISO 9001を出発点として，ISO 9001の要求事項にどのようなQMS要素を追加し深化させるかを，ISO 9001の構造で具体的に記述した表を作成することを目標に活動してきたのである．

 本書は，その表を主たるメッセージとする書籍である．使い道はいろいろあるだろう．私たちは，本書を私たちの活動の全貌を示す海図と位置づけて，今後の研究活動の羅針盤にしていく．

 本書をまとめるにあたって，例によって，日本規格協会編集第一課の末安いづみさんには，大変お世話になった．末安さんの叱咤激励，研究会事務局業務，検討・執筆支援があって，よ

うやく脱稿にこぎ着けることができた．厚く御礼申しあげる．

　本書が"超 ISO 企業"の姿の具体的モデルの理解のために利用され，本シリーズの他の書籍を参考として，優れた超 ISO 企業がいくつも実現することになれば，それはもう望外の喜びである．

　2007 年 4 月

超 ISO 企業研究会委員長

飯塚　悦功

目　次

まえがき　3
TQM 9000 発展表の各レベルの項目一覧　14

第 1 章　超 ISO 企業——ISO 9000 を超える

1.1　超 ISO 企業とは　19
1.2　ISO 9000 を超える　19
1.3　ISO 9000 モデルからのステップアップ　20
　1.3.1　ISO 9000 の限界と克服のポイント　20
　1.3.2　超 ISO 企業への 4 段階モデル　21
1.4　JIS Q 9005　23

第 2 章　TQM 9000 発展表の作成と使用

2.1　ISO 9000 から TQM へのステップアップの視点　26
　2.1.1　QMS の目的の拡大　28
　2.1.2　品質活動のレベルアップ　29
　2.1.3　管理の考え方・方法・システムのレベルアップ　29
　2.1.4　改善の方法のレベルアップ　30
2.2　TQM 9000 の各レベルの意図するモデル　30
　2.2.1　レベル 1：ISO-QMS　31
　2.2.2　レベル 2：TQM の基盤（TQM へのファーストステップ）　31
　2.2.3　レベル 3：TQM 品質保証（TQM へのセカンドステップ）　32
　2.2.4　レベル 4：TQM 総合質経営　33
　2.2.5　各レベルの関係　34
2.3　TQM 9000 発展表の見方・使い方　34

第3章　TQM 9000 発展表
[2007年4月版]

レベル1

4. 品質マネジメントシステム		**38**
4.1	一般要求事項	40
4.2	文書化に関する要求事項	46
	4.2.1　一般	46
	4.2.2　品質マニュアル	48
	4.2.3　文書管理	48
	4.2.4　記録の管理	50
5. 経営者の責任		**52**
5.1	経営者のコミットメント	52
5.2	顧客重視	54
5.3	品質方針	58
5.4	計画	58
	5.4.1　品質目標	58
	5.4.2　品質マネジメントシステムの計画	60
5.5	責任，権限及びコミュニケーション	64
	5.5.1　責任及び権限	64
	5.5.2　管理責任者	64
	5.5.3　内部コミュニケーション	66
5.6	マネジメントレビュー	68
	5.6.1　一般	68
	5.6.2　マネジメントレビューへのインプット	68
	5.6.3　マネジメントレビューからのアウトプット	70
6. 資源の運用管理		**72**
6.1	資源の提供	72
6.2	人的資源	74
	6.2.1　一般	74
	6.2.2　力量，認識及び教育・訓練	74
6.3	インフラストラクチャー	78
6.4	作業環境	80
7. 製品実現		**84**
7.1	製品実現の計画	88
7.2	顧客関連のプロセス	92
	7.2.1　製品に関連する要求事項の明確化	92
	7.2.2　製品に関連する要求事項のレビュー	92
	7.2.3　顧客とのコミュニケーション	94
7.3	設計・開発	94
	7.3.1　設計・開発の計画	94
	7.3.2　設計・開発へのインプット	96
	7.3.3　設計・開発からのアウトプット	98
	7.3.4　設計・開発のレビュー	100
	7.3.5　設計・開発の検証	102
	7.3.6　設計・開発の妥当性確認	102
	7.3.7　設計・開発の変更管理	104

7.4	購買	106
	7.4.1 購買プロセス	106
	7.4.2 購買情報	110
	7.4.3 購買製品の検証	112
7.5	製造及びサービス提供	114
	7.5.1 製造及びサービス提供の管理	114
	7.5.2 製造及びサービス提供に関するプロセスの妥当性確認	118
	7.5.3 識別及びトレーサビリティ	118
	7.5.4 顧客の所有物	120
	7.5.5 製品の保存	122
7.6	監視機器及び測定機器の管理	128
8.	**測定，分析及び改善**	**132**
8.1	一般	132
8.2	監視及び測定	134
	8.2.1 顧客満足	134
	8.2.2 内部監査	142
	8.2.3 プロセスの監視及び測定	146
	8.2.4 製品の監視及び測定	146
8.3	不適合製品の管理	148
8.4	データの分析	150
8.5	改善	154
	8.5.1 継続的改善	154
	8.5.2 是正処置	156
	8.5.3 予防処置	158

レベル2

4.	**品質マネジメントシステム**	**38**
4.1	一般要求事項	40
4.2	文書化に関する要求事項	46
	4.2.1 一般	46
	4.2.2 品質マニュアル	48
	4.2.3 文書管理	48
	4.2.4 記録の管理	50
5.	**経営者の責任**	**52**
5.1	経営者のコミットメント	52
5.2	顧客重視	54
5.3	品質方針	58
5.4	計画	58
	5.4.1 品質目標	58
	5.4.2 品質マネジメントシステムの計画	60
5.5	責任，権限及びコミュニケーション	64
	5.5.1 責任及び権限	64
	5.5.2 管理責任者	64
	5.5.3 内部コミュニケーション	66
5.6	マネジメントレビュー	68
	5.6.1 一般	68
	5.6.2 マネジメントレビューへのインプット	68

  5.6.3 マネジメントレビューからのアウトプット 70
6. 資源の運用管理 **72**
6.1 資源の提供 72
6.2 人的資源 74
  6.2.1 一般 74
  6.2.2 力量，認識及び教育・訓練 74
6.3 インフラストラクチャー 78
6.4 作業環境 80
6.5 情報技術 80
7. 製品実現 **84**
7.1 製品実現の計画 88
7.2 顧客関連のプロセス 92
  7.2.1 製品に関連する要求事項の明確化 92
  7.2.2 製品に関連する要求事項のレビュー 92
  7.2.3 顧客とのコミュニケーション 94
7.3 設計・開発 94
  7.3.1 設計・開発の計画 94
  7.3.2 設計・開発へのインプット 96
  7.3.3 設計・開発からのアウトプット 98
  7.3.4 設計・開発のレビュー 100
  7.3.5 設計・開発の検証 102
  7.3.6 設計・開発の妥当性確認 102
  7.3.7 設計・開発の変更管理 104
7.4 購買 106
  7.4.1 購買プロセス 106
  7.4.2 購買情報 110
  7.4.3 購買製品の検証 112
  7.4.a 供給者とのコミュニケーション 112
  7.4.b 供給者の力量の改善 114
7.5 製造及びサービス提供 114
  7.5.1 製造及びサービス提供の管理 114
  7.5.2 製造及びサービス提供に関するプロセスの妥当性確認 118
  7.5.3 識別及びトレーサビリティ 118
  7.5.4 顧客の所有物 120
  7.5.5 製品の保存 122
  7.5.a 製品の販売 124
7.6 監視機器及び測定機器の管理 128
8. 測定，分析及び改善 **132**
8.1 一般 132
8.2 監視及び測定 134
  8.2.1 顧客満足 134
  8.2.2 内部監査 142
  8.2.3 プロセスの監視及び測定 146
  8.2.4 製品の監視及び測定 146
8.3 不適合製品の管理 148
8.4 データの分析 150
  8.4.1 品質情報の収集 150
  8.4.2 品質情報の分析 152

	8.4.3 統計的手法	152
8.5	改善	154
	8.5.1 継続的改善	154
	8.5.2 是正処置	156
	8.5.3 予防処置	158

レベル3

4.	**品質マネジメントシステム**	**39**
4.1	一般要求事項	41
4.2	文書化に関する要求事項	47
	4.2.1 一般	47
	4.2.2 品質マニュアル	49
	4.2.3 文書管理	49
	4.2.4 記録の管理	51
5.	**経営者の責任**	**53**
5.1	経営者のコミットメント	53
5.2	顧客重視	55
5.A	組織の人々及び供給者に対する責任	55
5.3	品質方針	59
5.4	計画	59
	5.4.1 品質目標	59
	5.4.2 品質マネジメントシステムの計画	61
5.5	責任,権限及びコミュニケーション	65
	5.5.1 責任及び権限	65
	5.5.2 管理責任者	65
	5.5.3 内部コミュニケーション	67
5.6	マネジメントレビュー	69
	5.6.1 一般	69
	5.6.2 マネジメントレビューへのインプット	69
	5.6.3 マネジメントレビューからのアウトプット	71
6.	**資源の運用管理**	**73**
6.1	資源の提供	73
6.2	人的資源	75
	6.2.1 一般	75
	6.2.2 力量,認識及び教育・訓練	75
6.3	インフラストラクチャー	79
6.4	作業環境	81
6.5	情報技術	81
6.A	知識・技術	83
6.B	財務資源	83
7.	**製品・サービスの実現**	**85**
7.A	一般	85
7.B	マーケティングと研究開発	85
	7.B.1 マーケティング	85
	7.B.2 研究開発	87
7.1	製品・サービスの計画	89
7.2	顧客関連のプロセス	93

		7.2.1	製品・サービスに関連する要求事項の明確化 ……………………	93

- 7.2.1 製品・サービスに関連する要求事項の明確化 …………………… 93
- 7.2.2 製品・サービスに関連する要求事項のレビュー ………………… 93
- 7.2.3 顧客とのコミュニケーション ……………………………………… 95
- 7.3 設計・開発 …………………………………………………………………… 95
  - 7.3.1 設計・開発の計画 ………………………………………………… 95
  - 7.3.2 設計・開発へのインプット ……………………………………… 97
  - 7.3.3 設計・開発からのアウトプット ………………………………… 99
  - 7.3.4 設計・開発のレビュー …………………………………………… 101
  - 7.3.5 設計・開発の検証 ………………………………………………… 103
  - 7.3.6 設計・開発の妥当性確認 ………………………………………… 103
  - 7.3.7 設計・開発の変更管理 …………………………………………… 105
  - 7.3.a 構成管理 …………………………………………………………… 105
- 7.4 購買 …………………………………………………………………………… 107
  - 7.4.1 購買プロセス ……………………………………………………… 107
  - 7.4.2 購買情報 …………………………………………………………… 111
  - 7.4.3 購買製品・サービスの検証 ……………………………………… 113
  - 7.4.a 供給者とのコミュニケーション ………………………………… 113
  - 7.4.b 供給者の力量の改善 ……………………………………………… 115
- 7.5 製造及びサービス提供 ……………………………………………………… 115
  - 7.5.1 製造及びサービス提供の計画 …………………………………… 115
  - 7.5.2 製造及びサービス提供に関するプロセスの妥当性確認 ……… 119
  - 7.5.3 識別及びトレーサビリティ ……………………………………… 119
  - 7.5.4 顧客の所有物 ……………………………………………………… 121
  - 7.5.5 製品の保存 ………………………………………………………… 123
  - 7.5.a 製品・サービスの販売 …………………………………………… 125
- 7.6 監視機器及び測定機器の管理 ……………………………………………… 129

8. 測定，分析及び改善 …………………………………………………………… 133
- 8.1 一般 …………………………………………………………………………… 133
- 8.2 監視及び測定 ………………………………………………………………… 135
  - 8.2.1 顧客満足 …………………………………………………………… 135
  - 8.2.a 組織の人々の満足 ………………………………………………… 137
  - 8.2.b 供給者との共生関係 ……………………………………………… 139
  - 8.2.2 内部監査 …………………………………………………………… 143
  - 8.2.e 自己診断 …………………………………………………………… 145
  - 8.2.3 プロセスの監視及び測定 ………………………………………… 147
  - 8.2.4 製品・サービスの検査及び試験 ………………………………… 147
- 8.3 不適合製品・サービスの管理 ……………………………………………… 149
- 8.4 データの分析 ………………………………………………………………… 151
  - 8.4.1 品質情報の収集 …………………………………………………… 151
  - 8.4.2 品質情報の分析 …………………………………………………… 153
  - 8.4.3 統計的手法 ………………………………………………………… 153
- 8.5 改善 …………………………………………………………………………… 155
  - 8.5.1 継続的改善 ………………………………………………………… 155
  - 8.5.2 是正処置 …………………………………………………………… 157
  - 8.5.3 予防処置 …………………………………………………………… 159

レベル 4

4. 質マネジメントシステム	**39**
4.A 学習及び革新	39
4.A.1 学習	39
4.A.2 革新	39
4.1 一般要求事項	41
4.2 文書化に関する要求事項	47
4.2.1 一般	47
4.2.2 質マネジメントシステムマニュアル	49
4.2.3 文書管理	49
4.2.4 記録の管理	51
5. 経営者の責任	**53**
5.1 経営者のコミットメント	53
5.2 顧客重視	55
5.A 利害関係者に対する責任	55
5.3 質方針	59
5.4 計画	59
5.4.1 質目標	59
5.4.2 質マネジメントシステムの計画	61
5.5 責任,権限及びコミュニケーション	65
5.5.1 責任及び権限	65
5.5.2 管理責任者	65
5.5.3 内部コミュニケーション	67
5.6 マネジメントレビュー	69
5.6.1 一般	69
5.6.2 マネジメントレビューへのインプット	69
5.6.3 マネジメントレビューからのアウトプット	71
5.B 戦略的マネジメントレビュー	71
6. 経営資源の運用管理	**73**
6.1 経営資源の提供	73
6.2 人的資源	75
6.2.1 一般	75
6.2.2 力量,認識及び教育・訓練	75
6.3 インフラストラクチャー	79
6.4 作業環境	81
6.5 情報	81
6.A 知識・技術	83
6.B 財務資源	83
7. 製品・サービスの実現	**85**
7.A 一般	85
7.B マーケティングと研究開発	85
7.B.1 マーケティング	85
7.B.2 研究開発	87
7.1 製品・サービスの計画	89
7.2 顧客関連のプロセス	93
7.2.1 製品・サービスに関連する要求事項の明確化	93

		7.2.2	製品・サービスに関連する要求事項のレビュー …………… 93
		7.2.3	顧客とのコミュニケーション ………………………………… 95
	7.3	設計・開発 ……………………………………………………………… 95
		7.3.1	設計・開発の計画 …………………………………………… 95
		7.3.2	設計・開発へのインプット ………………………………… 97
		7.3.3	設計・開発からのアウトプット …………………………… 99
		7.3.4	設計・開発のレビュー ……………………………………… 101
		7.3.5	設計・開発の検証 …………………………………………… 103
		7.3.6	設計・開発の妥当性確認 …………………………………… 103
		7.3.7	設計・開発の変更管理 ……………………………………… 105
		7.3.a	構成管理 ……………………………………………………… 105
	7.4	購買 …………………………………………………………………… 107
		7.4.1	購買プロセス ………………………………………………… 107
		7.4.2	購買情報 ……………………………………………………… 111
		7.4.3	購買製品・サービスの検証 ………………………………… 113
		7.4.a	供給者とのコミュニケーション …………………………… 113
		7.4.b	パートナーの力量の改善 …………………………………… 115
	7.5	製造及びサービス提供 ……………………………………………… 115
		7.5.1	製造及びサービス提供の計画 ……………………………… 115
		7.5.2	製造及びサービス提供に関するプロセスの妥当性確認 …… 119
		7.5.3	識別及びトレーサビリティ ………………………………… 119
		7.5.4	顧客の所有物 ………………………………………………… 121
		7.5.5	製品及びその構成要素の保存 ……………………………… 123
		7.5.a	製品・サービスの販売 ……………………………………… 125
	7.6	検査・試験機器の管理 ……………………………………………… 129

8. 測定，分析，改善及び革新 133

8.1	一般 …………………………………………………………………… 133
8.2	監視及び測定 ………………………………………………………… 135
	8.2.1 顧客満足 ……………………………………………………………… 135
	8.2.a 組織の人々の満足 …………………………………………………… 137
	8.2.b パートナーとの共生関係 …………………………………………… 139
	8.2.c 投資者・株主の信頼 ………………………………………………… 139
	8.2.d 社会に対する影響 …………………………………………………… 141
	8.2.2 内部監査 ……………………………………………………………… 143
	8.2.e 自己評価 ……………………………………………………………… 145
	8.2.3 プロセスの監視及び測定 …………………………………………… 147
	8.2.4 製品・サービスの検査及び試験 …………………………………… 147
8.3	不適合製品・サービスの管理 ……………………………………… 149
8.4	データの分析 ………………………………………………………… 151
	8.4.1 品質情報の収集 ……………………………………………………… 151
	8.4.2 品質情報の分析 ……………………………………………………… 153
	8.4.3 統計的手法又はその他の改善手法 ………………………………… 153
8.5	質マネジメントシステムの改善 …………………………………… 155
	8.5.1 継続的改善 …………………………………………………………… 155
	8.5.2 是正処置 ……………………………………………………………… 157
	8.5.3 予防処置 ……………………………………………………………… 159

第 4 章　TQM 総合質経営を目指して

4.1　レベル 1 からレベル 2 にステップアップ ……………………………………… 162
4.2　レベル 2 からレベル 3 にステップアップ ……………………………………… 163
4.3　レベル 3 からレベル 4 にステップアップ ……………………………………… 165
4.4　支援ツール ………………………………………………………………………… 167

付録　ファーストステップの実践ポイント ……………………………………… 169

索　引 ……………………… 235

TQM 9000 発展表の各レベルの項目一覧

項目番号	レベル1	レベル2	レベル3	レベル4	参考(関連するJIS Q 9005の項目番号)
4.	品質マネジメントシステム	品質マネジメントシステム	品質マネジメントシステム	質マネジメントシステム	5.
4.A		—	—	学習及び革新	5.1
4.A.1			—	学習	5.1
4.A.2			—	革新	5.2
4.1	一般要求事項	一般要求事項	一般要求事項	一般要求事項	6.1
4.2	文書化に関する要求事項	文書化に関する要求事項	文書化に関する要求事項	文書化に関する要求事項	6.6.2, 6.6.3, 6.6.4
4.2.1	一般	一般	一般	質マネジメントシステムマニュアル	6.6.2
4.2.2	品質マニュアル	品質マニュアル	品質マニュアル	—	
4.2.3	文書管理	文書管理	文書管理	文書管理	6.6.3
4.2.4	記録の管理	記録の管理	記録の管理	記録の管理	6.6.4
5.	経営者の責任	経営者の責任	経営者の責任	経営者の責任	7.1
5.1	経営者のコミットメント	経営者のコミットメント	経営者のコミットメント	経営者のコミットメント	7.1
5.2	顧客重視	顧客重視	顧客重視	顧客重視	7.2
5.A		—	組織の人々及び供給者に対する責任	利害関係者に対する責任	7.3
5.3	品質方針	品質方針	品質方針	資方針	7.4
5.4	計画	計画	計画	計画	7.4.2
5.4.1	品質目標	品質目標	品質目標	資目標	7.4.2
5.4.2	質マネジメントシステムの計画	質マネジメントシステムの計画	質マネジメントシステムの計画	質マネジメントシステムの計画	6.5
5.5	責任、権限及びコミュニケーション	責任、権限及びコミュニケーション	責任、権限及びコミュニケーション	責任、権限及びコミュニケーション	7.5
5.5.1	責任及び権限	責任及び権限	責任及び権限	責任及び権限	7.5.1
5.5.2	管理責任者	管理責任者	管理責任者	管理責任者	7.5.2
5.5.3	内部コミュニケーション	内部コミュニケーション	内部コミュニケーション	内部コミュニケーション	7.5.3
5.6	マネジメントレビュー	マネジメントレビュー	マネジメントレビュー	マネジメントレビュー	10.3
5.6.1	一般	一般	一般	一般	10.3.1
5.6.2	マネジメントレビューへのインプット	マネジメントレビューへのインプット	マネジメントレビューへのインプット	マネジメントレビューへのインプット	10.3.2
5.6.3	マネジメントレビューからのアウトプット	マネジメントレビューからのアウトプット	マネジメントレビューからのアウトプット	マネジメントレビューからのアウトプット	10.3.3
5.B				戦略的マネジメントレビュー	12.1
6.	資源の運用管理	資源の運用管理	資源の運用管理	経営資源の運用管理	8.1
6.1	資源の提供	資源の提供	資源の提供	経営資源の提供	8.2
6.2	人的資源	人的資源	人的資源	人的資源	8.2.1
6.2.1	一般	一般	一般	一般	8.2.2, 8.2.3
6.2.2	力量、認識及び教育・訓練	力量、認識及び教育・訓練	力量、認識及び教育・訓練	力量、認識及び教育・訓練	8.4
6.3	インフラストラクチャー	インフラストラクチャー	インフラストラクチャー	インフラストラクチャー	8.5
6.4	作業環境	作業環境	作業環境	作業環境	8.7.2
6.5		情報技術	情報技術	情報	8.7.3
6.A			知識・技術	知識・技術	8.6
6.B			財務資源	財務資源	
7.	製品実現	製品実現	製品・サービスの実現	製品・サービスの実現	9.1
7.A			一般	一般	9.2, 9.3
7.B			マーケティングと研究開発	マーケティングと研究開発	9.2
7.B.1			マーケティング	マーケティング	9.3
7.B.2			研究開発	研究開発	9.4
7.1	製品実現の計画	製品実現の計画	製品・サービスの計画	製品・サービスの計画	

7.2	顧客関連のプロセス	顧客関連のプロセス	顧客関連のプロセス	顧客関連のプロセス	9.2,9.4
7.2.1	製品に関連する要求事項の明確化	製品に関連する要求事項の明確化	製品に関連する要求事項の明確化	製品・サービスに関連する要求事項の明確化	9.2,9.4
7.2.2	製品に関連する要求事項のレビュー	製品に関連する要求事項のレビュー	製品に関連する要求事項のレビュー	製品・サービスに関連する要求事項のレビュー	9.4
7.2.3	顧客とのコミュニケーション	顧客とのコミュニケーション	顧客とのコミュニケーション	顧客とのコミュニケーション	9.4
7.3	設計・開発	設計・開発	設計・開発	設計・開発	9.5
7.3.1	設計・開発の計画	設計・開発の計画	設計・開発の計画	設計・開発の計画	9.5.1
7.3.2	設計・開発へのインプット	設計・開発へのインプット	設計・開発へのインプット	設計・開発へのインプット	9.5.2
7.3.3	設計・開発からのアウトプット	設計・開発からのアウトプット	設計・開発からのアウトプット	設計・開発からのアウトプット	9.5.3
7.3.4	設計・開発のレビュー	設計・開発のレビュー	設計・開発のレビュー	設計・開発のレビュー	9.5.4
7.3.5	設計・開発の検証	設計・開発の検証	設計・開発の検証	設計・開発の検証	9.5.5
7.3.6	設計・開発の妥当性確認	設計・開発の妥当性確認	設計・開発の妥当性確認	設計・開発の妥当性確認	9.5.6
7.3.7	設計・開発の変更管理	設計・開発の変更管理	設計・開発の変更管理	設計・開発の変更管理	9.5.8
7.3.a	－	－	－	構成管理	9.5.7
7.4	購買	購買	購買	購買	9.6,8.3.4
7.4.1	購買プロセス	購買プロセス	購買プロセス	購買プロセス	9.6.1
7.4.2	購買情報	購買情報	購買情報	購買情報	9.6.2
7.4.3	購買製品の検証	購買製品の検証	購買製品の検証	購買製品・サービスの検証	9.6.3
7.4.a	－	－	供給者とのコミュニケーション	供給者とのコミュニケーション	9.6.4
7.4.b	－	－	供給者の力量の改善	パートナーの力量の改善	8.3.4
7.5	製造及びサービス提供	製造及びサービス提供	製造及びサービス提供	製造及びサービス提供	9.7, 9.9, 9.10
7.5.1	製造及びサービス提供の管理	製造及びサービス提供の管理	製造及びサービス提供の管理	製造及びサービス提供の計画	9.7.1
7.5.2	製造及びサービス提供に関するプロセスの妥当性確認	製造及びサービス提供に関するプロセスの妥当性確認	製造及びサービス提供に関するプロセスの妥当性確認	製造及びサービス提供に関するプロセスの妥当性確認	9.7.2
7.5.3	識別及びトレーサビリティ	識別及びトレーサビリティ	識別及びトレーサビリティ	識別及びトレーサビリティ	9.7.3
7.5.4	顧客の所有物	顧客の所有物	顧客の所有物	顧客の所有物	－
7.5.5	製品の保存	製品の保存	製品の保存	製品及びその構成要素の保存	9.7.4
7.5.a	－	－	－	製品・サービスの販売	9.9
7.6	監視機器及び測定機器の管理	監視機器及び測定機器の管理	監視機器及び測定機器の管理	検査、試験機器の管理	9.8.3
8.	**測定、分析及び改善**	**測定、分析及び改善**	**測定、分析及び改善**	**測定、分析、改善及び革新**	
8.1	一般	一般	一般	一般	10.1.1
8.2	監視及び測定	監視及び測定	監視及び測定	監視及び測定	8.8, 9.8, 9.11, 10.2, 11
8.2.1	顧客満足	顧客満足	顧客満足	顧客満足	11.2
8.2.a	－	－	組織の人々の満足	組織の人々の満足	11.3
8.2.b	－	－	パートナーとの共生関係	パートナーとの共生関係	11.4
8.2.c	－	－	供給者との共生関係	投資者・株主の信頼	11.5
8.2.d	－	－	－	社会に対する影響	11.6
8.2.2	内部監査	内部監査	内部監査	内部監査	10.2
8.2.e	－	－	自己診断	自己評価	12.2
8.2.3	プロセスの監視及び測定	プロセスの監視及び測定	プロセスの監視及び測定	プロセスの監視及び測定	8.8, 9.11
8.2.4	製品の監視及び測定	製品の監視及び測定	製品の監視及び測定	製品・サービスの検査及び試験	9.8
8.3	不適合製品の管理	不適合製品の管理	不適合製品の管理	不適合製品・サービスの管理	9.8.2
8.4	データの分析	データの分析	データの分析	データの分析	8.7.2, 8.8, 9.11
8.4.1	－	－	品質情報の収集	品質情報の収集	8.7.2, 8.8, 9.11
8.4.2	－	－	品質情報の分析	品質情報の分析	8.7.2, 8.8, 9.11
8.4.3	－	－	統計的手法	統計的手法又はその他の改善手法	8.7.2, 8.8, 9.11
8.5	改善	改善	改善	質マネジメントシステムの改善	10.
8.5.1	継続的改善	継続的改善	継続的改善	継続的改善	10.1.1
8.5.2	是正処置	是正処置	是正処置	是正処置	10.1.2
8.5.3	予防処置	予防処置	予防処置	予防処置	10.1.3

# 第1章

超ISO企業──ISO 9000を超える

"ISO 9000 の認証を取得するためにあれほど一所懸命やったのに，不良率が思ったほど低減していないし，クレームもなかなか減少しない"，"サーベイランスやその直前に行っている内部監査で重大な不適合が指摘されることもなく，惰性で進めている"，"せっかく取得した ISO 9000 をもっと活用して体質改善につなげたいが，どうすればよいのだろうか"など，ISO 9000 に対する誤解やその限界から悩みを抱えている経営者や ISO 推進担当者は少なくない．

ISO 9000 に対する誤解については，数多くの参考書（『超 ISO 企業実践シリーズ 1. ISO を超える』，『同シリーズ 2. ISO の有効活用』など）やセミナーがあり，それらによって ISO 9000 のねらい，本質の理解が進むであろう．

それでも ISO 9000 には限界がある．それゆえに，適用企業の中には，ISO 9001 は品質マネジメントシステムの基礎固めに有効であるだけでなく様々に活用できるが，"強い企業"という点からはもの足りないという意見もある．ISO 9001 適用企業は，ISO 9001 に支配されることなく，ISO 9000 を超えてどこへどのようにして向かうべきなのだろうか．

"強い企業"を志向するとき参考になるものとして，ISO 9000 のほかにも多種多様な経営ツールや経営改善プログラムがある．現状を打破し一層の飛躍を図りたいとき，従来にない考え方・方法が必要だと思っている人は多いであろう．だが，不満や悩みを抱いている ISO 9000 を見直し，活用することはできないのであろうか．つまり，競争力のある，世界に通用する強い企業になるために，新しいツールを深い考えもなく導入することによって自社のマネジメントシステムを複雑化して屋上屋を重ねるようなことをするよりも，これまで構築してきた ISO 9001 に基づく品質マネジメントシステムを足がかりとして，TQM（Total Quality Management）の考え方や具体的な方法を経営に導入するほうが賢いのではないだろうか．

ポスト ISO 9000 の先にあるもの，それを TQM と位置づけ，自社にピッタリの TQM を模索したいものである．TQM の概念，システムモデル，方法論の深遠さ，柔軟性を考慮すれば，それも可能であろう．とはいうものの，TQM の広さと深さ，そしてそのあいまいさに思いを馳せると，どこから手をつけてよいものか途方に暮れてしまうに違いない．ISO 9001 をベースとして，TQM へと進化する"超 ISO 企業"となるための具体的指針が必要であることは間違いない．このような思いから，当研究会では"超 ISO 企業"を定義し，それを実現するための具体的指針である"TQM 9000"を研究・開発するに至った．

備考　本書における用語について
　ISO 9000：ISO 9001 が提示する品質マネジメントシステムと審査登録制度の二つの意味を含む［1.3.1 項の (1) 参照］．
　ISO 9001：ISO 9001:2000
　品質マネジメントシステム，質マネジメントシステム，QMS，Quality Management System：組織が提供する製品・サービスの品質（質）のためのマネジメントシステム．
　　ISO 9001，ISO 9004，JIS Q 9005 などは，その一つのモデル．
　　QMS というと，ISO 9001 の品質マネジメントシステムモデルを意味する使い方もあるが，本書では，一般的な品質マネジメントシステムモデルの意味で用いている．ただし，ISO 9001 や JIS Q 9005 の規定事項との関係や，TQM 9000 発展表のレベルの差異が分かりやすいよう，ISO 9001 の QMS を示すときには"品質マネジメントシステム"，JIS Q 9005 の場合には"質マネジメントシステム"と，適宜使い分けた．
　TQM 9000：ISO 9000 から TQM への発展モデル
　TQM 9000 発展表：ISO 9001 から TQM 総合質経営へのステップアップを 4 段階で示した表

1.1 超 ISO 企業とは

"超 ISO 企業"とは，"ISO 9000"を適用していて，ISO 9000 のレベルを超える QMS を構築・運用し，ビジネスにおいて成功している企業を意味している．ここで"'ISO 9000'を適用していて"といったが，本書で用いる"ISO 9000"には次の二つの意味が含まれている．

① QMS（Quality Management System）モデル：ISO 9001 が提示する品質マネジメントシステムのモデル

②審査登録制度：ISO 9001 を基準とする品質マネジメントシステム審査登録制度

したがって，超 ISO 企業とは，第一に QMS モデルの視点で，ISO 9001 が提示する品質マネジメントシステム要求事項を凌駕するレベルの QMS を構築・運用しており，第二に審査登録制度の視点で，審査登録の維持だけを目的とした活動以上のことを実施して，それを経営に役立てている企業を意味することになる．

すなわち，超 ISO 企業とは，ISO 9001 に基づく品質マネジメントシステムを基盤として，ISO 9001 を超えるべく経営課題を一つひとつ解決し，"コアコンピタンス"を強烈に意識し，限られた（ニッチかもしれない）事業ドメイン（領域）で少なくともトップ 3 になることを目指す"ISO 9000"を超える企業像をいう．

1.2 ISO 9000 を超える

"ISO 9000 を超える"とはどういう意味なのかを考察してみると，以下の三つがありそうである．

① ISO 9000 の有効活用
 ・ ISO 9000 の本質の理解
 ・ 組織の目的達成のための"有効活用"
② ISO 9001 モデルからのステップアップ——TQM 9000
 ・ ISO 9001 モデルから TQM へのステップアップ
③ 競争優位のための QMS の構築
 ・ 競争優位要因，もつべきコアコンピタンスの認識
 ・ 競争優位を実現する QMS の構築

①は，ISO 9001 がもつ要素を組織の目的に適合するように"使いこなす"ということである．QMS モデルという意味でも，審査登録という意味でも，ISO 9000 の枠組みを超えるわけではないが，その枠組みの中で ISO 9000 の特徴を理解して，利用しつくすというものである．

②，③は，組織が適用する QMS モデルそのものを ISO 9001 の範囲に限定せずに，積極的に上を目指して広げようとするものである．

②は，ISO 9001 より包括的な QMS モデルを参考にして，組織にとって有用と考えられることを実施していくことである．

③は，組織が対象にしている事業領域における競争優位要因を明確にして，この能力を具現化するような QMS 構築を目論むということである．本書で紹介する TQM 9000 発展表のレベル 4 の域に達すると，③でいう競争優位のための QMS 構築が達成されたことになる．

組織には，それぞれの特徴があり，その企業がよってたつ技術をもっている．いまや企業

は，当たり前のことを着実に実践する守りの経営とともに，リスクを掲げながらも攻めの経営がなくては，持続的な発展は望めそうもない．経営環境の変化，顧客のニーズの変化に対応できる企業の中核となる能力，つまり"コアコンピタンス"が不可欠である．コアコンピタンスとは，"個人や組織，企業がその存在価値を示すために核となる技術，能力，資質など"のことで，企業のよってたつ基盤である．競合他社がまねできないような強みの源泉であり，コアコンピタンスをもち発展させることは，競争優位の経営戦略上重要な活動である．

このことは，頭では理解できても，なかなか実行が難しく，一挙にTQM 9000発展表のレベル4を目指すのは一筋縄ではいかない．本書では，QMSの成熟度に応じたレベルを4段階モデルで提示し，徐々に力を付けていく方法を提案している．

1.3 ISO 9000モデルからのステップアップ

1.3.1 ISO 9000の限界と克服のポイント

ISO 9000の限界を知っておくことは，TQMを目指す組織にとって意味がある．限界の打破を意識するとき，克服したいのは以下の3点である．

① 総合的な品質マネジメント
　"品質保証・適合性評価"から"競争力のある自律的な組織"へ
② 計画・設計の質のレベルアップ
　"計画どおりの実施"の重視から"計画内容の充実"へ
③ 技術のレベルアップ
　"マネジメントシステムの審査"から"固有技術そのものの向上"へ

(1) "品質保証・適合性評価"から"競争力のある自律的な組織"へ

ISO 9000とは，ひとことで表現するなら，"民間の第三者機関がISO 9001という品質保証を基本とする品質マネジメントシステムモデルの国際規格を基準文書にしてその適合性を審査・登録する任意の制度"ということになる．

この制度において評価される品質マネジメントシステムは，組織内部で自主的に実施されるべき総合的な品質マネジメントのすべての側面ではなく，品質要求事項を満たす能力に関する信頼感を証拠で示すことによって与える"品質保証"の側面が主なものとなる．ISO 9001は，基本的には顧客が供給者に対して要求する品質マネジメントシステムの要求事項のモデルである．顧客との契約事項，及びそれに加えて内部で定めた規定要求事項を満たすためにもつべき品質マネジメントシステムの要素については多くを語るが，高品質の製品を効率的に生み出すために内部で工夫すべき事項については寡黙である．

しかも外部の第三者による適合性評価の制度であるがゆえに，評価の客観性を確保するための制約も受けてしまう．すなわち，品質マネジメントシステムの要求事項としては，外部者に検証可能な事項，適合性を客観的に判断できる事項に限定されてしまう．QMSに関するモデルとはいっても，このような限界があることを理解していないと，適用の場，適用の仕方において誤った対応をすることになる．

要は，競争力のために自らが自律的に組織のあるべき姿を描き，その目標に向かって邁進できる体制にしなければならない．

(2) "計画どおりの実施"の重視から"計画内容の充実"へ

ISO 9000 はマネジメントシステムを評価する制度であり，計画よりは実施に，企画・設計よりは製造・検査に管理の関心事があるシステムモデルである．技術がある程度成熟した製品分野ならこれで十分に役に立つ．あるニーズを満たすような製品の設計内容はほぼ明らかになっているだろうし，そのような設計内容の製品を実現する工程の管理ポイントも容易に分かるだろう．また，設計内容どおりのものが製造されつつあることを確認するために，どの段階でどのような検査・試験をすればよいかもほぼ明らかだろう．残された主な問題は意図したとおりに実施できるかどうかである．

ISO 9000 のモデルは，このような製品を設計，製造，検査するという状況で大きな力を発揮する QMS モデルである．逆に，商品企画や設計・技術が競争優位要因になり得るような分野，例えば顧客の潜在ニーズを掘り起こす魅力的商品の企画や先端技術で競争する事業分野においては，ISO 9001 の品質マネジメントシステムを構築することがビジネスにおける成功の主要因にはなり得ない．これを打破するためには，計画内容，技術的内容をレベルアップするための QMS 要素の充実が必須である．

(3) "マネジメントシステムの審査"から"固有技術そのものの向上"へ

ISO 9000 はマネジメントシステムのモデルであり，マネジメントシステムを評価する制度である．マネジメントシステムのレベルというものは，そこに埋め込まれている技術のレベル以上にはなれない．その意味で ISO 9000 の有効性を左右する決定的要因は"技術"にある．しかしながら，ISO 9000 には，その技術そのものをレベルアップするための有効なシステム要素はビルトインされていない．

管理技術の雄としての TQM にしても，技術向上の方法論としてはまだまだ不十分である．それでも TQM は，統計的手法などの"科学的手法"を活用する"科学的問題解決法"を基礎とする"改善"という活動を通して成果をあげてきた．近年では，技術の向上そのものが TQM の重要課題であると認識され，技術・知識獲得の方法論，獲得できた技術・知識の構造化などが課題にあげられている．ISO 9000 の限界の打破のためには，マネジメントシステムによって埋め込まれるコンテンツである提供する製品・サービスに固有の技術を向上させる仕組みを充実させなければならない．

以上を総括すれば，超 ISO 企業のモデルとして，要求への適合の QMS モデルから，競争優位，パフォーマンス追求のための QMS モデルが，ISO 9001 適用企業のニーズであり，また審査登録制度にかかわる一つの社会ニーズであると判断できる．

1.3.2 超 ISO 企業への 4 段階モデル

ISO 9000 の限界克服のポイントを踏まえたうえで，ISO 9000 からのステップアップの基本となる考え方は，"要求への適合から成果の追求へ"である．第 2 章で詳解するが，この考え方を徐々に浸透させるべく，QMS モデルを四つの段階で展開する TQM 9000 を開発した．

TQM 9000 は，ISO 9000 から TQM に至る 4 段階モデルである．ISO 9001 のレベルを"レベル 1：ISO-QMS"とし，TQM の最高レベルを"レベル 4：TQM 総合質経営"とする．その中間段階として，"レベル 2：TQM の基盤（TQM へのファーストステップ）"及び"レベル 3：TQM 品質保証（TQM へのセカンドステップ）"を設けている（図 1.1）．

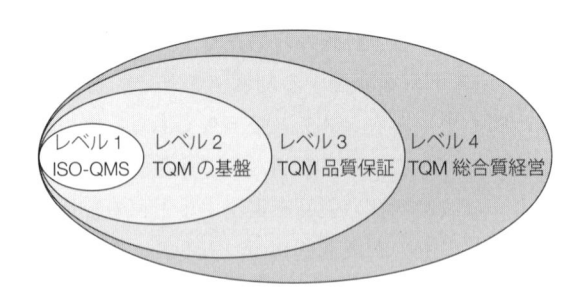

図1.1 ISO 9000 から TQM への発展モデル（TQM 9000）

なお，レベル4は，JIS Q 9005（質マネジメントシステム―持続可能な成長の指針）のQMSモデルと一致している．組織の事業戦略や方針に基づき，組織のもつべき能力の全体像（組織能力像）を明確にすることによって，自組織に適した質マネジメントシステムを構築し，運用することを推奨しているこの規格のねらいは，まさにTQM 9000のレベル4で求めるモデルそのものであり，また，不必要な混乱を避けるためにも，レベル4 = JIS Q 9005とした（当該JISについてはなじみがないかもしれないので，次節1.4で補足説明する）．

なお，詳しくは第2章で説明するが，それぞれのレベルのコンセプトは以下のとおりである．

レベル1：ISO-QMS（ISO 9001に基づくQMS）
- 製品の品質の確保
- 品質＝ISO品質保証＋ISO顧客満足
- ISO品質保証＋ISO顧客満足の能力の実証

レベル2：TQMの基盤（TQMへのファーストステップ）
- 製品・サービスのQ（品質），C（コスト），D（量・納期）の維持と改善
- 品質＝TQM顧客満足
- Q, C, Dの維持・改善の方法の工夫
- QMSの効率的運営への取り組み
- TQMへの基盤構築

レベル3：TQM品質保証（TQMへのセカンドステップ）
- 製品・サービスのQ, C, Dの維持と改善
- 品質＝TQM顧客満足
- プロセスの上流・源流での活動の重視
- 目的志向の行動様式．結果の深い分析と幅広い改善
- QMSの効率向上

レベル4：TQM総合質経営（JIS Q 9005に基づくQMS）
- 製品・サービスの質のための総合マネジメント（結果として組織・経営システムの質向上）
- 顧客満足＋ステークホルダー（利害関係者）満足
- 組織能力（技術力，対応力，活力）の向上
- 学習と革新に基づく持続可能な成長の実現（変化への的確な対応）

1.4 JIS Q 9005

TQM 9000 発展表のレベル 4 と一致している．JIS Q 9005 の QMS モデルやその目的は，この規格の開発経緯や特徴を把握していれば，より理解が深まる．そのモデルに基づく自己評価の指針である JIS Q 9006（質マネジメントシステム—自己評価の指針）についても同様のことがいえる．

JIS Q 9005 は，ISO 9004 の改訂（2009 年予定）を視野に入れて，その基本文書，思想的基盤となることをねらった，まさに現代が要求している新たな QMS モデルである．

ISO 9001 は，組織に影響を与え得る環境の変化をそれほど意識しない，既存のビジネスの枠組みにおける必要最低限の QMS モデルの要求事項を規定している．つまり，ISO 9001 は既存のビジネスの枠組みの"維持"を前提にしているともいえる．一方で，経営環境が急激に変化するような状況では，ISO 9001 があるからそれに適合する品質マネジメントシステムを設計・構築するのではなく，組織が強くあるためにどのような能力像をもっていなければならないかを自覚して，自分で目指すべき QMS 像を描き，それを目標に改善・革新を行うような思考形態・行動様式が望まれる．

また，ISO 9004 は組織の品質マネジメントシステムのパフォーマンスを向上させるための規格と位置づけられているが，具体的なパフォーマンス指標が不足しており，著しく変化する経営環境での適用が困難であることから，"持続可能な成長の実現を可能にする QMS か否か"の視点から見ると十分とはいえない．

JIS Q 9005 が ISO 9001 及び ISO 9004 を超えている部分を端的にいえば，
- 顧客に提供する価値を具現化した製品・サービスの質＊の管理のために必要なマネジメントシステムの要素を"抽出"し，
- バリューチェーン（価値連鎖）及びプロセスモデルを考慮し，
- 学習及び革新という概念を取り入れ，
- それらに必要な要素を構造化し，
- 3 階層の QMS モデルとして提示している

ところにある．

JIS Q 9005 では，組織が学習及び革新に基づいた持続可能な成長を実現するために，顧客に提供する製品・サービスの質の改善・革新を図る質マネジメントシステムを自律的に構築するための指針を提供している．また，組織の事業戦略や方針に基づき，組織のもつべき能力の全体像（組織能力像）を明確にすることによって，自組織に適した質マネジメントシステムを構築し，運用することを推奨している．

その質マネジメントシステムを適切に維持していくためには，組織はトップマネジメントのリーダーシップに基づき，
- 自らの質マネジメントシステムの有効性及び効率，並びに成熟度を自己評価する．
- 改善・革新の必要性を明確にし，改善・革新の必要な質マネジメントシステム要素の優先度を決定する．

＊ JIS Q 9005/9006 では，無形の価値を提供する産業においても心理的障壁なく読み進められるように，"quality"に当たる用語として"品質"ではなく"質"を用いている．

・改善又は革新を実施し，さらにその結果が妥当なものかを再評価する．

ことが必要である．つまり組織は，自らの質マネジメントシステムを，自ら考えた判断基準で評価することによって，改善・革新の対象を明確にすることができ，さらにはその対象を優先順位づけすることによって，質マネジメントシステムの的確な改善・革新を実施することができるのである．

JIS Q 9005 に基づき，

- 組織の製品・サービスの価値から顧客価値を明確にし，
- 顧客価値の提供に必要な能力（必要能力）を明らかにし，
- 組織の特徴を考慮して，勝ちパターン・事業成功のシナリオを立て，競争優位要因の視点から必要な能力のうち重要な能力を定め，
- それら重要な能力の集合体を組織能力像とし，
- 事業活動の成功・失敗要因や，現状と組織能力像との差異分析から導かれる，現状の強み・弱みを明確にすることで，
- 重要な能力をどの質マネジメントシステム要素に実装すればよいか（重視すべき要素）が分析でき，それら要素の強化を図ることによって質マネジメントシステムの改善・革新を達成する

ことができる．

また，JIS Q 9005 の流れを受け，質マネジメントシステムの革新に資する方法論として自己評価の指針である JIS Q 9006 によって，

- 重視すべき要素に対し自己評価基準を設計（自己評価プログラムを計画）し，
- それら要素の自己評価を実施し，
- その結果を戦略的マネジメントレビューのインプットとすることで，質マネジメントシステムの革新につなげる

ことができる．

なお，JIS Q 9005 と JIS Q 9006 は，マネジメントシステムのパフォーマンス改善に貢献するために日本で発想され発展した支援技法である次の JIS とあわせて使用することができるように考慮されている．

- JIS Q 9023（マネジメントシステムのパフォーマンス改善―方針によるマネジメントの指針）
- JIS Q 9024（マネジメントシステムのパフォーマンス改善―継続的改善の手順及び技法の指針）
- JIS Q 9025（マネジメントシステムのパフォーマンス改善―品質機能展開の指針）

JIS Q 9023 は，組織が競争優位となるための適切な事業戦略を策定し，組織的な活動として展開し，その実施状況に基づく的確な処置を確実に行うための指針として役立てることができる．JIS Q 9024 は規格名称に示すように，QMS を継続的に改善すること及び JIS Q 9023 での推奨事項を効率的に実施することに役立てることができる．また，JIS Q 9025 は組織能力像を明確化する際にあるべき姿を論理的に描くときに役立てることができる．

これらの規格は，TQM 9000 発展表との直接的な関係はないが，効率的に QMS のレベルアップを図りたいと考える組織にとって有用である．

第2章

TQM 9000 発展表の作成と使用

第1章で述べたTQM 9000の四つのレベルの基本的な考え方を実現するために，ISO 9001からTQM総合質経営への発展表（TQM 9000発展表）をISO 9001の条項にあわせて作成した．本章では，TQM 9000発展表を作成した考え方や見方・使い方を解説する．

2.1 ISO 9000からTQMへのステップアップの視点

ISO 9000からTQMへ向けてのステップアップの基本的考え方を図2.1及び図2.2に示す．また，図2.1が示す基本的考え方"拡大"と"深化"を基本軸として，① QMSの目的の拡大，②品質活動のレベルアップ，③管理の考え方・方法・システムのレベルアップ，④改善の方法のレベルアップ，という四つの側面について，四つのレベルそれぞれの特徴・ポイントは何か，その視点を検討した結果を表2.1に示す．

図2.1から分かるように，ISO 9000からのステップアップの基本となる考え方は，"要求への適合から成果の追求へ"である．ISO 9001の品質マネジメントシステムの要求事項に適合すればよいという考え方から，経営管理活動の成果（効果・効率）を求めるという考え方への転換である．目的志向の徹底と換言してもよい．

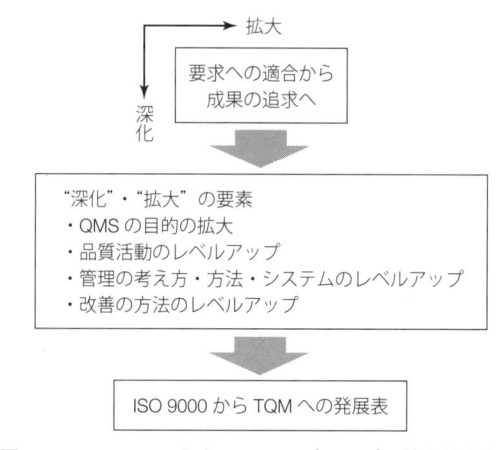

図2.1　ISO 9000からのステップアップの基本的考え方

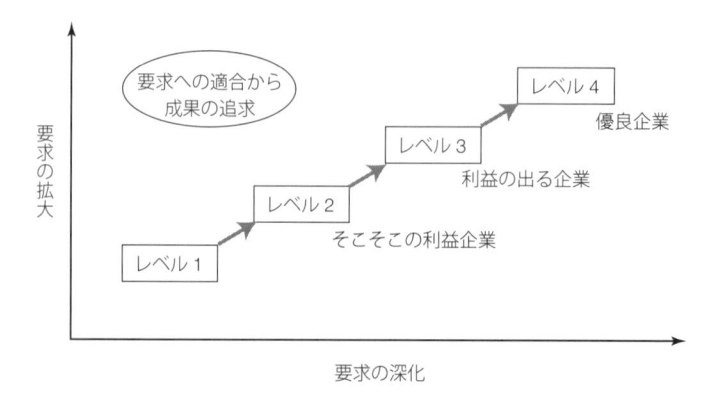

図2.2　深化・拡大と各レベルとの関係

表 2.1 TQM 9000 4段階モデルステップアップの視点

（＋印は，下位のレベルに追加される項目．←印は，下位のレベルと同じ）

側面・視点	レベル	レベル1：ISO-QMS	レベル2：TQMの基盤（TQMへのファーストステップ）	レベル3：TQM品質保証（TQMへのセカンドステップ）	レベル4：TQM総合質経営
①QMSの目的の拡大	目的志向の思考形態・行動様式	基準への適合 QMS要素に対する要求への対応	目的の認識 QMSのパフォーマンス追求	目的と手段の関係の理解・行動	目的の妥当性の考察 目的志向の思考・行動
	成果（効果・効率）	—	成果の達成	成果の向上	競争力に直結する成果の向上
	経営要素（Q, C, D, S, …）	Q（品質）	Q, C（コスト）, D（量・納期）	Q, C, D, S（安全）, E（環境）	Q, C, D, S, E, M（モラール）…
	ステークホルダー満足	直接顧客	＋組織の人々	＋最終顧客・ユーザ，供給者	＋社会，パートナー，投資者・株主
	能力	要求適合製品の提供能力	＋目標，Q, C, Dの達成能力	＋基礎技術（共通技術，技能）	＋組織能力（価値提供に必要な能力）
②品質活動のレベルアップ	活動の重点	計画・設計どおりの実施（検査，レビュー，標準作業の実施）	プロセスの管理・改善	新製品開発 QMS改善	戦略的魅力製品の企画・開発 QMSの継続的改善・革新
	品質の考え方	製品の品質	＋プロセスの質	＋QMSの質	＋経営システム（経営プロセス，経営リソース）の質
③管理の考え方・方法・システムのレベルアップ	管理の考え方	制御・統制，SDCA	＋PDCA	＋管理・経営	＋戦略・経営
	改善の範囲	構築・維持	＋改善	＋現状打破	＋目的の見直しを含む組織的革新
	不具合対応	不適合品処置，修正，限定的是正処置，限定的予防処置	＋不適合発生の局所要因分析と再発防止	＋不適合対応プロセスの問題分析・処置 ＋不適合発生の深因・誘因分析と再発防止 ＋源流管理，水平展開	＋不適合経験からの本質知の獲得 ＋未然防止，予測と予防 ＋リスク管理
	管理システム	日常管理，品質方針・目標の達成	＋C, Dの目標達成のための経営要素管理（機能別管理）	＋方針管理，経営要素管理（機能別管理）	＋戦略的方針管理（組織的な革新を可能とする管理システム）
	組織運営の柔軟性	責任・権限の明確化	＋責任・権限の委譲	＋QMS目的達成への柔軟な対応	＋経営環境の変化への対応 ＋経営資源の戦略的配分
④改善の方法のレベルアップ	解決する問題の型	原因追究(Why)型	←	＋課題達成(How)型	＋課題設定(What)型
	費用対効果の考慮	—	＋効率の考え方	＋定量的なアプローチ	＋投資効果の評価
	改善活動への参画	直接部署・担当者	＋関連部門	＋供給者	＋顧客，パートナー
	適用する手法の拡大	データの収集 適用可能な手法	＋QC七つ道具 ＋QC的問題解決法	＋新QC七つ道具 ＋信頼性（FTA*, FMEA** など）	＋必要に応じ，高度な手法，技法の効果的活用

* FTA（Fault Tree Analysis：故障の木解析）
** FMEA（Failure Mode and Effects Analysis：故障モード影響解析）

この基本的考え方から"TQM 9000 4段階モデル"におけるステップアップの視点が導かれ，これをもとに ISO 9000 から TQM への発展表が得られる．以下にステップアップの視点の概要を説明する．

2.1.1 QMS の目的の拡大

ISO 9000 は明示された品質要求事項を満たすことを目的としているが，この目的を拡大する．

(1) 目的志向

ISO 9000 では，ともすれば ISO 9001 への適合そのものが目的化する．ISO 9001 は品質マネジメントシステムの基準であり，何かを達成するための手段を規定したものといえる．適合することがそのまま ISO 9001 適用の目的達成を意味するわけではない．ISO 9001 適用の真の目的達成を最重視するという思考・行動様式のレベルアップが"目的志向"の意味である．目的志向であれば，"何をしたか"ではなく"どんな結果になったか"，"その結果を得るために効率的であったか"を問題にする．適合目的→目的志向へとステップアップする．

(2) 成果（効果・効率）の向上

目的志向で ISO 9001 を適用しレベルアップすることによって，成果の向上が期待される．成果には"効果"と"効率"の両面があると考えてよいだろう．効果として，品質，コスト，量，納期など経営システムのアウトプットの質が，効率として，生産性，スピードなどプロセスの質が問われる．総合的な成果としては，やはり利益が問われるだろう．品質を核とする経営管理システムの効果的・効率的運用によって，効率的なプロセスから顧客に信頼と安心を与える製品・サービスの提供が可能となり，継続的な適正利益が確保できる．

(3) 経営要素の拡大

ISO 9001 は，多様な経営要素のうちの製品の品質を目的としている．ISO 9001 はマネジメントシステム規格の一種であるから，システムを進化させることによって，そのシステムによって達成しようとする目的を拡大して，狭義の品質からコスト，量・納期，安全，環境などにも視野を広げることが期待される．

(4) ステークホルダーの拡大

ISO 9000 は，直接の顧客の要求への合致が目的である．この"顧客"の概念を拡大したものがステークホルダーであるが，ISO 9000 で関心を払う直接顧客以外のステークホルダーは下請負契約者である．レベルの向上として，対応するステークホルダーを拡大することが考えられる．直接顧客→最終顧客→社会，取引先，株主，従業員へと概念を拡大させ，それらの満足向上へとステップアップする．

(5) 能力の確保・向上

ISO 9000 は，顧客要求に合致する製品を提供できる能力の確保を目的とする．企業・組織が総合的な高い成果を上げていくためには，その源泉となる競争力が必要であり，ISO 9000

からのレベルアップとして，競争力の向上を考えることができる．競争力の源泉はコアコンピタンスである．これを TQM では"組織能力"，すなわち広義の技術力，対応力（スピード，タイミング，柔軟性），活力と表現している．

2.1.2　品質活動のレベルアップ
ISO 9000 は必要最低限の QMS モデルであり，品質活動にかかわる考え方や方法のレベルアップを図る．

(1)　品質活動の重点

ISO 9000 は，設計どおりの製品・サービスの実現に重点を置いている．それは，確実な実施と検証の重視に現れている．我が国における品質保証の方法論の発展の歴史に学び，工程管理重視，新製品開発重視，戦略的新商品企画・開発重視へとレベルアップすることが考えられる．

(2)　品質の考え方

ISO 9000 の品質保証システムにおいて管理対象は製品品質である．これをプロセスの質，仕事の質，さらには経営システムの質を対象とするように品質の考え方のレベルアップを図っていく．

2.1.3　管理の考え方・方法・システムのレベルアップ
ISO 9000 は QMS の一つのモデルである．その基礎にある管理の考え方や方法をレベルアップする．

(1)　管理の考え方

ISO 9000 の QMS モデルにおける管理の考え方は，制御・統制（control）である．管理のサイクルでいうならば，SDCA（Standard–Do–Check–Act）である．"管理"の深い意味を考察するならば，レベルアップに従って深化させるべきであろう．管理・経営（management），PDCA（Plan–Do–Check–Act）への発展，さらに戦略（strategy）・経営も含めた管理へと，そのコンセプトのレベルアップを期待したい．

(2)　改善の範囲

ISO 9000 は，基本的に，なすべきことを決めてそのとおりに実施し，当初計画したレベルを維持することに主眼を置くシステムモデルである．計画が完全とは限らないことを考慮すると，よりよい計画，より優れた方法の模索，さらには環境の変化に対応して既存の枠組みを根本的に変えるという視点も重要であり，この意味での管理のスパン（範囲）の拡大が考えられる．

維持管理→改善→革新（ブレークスルー），さらには戦略的アプローチへのステップアップを考える．

(3)　不具合対応

ISO 9000 では，不適合があったとき，当該対象に対する処置に重大な関心を払う．ISO 9000 の品質保証では当然のことである．レベルアップにあたり，発生した問題に類似した問

題をどこまで広範囲に防げるような処置をとれるかが重要な視点となる．

応急処置，当該不適合の処置から，深い分析に基づくより広範囲の再発防止や原因系の処置，さらには未然防止，水平展開，予測と予防，源流管理へとステップアップを考える．

(4) マネジメントシステム

ISO 9000 が構築しようとするマネジメントシステムは，維持管理のためのものである．管理の考え方，管理のスパンの拡大に応じて，それを具現化するための管理システムを充実・高度化する．日常管理から方針管理，経営要素管理（機能別管理），さらに戦略的方針管理へのステップアップが考えられる．

(5) 組織運営の柔軟性

ISO 9000 では，組織や権限を明確にする．このこと自体は重要なことなのだが，状況に応じた柔軟性が組織運営においては不可欠である．レベルアップに従って，環境への変化対応や経営資源の見直しなど原因追究型へ向かう柔軟な対応が求められる．

2.1.4 改善の方法のレベルアップ

ISO 9000 の QMS モデルにおいて"改善"の考え方は限定されているが，ステップアップに従い，課題に積極的に取り組み，改善の方法のレベルアップを考える．

(1) 解決する問題の型

改善において解決する問題の型もまたレベルアップに応じて拡大することが期待される．深い原因追究（Why），課題達成（How），課題設定（What）にまで広がることが期待される．

(2) 費用対効果の考慮

改善の効果やその効率においてもレベルアップしたい．改善における定量的なアプローチ，さらに改善活動の効果とそれに要する時間などの効率も期待したい．

(3) 改善活動への参画

改善活動への参画のあり方もレベルアップしていきたい．直接品質に関与する部署や担当者の参加，より広く間接部門の関係者も含めた全員の参加，グループ企業も含めた全員の参画などへの進化である．

(4) 適用する手法の拡大

改善などに用いる手法も，改善のレベルアップに従って自然に拡大・高度化することが期待される．統計的方法，QC 七つ道具（Q 7），新 QC 七つ道具（N 7）など QC 的問題解決法の適用，さらに必要に応じて高度な手法，技法の活用へとステップアップしたい．

2.2 TQM 9000 の各レベルの意図するモデル

前節 2.1 で述べた ISO 9000 から TQM へのステップアップの視点を ISO 9001 の要求事項に

当てはめて検討していくことによって，ISO 9000 から TQM への発展モデルを作成することができる．QMS の成熟度に応じて，四つのレベルを設けた．以下では，それら 4 段階の各モデルを概説する．

各段階での企業の到達イメージは，およそ以下のとおりである．

レベル 1：普通の企業．"使える"，"買ってもらえる"製品・サービスの提供．
レベル 2：そこそこの利益を上げている企業．"売れる"製品・サービスの提供．
レベル 3：着実に利益を上げている企業．"儲かる"製品・サービスの提供．
レベル 4：優良企業．持続的に利益を上げることができる企業．"ずっと儲かる"製品・サービスの提供．

2.2.1　レベル 1: ISO-QMS

> **レベル 1：ISO-QMS**
> ・製品の品質の確保
> ・品質＝ISO 品質保証[1] ＋ ISO 顧客満足[2]
> ・ISO 品質保証[1] ＋ ISO 顧客満足[2] の能力の実証

[1] ISO 品質保証：要求事項への適合能力の実証による信頼感の付与
[2] ISO 顧客満足：顧客要求事項への合致の程度に関する顧客の受けとめ方

繰り返し述べているように，レベル 1 は ISO 9001 に基づく品質マネジメントシステムそのものである．すなわち，顧客との間で合意された要求事項を満たす製品を提供できる QMS のモデルである．

ISO 9001 の要求事項に基づいて構築された組織の品質マネジメントシステムは，組織に影響を与え得る環境の変化をそれほど意識しない，既存のビジネスの枠組みにおける必要最低限の要求事項を規定したものといえる．つまり，ISO 9001 は既存のビジネスの枠組みの "維持"を前提にしているといってよい．

一方で，経営環境が急激に変化するような状況では，ISO 9001 があるからそれに適合する品質マネジメントシステムを設計・構築するのではなく，組織が強くあり続けるためにどのような能力像をもっていなければならないかを自覚して，自分で目指すべき QMS 像を描き，それを目標に改善・革新を行うような思考形態・行動様式が望まれる．

2.2.2　レベル 2: TQM の基盤（TQM へのファーストステップ）

> **レベル 2：TQM の基盤**
> ・製品・サービスの Q（品質），C（コスト），D（量・納期）の維持と改善
> ・品質＝TQM 顧客満足[3]
> ・Q, C, D の維持・改善の方法の工夫
> ・QMS の効率的運営への取り組み
> ・TQM への基盤構築

[3] TQM 顧客満足：お客様に喜んでいただける製品・サービスの提供

完全に合致しているわけではないが，レベル2は，いわゆるISO 9004のQMSモデルと捉えると分かりやすいかもしれない．レベル1（ISO 9001）が狭義の品質に焦点をあてているのに対し，Q, C, Dすべての維持・改善を視野に入れる．また，原則として顧客との間で明示的に合意した品質目標にとどまらず，顧客の潜在ニーズを満たす製品・サービスの提供を目的とする．さらに，QMSの運営において，"効率"にも注目する．

"お客様に喜んでいただける製品・サービスの提供"という意味で品質を捉え，システムの効率的運営を考えることから，TQMの基盤，TQMへの第一歩と位置づけられるレベルである．

しかしながら，ISO 9004が既存のビジネスの枠組みでのパフォーマンス向上を目指すのと同様に，レベル2においても，著しく変化する経営環境への対応に主眼を置くレベルに達しておらず，静的なモデルといえる．

2.2.3 レベル3：TQM品質保証（TQMへのセカンドステップ）

> **レベル3：TQM品質保証**[4]
> ・製品・サービスのQ, C, Dの維持と改善
> ・品質＝TQM顧客満足[3]
> ・プロセスの上流・源流での活動の重視
> ・目的志向の行動様式．結果の深い分析と幅広い改善
> ・QMSの効率向上

[4] TQM品質保証：TQM顧客満足[3]のためのすべての活動

レベル3は，レベル2のTQMの基盤をレベルアップしたシステムモデルである．顧客に提供する製品・サービスの品質という面では，ねらいはレベル2と同じである．しかし，その達成のために，プロセスの上流・源流での作り込みを重視する．そのためには，目的達成手段の周到な考察，予測と予防の考え方の積極的採用を心がける．また，経験（失敗も成功も）の深い分析に基づいて，将来起こり得るトラブルの未然防止，より効率的な目的達成，より高いレベルでの目的達成に使えるかもしれない知見・教訓を獲得してQMSに反映するモデルでもある．さらに，品質概念の深い考察に基づき，経営管理のあらゆる側面において，目的志向の思考形態・行動様式に磨きをかけ，高いマネジメントレベルを目指すモデルでもある．

しかし，ここでいうTQMは，レベル4で意識しているほど強烈な"変化への対応"を主眼に置いているわけではない．現在の経営環境にあって，高レベルでの最適化をねらってはいるが，依然として静的なモデルである．

表2.1の③管理の考え方・方法・システムのレベルアップのうち，レベル3の改善の範囲に"現状打破"とある．レベル3では，目的志向を徹底するため，ゼロベースで基本から見直す必要が生じることが考えられ，その意を"現状打破"に込めている．組織能力（全体）に注目することも当然重要であるが，ここでは，基礎技術（共通技術や技能）にまずは注目して，できるところから改善を目指そうという意味も含めている．したがって，自社の存在意義から見直すといった，目的自体の見直し，組織的，抜本的な革新の意味合いは，レベル3にはなく，レベル4の範疇となる．

2.2.4 レベル4：TQM総合質経営

> **レベル4：TQM総合質経営**
> ・製品・サービスの質のための総合マネジメント（結果として組織・経営システムの質向上）
> ・顧客満足＋ステークホルダー（利害関係者）満足
> ・組織能力（技術力，対応力，活力）の向上
> ・学習と革新に基づく持続可能な成長の実現（変化への的確な対応）

　レベル4の特徴をひとことでいえば，"変化への対応"ということになる．どのような経営環境にあっても，自らの組織の特徴（強み）を活かしつつ，顧客のニーズに適応した製品・サービスを持続的に提供し続けることが可能となるQMSモデルである．

　レベル4，すなわちJIS Q 9005では，優位なる競争に必要不可欠な組織能力全体を"組織能力像"として認識し，組織に即した自律的な質マネジメントシステムを構築するとともに，学習能力を基盤とした革新によって経営環境の変化へ対応していくことが，持続可能な成長に不可欠な基盤であることを強調し，それに見合ったモデルを提示している．全体戦略，事業戦略，製品・サービス戦略という3階層の経営戦略に基づき，自組織の強み・弱みを徹底的に分析し，あるべき姿と冷徹に対比しつつ自組織にふさわしい質マネジメントシステムを構築し，その成熟度を自己評価しながら，学習と革新という概念の導入によって変化に柔軟に対応していく思想を取り入れている．さらに，質マネジメントシステムの3階層モデル，12原則にまとめられた質マネジメントの基本概念，自組織の変革すべき点を判断する自己評価の方法など，持続可能な成長の実現への重要な思考を提示している．

　この規格をもとにレベル4は設定されており，"変化への対応"をことさらに強く意識したモデルとなっている．例えば，表2.1の③管理の考え方・方法・システムのレベルアップのうち，レベル4の改善の範囲での"目的の見直しを含む組織的革新"は，変化の激しい競争環境のもとで，それに適応し，既存の枠組みで戦うことが可能か否かを自社の存在意義から見直すという，目的自体の見直し，組織的，体系的，抜本的な革新の意味合いをもっている．そのため，自社の現状から強み・弱みを分析し，競争優位を確保するためにもつべき能力の集合体である"組織能力像"の明確化や，自社の質マネジメントシステムの現状・成熟度を把握する"自己評価"の要素などを付加している．"自己評価"に類するものとしてTQM 9000発展表のレベル3に"自己診断"があるが，その深さ・視点がまったく異なることに留意しなければならない．

　なお，レベル4にJIS Q 9005のモデルを採用した主な理由は，次の2点である．

・JIS Q 9005は，ISO 9001及びISO 9004と全く異なるのか，といえば必ずしもそうではない．例えば，"製品・サービスの質"のためのマネジメントシステムであることに変わりはない．また，ISO 9001及びISO 9004で採用されているプロセスモデルを基本に検討が進められたため，JIS Q 9005及びJIS Q 9006で使用される用語及び構造は，ISO 9001及びISO 9004と親和性がある．結果として，既にISO 9001を用いて品質マネジメントシステムの構築及び運営管理を行っている組織にとっても，これらのJISの採用が容易となっている．

・TQMのマネジメントシステムモデルについて，コンセンサスを得られた，世に通じる明文化された文献・規格類はこれまでなかったが，JIS Q 9005はそれを初めて成し遂げた規格である．

2.2.5 各レベルの関係

各レベルのQMSモデルの関係を図示する（図2.3）．既存の規格類との関係も付記した．

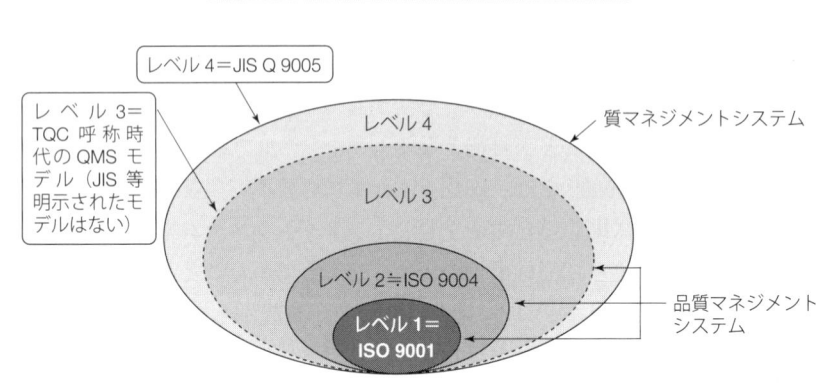

図2.3　TQM 9000の各レベルのQMSモデルと既存の規格類との関係

なお，TQM 9000発展表では，ISO 9000やJIS Q 9005で用いられている用語との整合や，レベルの差異が分かりやすいように，"品質マネジメントシステム"と"質マネジメントシステム"とで用語を使い分けている．"品質"という用語が，品物の質を連想させるため，特にサービス分野で抵抗があり，品質の本来の意味の理解を促すために，質マネジメントシステムという用語も使われており，本書もそれにならった．レベル1, 2及び3では"品質マネジメントシステム"を，レベル4では"質マネジメントシステム"としている．なお，いずれも"Quality Management System"の訳が異なるだけであり，QMSの1モデルであることに変わりない．ちなみに"quality"の訳としての"品質"の"品"は品物という意味でなく，品（ひん），品位という意味である．

一部には，QMSというとISO 9001が提示しているモデルとの誤解があるようだが，QMSとは，質（quality）のためのマネジメントシステム一般を指しており，QMSモデルの対象範囲・レベルが異なっているだけということに注意してほしい．なお，本書ではTQM 9000発展表を除き，総括して"Quality Management System"を指したいときには"QMS"を使用している．

2.3　TQM 9000発展表の見方・使い方

TQM 9000発展表の見方・使い方を誤ると，超ISOが目指す"ISO 9000のレベルを超えるQMSを構築・運用して，ビジネスにおいて成功している企業"からかえって遠ざかるおそれがある．前節2.1の正しい理解のもと，競争力のある企業になるためのQMSの実装を効率的に進めるとよい．

2.3 TQM 9000 発展表の見方・使い方

もちろん，これまでに紹介した各レベルで意図する真の姿・目的が理解されていれば，この表は不要であろうが，"何か"よりどころとなるものがほしいのが世の常であり，有用な"何か"としてこの表が存在している．

(1) 基　本

各QMS要素について，レベル1（ISO 9001）からレベル4（JIS Q 9005）へ進むにつれ何がプラスされているのかを，ISO 9001の要求事項の項目ごとに横並びで確認できるものが，第3章で紹介するTQM 9000発展表である．ISOを軸にしていることだけでなく，次レベルにおける追加事項を網かけで示すなど，違いが一目で分かるように工夫を施している．

ただし，目に見える追加事項ではない場合であっても，レベルが異なることに留意が必要である．つまり，同じ要求事項であっても，各レベルに応じた"拡大"と"深化"があり，それに伴う強化が必要で，一概に同じことを実施すればよいわけではない．このような場合，レベルに応じた実施事項の深さの違いは，二次元では表しにくく，目に見えて追加が明らかな部分にだけ網かけで示している．この網かけは，単純に用語が違うだけ，と解釈してはならない．例えば，QMSは，レベル3までは品質マネジメントシステムとしているが，レベル4では質マネジメントシステムと使い分け，網かけをしている．両者は，図2.1に示したように拡大・深化の面で大きな違いがあり，用語の背後にある深い思いを酌んでほしい．

なお，レベルが上がるに従い，ISO 9001の項目にはないQMS要素が追加される．その場合には，当該項目の欄すべてに網をかけている．したがって，網かけ内における直近の下位のレベルとの差異は，下線を付し識別可能にした．また，それらのISO 9001にないQMS要素（項目）については，混合せずにそれらの項目が特定できるように採番した（例：4.A）．

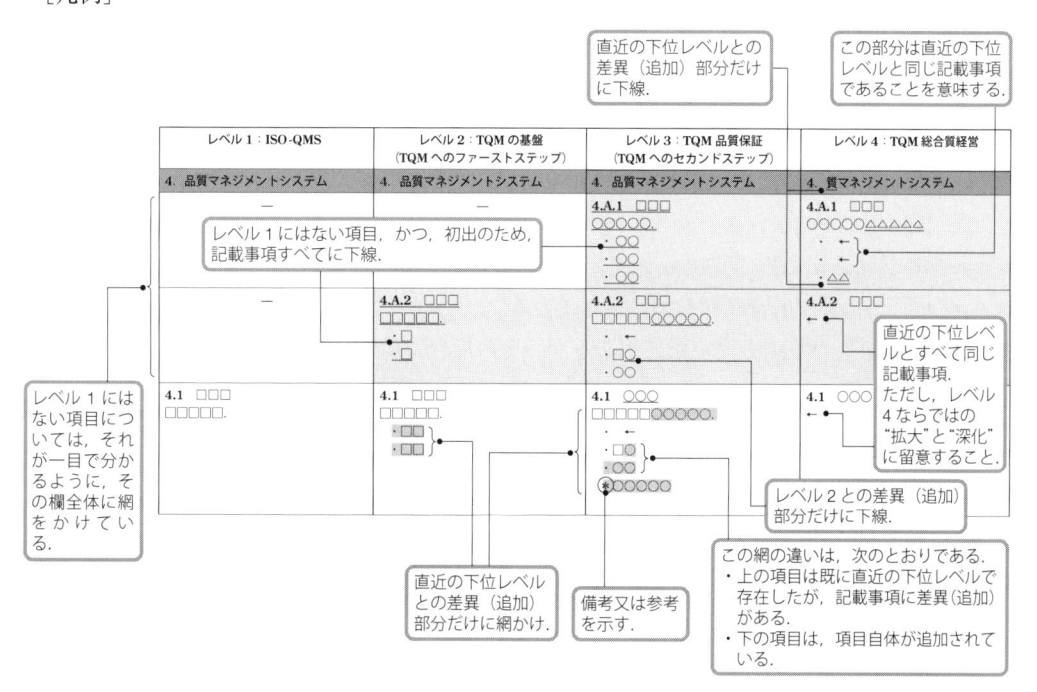

［凡例］

(2) 使い方

TQM 9000 発展表の各レベルに相当するすべての追加事項への対応を同時に行うことは容易ではない．また，追加事項の表記がなくても，各レベルに応じた"拡大"と"深化"はあるわけで，実践し，実効をあげるには難しさが伴うに違いない．一から百まで一挙に取り組む必要はなく，またそれを期待してはいない．強化すべき要素に着眼して，それを最初の一歩として取組みを始めればよい．

(3) 用　語

前述のとおり，レベル 1, 2 及び 3 でいう QMS は"品質マネジメントシステム"としている．レベル 4 に限って"質マネジメントシステム"の用語をあて，"品質"は"質"としている．

レベル 3 以上は，"製品"ではなく"製品・サービス"としている．ISO 9000 の定義からいえば，"製品"にサービスも含まれるのは当然であり，何をいまさらと思われるかもしれない．そうはいってもやはり，"製品"は有形のものだろうと違和感を抱く人の声も多く，サービス業界への浸透が十分ではない理由の一つと考えられる．したがって，サービス業界でも抵抗なく容易に理解できるよう，"製品・サービス"の語を用いている．

(4) その他

- 直近の下位レベルと同じ要求事項の場合には，"←"を付けている．ただし，レベルが上がることで，必然的に対象とするシステムやプロセスの範囲，目的意識の度合いなどが変わるため，純粋に同じことを実施すればよいわけではない．
- a), b) や，①，② なども含め，ある項目での要求事項の文言が同じときには，"←"を一つだけ付けている．a), b) や，①，② のうち，いずれかでも異なる場合には，個別に対応している．
- ある実施事項のレベル間の相違が"製品（レベル 2）"，"製品・サービス（レベル 3）"の違いだけの場合には，そもそも"製品"にサービスの意が含まれているため，"←"としている．ただし，レベル 4 に限っては，"品質マネジメントシステム（レベル 3）"，"質マネジメントシステム（レベル 4）"という用語だけの違いであっても，競争優位性を実装するための"質マネジメントシステム"を強烈に意識してほしいとの思いから，"←"とはせず厳密に網をかけ示している．
- 表内の項目の参照を促す記述があるが，その場合には，そのレベルの当該項目を参照する．
- "＊"印は，備考や参考を示す．
- レベル 2 については，超 ISO 企業実践シリーズやウェブサイトなどで既に公開しているため，大幅な修正は極力避ける方針で検討を進めたが，一部に修正が入っていることをお断りしておく．

第3章

TQM 9000 発展表
[2007年4月版]

> TQM 9000 発展表は，原則として，縦軸をISO 9001:2000 の "4（品質マネジメントシステム）" から "8（測定，分析及び改善）" の順としている．横軸は左から順にレベル1→レベル2→レベル3→レベル4としている．TQM 9000 発展表の見方・使い方については，2.3 節を参照されたい．

レベル1：ISO-QMS	レベル2：TQMの基盤 （TQMへのファーストステップ）
4. 品質マネジメントシステム	4. 品質マネジメントシステム
—	—
—	—

レベル3：TQM 品質保証 （TQM へのセカンドステップ）	レベル4：TQM 総合質経営
4. 品質マネジメントシステム	4. 質マネジメントシステム
―	**4.A　学習及び革新**（参考：JIS Q 9005 の 5） **4.A.1　学習**（参考：JIS Q 9005 の 5.1） (1)　組織の学習能力 　組織は，経営環境に関する情報を収集し，分析し，かつ，洞察し，これに基づいて組織に必要な能力を獲得するために，学習のプロセスの重要性を認識する． 　組織は，利害関係者のニーズを満たすために必要な技術的能力の変化，顧客を含む利害関係者のニーズ及びその変化，競争環境及び競争優位要因の変化などを考慮して学習のプロセスを確立する． (2)　個人の能力の組織の能力への統合 　組織は，組織を構成する個々人の知識，思考形態及び行動様式を組織の価値観と融合することによって，個人の能力を組織の能力に統合するため，個人の知の獲得を推進し，その体系化を図るために，次の事項を考慮する． ・個人の異質性及び多様性の尊重及び許容 ・知の重要性を認識する組織の文化・価値観 ・知の共有化のための共体験の機会 (3)　学習の成功因子 　組織は，個人の自律性に立脚した学習を支援し，学習する組織文化を定着させる．このために，次の事項を考慮する． ・組織の理念・ビジョン・戦略の明示，及び価値観の共有 ・トップマネジメント自らの学習及びリーダーシップ ・個人の能力の尊重及び能力向上の支援 ・独創性の重視，異質性の受入れ，及び失敗の許容 ・成果の認知，及び褒賞　など
―	**4.A.2　革新**（参考：JIS Q 9005 の 5.2） (1)　一般 　組織は，いかなる事業環境においても競争優位を維持し，持続可能な成長を実現するために，事業環境の変化を知り，自らがもつべきコアコンピタンスを認識し，必要に応じて

レベル1：ISO-QMS	レベル2：TQMの基盤 （TQMへのファーストステップ）
4.1　一般要求事項 ■ISO 9001に従って，品質マネジメントシステムを確立，文書化，実施，維持し，有効性の継続的改善をする． ■次のことを行う． a)　品質マネジメントシステムに必要なプロセスと組織への適用の明確化 b)　プロセスの順序・相互関係の明確化 c)　プロセスの運用，管理を効果的にするのに必要な判断基準及び方法の明確化 d)　プロセスの運用，監視を支援するのに必要な資源及び情報を利用可能にする． e)　プロセスを監視，測定，分析する． f)　プロセスが，計画どおりの結果を得，継続的改善を達成するのに必要な処置をとる．	**4.1　一般要求事項** (1)　Q（品質）だけでなく，C（コスト），D（量・納期）に関する品質マネジメントシステムを確立し，文書化し，実施し，維持する． 　品質マネジメントシステムの有効性を継続的に改善する． (2)　品質マネジメントシステムを実施するために全社的な推進体制の構築を行う． a)　プロセスを品質保証体系図，フロー図，ブロックダイアグラム，QC工程表などで明確にする． b)　プロセスはPDCAサイクルで記述する． c)　プロセスの中に検証・検査を位置づける． d)　資源（人，モノ，金）と情報を，事業計画書，品質計画書などで明確にする． e)　プロセスで設定した，検証・検査・監視・測定を実施，記録する． f)　マネジメントレビュー，内部監査などで，計画の達成，継続的改善を確認する．

レベル3：TQM品質保証 （TQMへのセカンドステップ）	レベル4：TQM総合質経営
	組織自らの能力及び組織体質を革新する． 　組織は，必要に応じ，次の領域の革新を適宜行うとよい． 　a)　技術／製品・サービスの革新 　b)　ビジネスモデルの革新 　c)　組織の革新 　d)　プロセスの革新 (2)　革新の成功要因 　組織は，環境変化に応じて迅速，かつ，柔軟な革新を推進するため，革新を受け入れる組織風土の確立を推進する．組織風土の確立にあたっては，次の成功要因を考慮し，革新を推進する環境を整える． 　a)　変化の兆しの察知 　b)　的確な事態把握 　c)　革新への決意 　d)　革新の遂行
4.1　一般要求事項 (1)　Q（品質），C（コスト），D（量・納期），S（安全）及びE（環境）に関する品質マネジメントシステムを確立し，文書化し，実施し，維持し，品質マネジメントシステムの有効性及び効率を継続的に改善する． (2)　← 　a)　← 　b)　← 　c)　← 　d)　← 　e)　← 　f)　マネジメントレビュー，内部監査，自己診断などで，計画の達成，継続的改善を確認する．なお，未達成の計画については問題点の明確化を行い，次年度の課題とする．	**4.1　一般要求事項**（参考：JIS Q 9005の6.1） (1)　Q（品質），C（コスト），D（量・納期），S（安全），E（環境），M（モラール）及びI（情報）に関する質マネジメントシステムを確立し，文書化し，実施し，維持し，学習能力に基づいた質マネジメントシステムの有効性及び効率を継続的に改善並びに革新する． (2)　質マネジメントシステムを実施するために全社的な推進体制の構築を行う． 　a)　プロセスを質マネジメントシステム体系図などで明確にする． 　b)　← 　c)　← 　d)　← 　e)　← 　f)　マネジメントレビュー，内部監査，自己評価，戦略的マネジメントレビューなどで，計画の達成，継続的改善及び革新を確認する．

レベル1：ISO-QMS	レベル2：TQMの基盤 （TQMへのファーストステップ）
■プロセスをISO 9001の要求事項に従って運営管理する． ■製品の適合性に影響を与えるプロセスをアウトソースする場合は，そのプロセスについて ・管理を確実にする． ・管理について品質マネジメントシステムの中で明らかにする．	(3) 内部監査などで運営管理されていることを確認する． (4) アウトソース（外注）するプロセスを品質保証体系図，フロー図，ブロックダイアグラム，QC工程表などで明確にし，その管理手順を購買プロセスなどで定める．

レベル3：TQM品質保証 （TQMへのセカンドステップ）	レベル4：TQM総合質経営
	g) 組織は，明確にした組織能力像に基づいて，その事業における競争優位の視点からもつべき能力との対比において現状能力を評価した強み・弱みを明確にする． 　組織は，明確にした組織能力像に基づいて戦略的重点領域を定め，組織の質マネジメントシステム，どのような能力をどのような要素として具現化するかを明確にする． 　組織は，次の事項を考慮する． ・組織能力像の明確化 ・必要能力と質マネジメントシステム要素間の関係の総合的なレビュー
(3) 内部監査，自己診断などで運営管理されていることを確認する． (4) ←	(3) 内部監査，自己評価などで運営管理されていることを確認する． (4) アウトソースするプロセスを質マネジメントシステム体系図などで明確にし，その管理手順を購買プロセスなどで定める． (5) 学習 　a) 組織の学習能力 　　組織は，経営環境に関する情報を収集し，分析し，かつ，洞察し，これに基づいて組織に必要な能力を獲得するために，学習のプロセスの重要性を認識する． 　　組織は，利害関係者のニーズを満たすために必要な技術的能力の変化，顧客を含む利害関係者のニーズ及びその変化，競争環境及び競争優位要因の変化などを考慮して学習のプロセスを確立する． 　b) 個人の能力の組織の能力への統合 　　組織は，組織を構成する個々人の知識，思考形態及び行動様式を組織の価値観と融合することによって，個人の能力を組織の能力に統合するため，個人の知の獲得を推進し，その体系化を図るために，次の事項を考慮する． ・個人の異質性及び多様性の尊重及び許容

レベル1：ISO-QMS	レベル2：TQMの基盤 （TQMへのファーストステップ）

レベル3：TQM品質保証 （TQMへのセカンドステップ）	レベル4：TQM総合質経営
	・知の重要性を認識する組織の文化・価値観 ・知の共有化のための共体験の機会 　c) 学習の成功因子 　　組織は，個人の自律性に立脚した学習を支援し，学習する組織文化を定着させる．このために，次の事項を考慮する． 　　・組織の理念・ビジョン・戦略の明示，及び価値観の共有 　　・トップマネジメント自らの学習及びリーダーシップ 　　・個人の能力の尊重及び能力向上の支援 　　・独創性の重視，異質性の受入れ，及び失敗の許容 　　・成果の認知，及び褒賞など (6) 革新 　a) 一般 　　組織は，いかなる事業環境においても競争優位を維持し，持続可能な成長を実現するために，事業環境の変化を知り，自らがもつべきコアコンピタンスを認識し，必要に応じて組織自らの能力及び組織体質を革新する． 　　組織は，必要に応じ，次の領域の革新を適宜行う． 　　①技術／製品・サービスの革新 　　②ビジネスモデルの革新 　　③組織の革新 　　④プロセスの革新 　b) 革新の成功要因 　　組織は，環境変化に応じて迅速，かつ，柔軟な革新を推進するため，革新を受け入れる組織風土の確立を推進する．組織風土の確立にあたっては，次の成功要因を考慮し，革新を推進する環境を整える． 　　①変化の兆しの察知 　　②的確な事態把握 　　③革新への決意 　　④革新の遂行 ＊質マネジメントシステムの形態 　　組織は，質マネジメントシステムの構築に

レベル1：ISO-QMS	レベル2：TQMの基盤 （TQMへのファーストステップ）
4.2 文書化に関する要求事項 **4.2.1 一般** ■品質マネジメントシステムの文書には次のものを含める． 　a) 品質方針，品質目標 　b) 品質マニュアル 　c) ISO 9001 が要求する"文書化された手順" 　d) プロセスの効果的な計画・運用，管理のために必要な文書 　e) ISO 9001 が要求する記録 ＊品質マネジメントシステムの文書化の程度は，組織の規模及び活動の種類，プロセス及び相互関係の複雑さ，要員の力量によって異なる． ＊文書類の様式，媒体の種類はどのようなものでもよい．	**4.2 文書化に関する要求事項** **4.2.1 一般** (1) 以下の文書を作成し，"文書管理手順"に従って維持管理する． 　a) 品質方針書，年度の品質目標 　b) 品質マニュアル 　c) 文書管理，記録管理，内部監査，不適合製品管理，是正処置，予防処置の6種類 　d) 組織が必要と判断した文書を文書体系図などで明確化 　e) 規格が要求する品質記録を品質記録一覧表などで明確化 (2) 要求事項の変化に対応した文書化を考慮する．

レベル3：TQM品質保証 （TQMへのセカンドステップ）	レベル4：TQM総合質経営
	あたり，組織の運営管理のあり方にふさわしい質マネジメントシステムの形態を選択する． 　質マネジメントシステムには，次の形態がある． 　①全社一体形（単一の質マネジメントシステム） 　②個別事業形（事業ごとの質マネジメントシステム） 　③全社統合形（複数の事業が存在する質マネジメントシステム） 質マネジメントシステムの形態の決定にあたって，次の事項を考慮する． 　・経営戦略 　・質マネジメントシステムに関する顧客及びその他の利害関係者の要求事項 　・組織能力像
4.2　文書化に関する要求事項 **4.2.1　一般** (1) 以下の文書を作成し，文書管理の手順に従って効果的かつ効率的に維持管理する． 　a) ← 　b) ← 　c) ← 　d) ← 　e) ← (2) ←	**4.2　文書化に関する要求事項**（参考：JIS Q 9005の6.6.2, 6.6.3, 6.6.4） **4.2.1　一般**（参考：JIS Q 9005の6.6.2） (1) ← (2) ←
(3) 文書管理においては効率的に実施するため，文書管理システムを構築し，次の事項を考慮する． 　a)　文書管理システムは，構成・内容，管	(3) ←

レベル1：ISO-QMS	レベル2：TQMの基盤 （TQMへのファーストステップ）
4.2.2　品質マニュアル ■品質マニュアルを作成し維持する． ■品質マニュアルには次の内容を含む． 　a)　品質マネジメントシステムの適用範囲．除外がある場合には，その詳細と正当とする理由 　b)　品質マネジメントシステムについて確立した文書化された手順"，又はその参照先の情報 　c)　品質マネジメントシステムのプロセス間の相互関係	4.2.2　品質マニュアル (1)　Q（品質）だけでなく，C（コスト），D（量・納期）に関する顧客要求事項を含む品質マニュアルを作成し，維持，管理する． (2)　品質マニュアルには以下を含む． 　a)　組織及び製品の適用範囲を記述．ただし，除外項目があれば，その詳細と正当とする理由を記述する． 　b)　"文書化した手順"の引用 　c)　品質保証体系図，文書体系図，責任・権限表，システムチェックリストなどでプロセス間の相互関係を明確にする．
4.2.3　文書管理 ■品質マネジメントシステムで必要とされる文書は管理する． ■次の事項について"手順書化された手順"を確立する．	4.2.3　文書管理 (1)　品質マネジメントシステムで必要な文書を"文書体系図"などで明確にする． (2)　"文書管理規定"などを制定し，維持，管理する．

レベル3：TQM品質保証 （TQMへのセカンドステップ）	レベル4：TQM総合質経営
理手順が簡潔明瞭で日常業務にとけ込んだシステム化が行われ，稟議・決裁のスピードアップ，関連部門への迅速な伝達，正確な情報の識別などを図る． b) 文書管理システムは，企業環境の変化や技術革新などに的確に対応して組織的なシステム改善を適時に行う． c) 媒体を問わない（ハードコピー，電子媒体など）文書及びデータは，ハードコピーだけでなく電子媒体も有効に活用する．	(4) 文書化にあたっては，組織の人々の円滑なコミュニケーションを促し，組織の人々の知の共有化並びに組織に蓄積された知的財産の活用を図るためにナレッジマネジメントを促進する．
4.2.2 品質マニュアル (1) 製品・サービスのQ（品質），C（コスト），D（量・納期），S（安全）及びE（環境）に関連する要素を含む要求事項を含んだ品質マニュアルを作成する． (2) ← (3) 品質マニュアルの構成は，Q（品質），C（コスト），D（量・納期），S（安全）及びE（環境）に関する要求事項に加えて，組織の運営管理体制に適したものとする．	**4.2.2 質マネジメントシステムマニュアル** (1) 製品・サービスのQ（品質）に加えて，C（コスト），D（量・納期），S（安全），E（環境），M（モラール）及びI（情報）に関連する要素を含む要求事項を含んだ質マネジメントシステムマニュアルを作成する． (2) ← (3) 質マネジメントシステムマニュアルの構成は，Q（品質），C（コスト），D（量・納期），S（安全），E（環境），M（モラール）及びI（情報）に関する要求事項に加えて，組織の運営管理体制に適したものとする．
4.2.3 文書管理 (1) ← (2) 組織は，品質マネジメントシステムの文書管理を効果的かつ効率的に行うため，次に	**4.2.3 文書管理**（参考：JIS Q 9005の6.6.3） (1) ← (2) 文書の制定・改訂にあたっては，時宜を得たものとするとともに，文書管理の方法に

レベル1：ISO-QMS	レベル2：TQMの基盤 （TQMへのファーストステップ）
a) 発行前の，文書の適切性の承認	a) 発行前に適切性をレビューし，承認する．レビュー・承認の責任・権限を規定する．年1回は文書を見直す．内部監査時に文書の年1回の見直しが実施されているか評価する．
b) 文書のレビュー．必要に応じて更新，再承認	b) 文書は必要に応じて更新し，適切性をレビューし，再承認する．
c) 文書の変更及び現在の改訂版の識別	c) 文書の変更・改訂理由の情報を利用できるように変更・改訂理由欄などを設定する．
d) 該当する文書の適切な版が，必要な時と場所で使用が可能	d) 文書管理台帳又は最新版の管理手順を定め，最新版管理を行う．配付管理台帳などで配付管理の手順を定める．
e) 文書が読みやすく，容易に識別可能	e) 容易に識別できるように，版数管理する．文書の識別方法を文書名，版数などで決める．必要があれば管理番号を用いる．
f) 外部文書の明確化と配付の管理	f) 外部文書は識別し，配付管理する．"外部文書配付管理台帳"など外部文書の識別と配付管理を定める．また，法令・規制要求事項の入手方法を規定する．
g) 廃止文書を保持する場合の識別と誤使用防止	g) 廃止文書は，明確に識別する．"廃止"などを明記し，管理する．
4.2.4 記録の管理 ■記録は，・要求事項への適合及び品質マネジメントシステムの効果的運用の証拠を示すために作成し，維持する．	4.2.4 記録の管理 (1) "品質記録管理規定"などの手順を作成し，維持・管理する．なお，Q（品質）だけでなく，C（コスト），D（量・納期）に関する記録を含む．

レベル3：TQM品質保証 （TQMへのセカンドステップ）	レベル4：TQM総合質経営
示す事項を含む文書管理システムを構築し，維持する． 　a)　文書作成にはQFD（品質機能展開）を活用する．また，文書改訂では，最初の確認・承認と同一機能・組織が確認し，承認する． 　b)　← 　c)　← 　d)　← 　e)　文書の識別では，系統化，単純化による使用時の扱いやすさとスピード化を図る． 　f)　← 　g)　← 　h)　確認・承認の根拠となる裏付け情報を利用する．文書改訂変更における確認及び承認の根拠となる必要な情報を体系的に整理し，正確・迅速に入手可能とする．この情報は情報化技術などを活用した文書管理システムによって機能別又はPLP（製造者責任予防）やエコ対応などの社会的な検索要求にも対応する．	おいては，情報技術の進歩に応じて，目的に合った媒体を活用する． 　a)　← 　b)　← 　c)　← 　d)　← 　e)　← 　f)　← 　g)　← 　h)　←
4.2.4　記録の管理 (1) 品質マネジメントシステムの効果的かつ効率的な運用管理を実証するために必要な記録を作成し，維持するための手順を文書化し，維持する．供給者から提出される品質に関する記録もこの要素とする． 　なお，記録には，Q（品質），C（コスト），D（量・納期），S（安全）及びE（環境）に	**4.2.4　記録の管理**（参考：JIS Q 9005の6.6.4） (1) 組織は，質マネジメントシステムの運用の結果に関する記録を作成し，維持する． なお，記録には，Q（品質），C（コスト），D（量・納期），S（安全），E（環境），M（モラール）及びI（情報）に関する記録を含む．

レベル1:ISO-QMS	レベル2:TQMの基盤 (TQMへのファーストステップ)

・読みやすく,容易に識別可能,検索可能
・記録の識別,保管,保護,検索,保管期間,廃棄に関して"文書化された手順"を確立する.
	①要求事項への適合及び品質マネジメントシステムの効果的運用の証拠を示すために必要となる記録を品質記録一覧表で明確にする.
	②品質記録管理の機能分担・責任者を明確にし周知徹底する.
	
	(2) 以下の記録の管理手順を定める.
	  a) 識別
	    記録名,作成日などで識別し,記録の間には見出し付けを行い,ファイルの背表紙に見出しを付け,識別する.
	  b) 保管
	    保管責任者,保管場所を決め,管理する.
	  c) 保護
	    保管場所において,保管責任者が損傷・劣化しないように保護する.
	  d) 検索
	    検索が容易になるように,記録はファイルする.見出しをファイルの背表紙に付ける.記録の間には見出し付けを必要に応じて行う.
	  e) 保管期間
	    保管開始日と保管期間を定める廃棄:廃棄する場合の承認者,機密保持扱いの要・不要を定める.

5. 経営者の責任	**5. 経営者の責任**
5.1 経営者のコミットメント	5.1 経営者のコミットメント
■トップマネジメントは,品質マネジメントシステムの構築・実施・有効性の継続的改善をコミットメントし,その証拠を次の事	(1) 品質マネジメントシステムを構築,実施,有効性を継続的に改善することのコミットメントの証拠を次の事項によって示す.コ

レベル3：TQM品質保証 （TQMへのセカンドステップ）	レベル4：TQM総合質経営
関する記録を含む． 　①　← 　②　← (2) 記録の管理では，次の事項を考慮する． 　a)　← 　b)　すべての記録は劣化又は損傷を防ぎ，また，紛失を防ぐのに適した環境を備えた施設内で，容易に検索できるように保管し，維持する． 　c)　← 　d)　← 　e)　← 　f)　電子的に保存された品質記録の保存用のバックアップシステムを構築する． 　g)　記録の保管期間は，法的要求事項を満たし，製品・サービスに関する品質改善への活用の度合いも考慮して定める． 　h)　記録の情報公開の範囲と内容について明確化し，管理する．	①要求事項への適合及び質マネジメントシステムの効果的運用の証拠を示すために必要となる記録を品質記録一覧表で明確にする． 　②　← (2)　←
5．経営者の責任	5．経営者の責任
5.1　経営者のコミットメント (1) 品質マネジメントシステムを構築，実施，有効性及び効率を継続的に改善することのコミットメントの証拠を次の事項によっ	5.1　経営者のコミットメント（参考：JIS Q 9005 の 7.1） (1) 質マネジメントシステムを構築，実施，有効性及び効率を継続的に改善並びに革新することのコミットメントの証拠を次の事項

レベル1：ISO-QMS	レベル2：TQMの基盤 （TQMへのファーストステップ）
項により示す．	ミットメントでは，Q（品質）だけでなく，C（コスト），D（量・納期）に関する事項に対し配慮する．
a) 法令・規制要求事項を満たすこと及び顧客要求事項満足の重要性の周知	a) 5.5.3の内部コミュニケーションで"法令・規制要求事項を満たすことの重要性"，"顧客要求事項を満たすことの重要性"を組織内に周知する．
b) 品質方針の設定	b) 5.3の品質方針書を制定・発行する．
c) 品質目標設定の確実化	c) 方針展開プロセスを構築し，全社の品質目標を設定し，組織内での品質目標を設定させ管理する．
d) マネジメントレビューの実施	d) 5.6のマネジメントレビューを実施する．
e) 資源が使用できることの確実化	e) 6.の資源の運営管理で明確にし，提供する．
5.2　顧客重視 ■トップマネジメントは顧客満足の向上を目指す． ・顧客要求事項を決定し満足させることを確実にする．	5.2　顧客重視 (1) トップマネジメントは顧客満足の向上を目指す． (2) Q（品質）だけでなく，C（コスト），D（量・納期）に関する顧客要求事項に対し配慮し，顧客要求事項が決定され，満たされることを以下の項目から確実にする． 　7.2.1 製品に関する要求事項の明確化 　8.2.1 顧客満足の監視及び測定 (3) 顧客関連プロセスの効果的運用 　①現実の顧客／潜在顧客を明確にする． 　②顧客のニーズと期待を明確にし，理解する．
—	—

レベル3：TQM品質保証 (TQMへのセカンドステップ)	レベル4：TQM総合質経営
て示す．コミットメントでは，Q（品質），C（コスト），D（量・納期），<mark>S（安全）及びE（環境）</mark>に関する事項に対し配慮する．	によって示す．コミットメントでは，Q（品質），C（コスト），D（量・納期），S（安全），E（環境），<mark>M（モラール）及びI（情報）</mark>に関する事項にも配慮する．
a) ←	a) ←
b) ←	b) <mark>組織の社会的役割を明確にし，利害関係者のニーズ及び期待に応えることを確実にする．</mark>
c) ←	c) ←
d) ←	d) <mark>質マネジメントシステム</mark>を実施するのに必要な組織体制<mark>及び</mark>経営資源を提供する．
e) ←	e) <mark>質マネジメントシステムの改善及び革新のために，マネジメントレビュー及び戦略的マネジメントレビュー</mark>を実施する．
5.2 顧客重視 (1) トップマネジメントは，<mark>顧客（最終顧客・ユーザを含む．）満足を徹底的に追求する．</mark>	**5.2 顧客重視** (参考：JIS Q 9005の7.2) (1) トップマネジメントは，顧客のニーズ及び期待に基づいて，製品・サービスを提供し，<mark>顧客との信頼関係を構築し，その結果，要求事項を超えた期待に沿う</mark>顧客満足を得ることを確実にする．
(2) Q（品質），C（コスト），D（量・納期），<mark>S（安全）及びE（環境）</mark>に関する要求事項が決定され，満たされることを確実にする．	(2) Q（品質），C（コスト），D（量・納期），S（安全），E（環境），<mark>M（モラール）及びI（情報）</mark>に関する要求事項が決定され，満たされることを確実にする．
(3) ←	(3) ←
<u>**5.A 組織の人々及び供給者に対する責任**</u> <u>(1) 一般</u> <u>　トップマネジメントは，組織が社会の一員として存在していることを認識し，顧客以外</u>	**5.A** <u>利害関係者に対する責任</u> (参考：JIS Q 9005の7.3) (1) 一般 　トップマネジメントは，組織が社会の一員として存在していることを認識し，<u>顧客以外</u>

レベル1：ISO-QMS	レベル2：TQMの基盤 （TQMへのファーストステップ）

レベル3：TQM品質保証 （TQMへのセカンドステップ）	レベル4：TQM総合質経営
の組織の人々及び供給者からも満足と信頼を得て，組織の存在意義を高める． (2) 組織の人々への責任 　トップマネジメントは，人々が組織の活動を支えることを認識し，組織が人々のニーズ及び期待を満たし，人々の満足を得ることを確実にする． 　トップマネジメントは，組織が人々の満足を達成するためのプロセスが確立されていることを確実にする． (3) 供給者との協働 　トップマネジメントは，組織が供給者との協働によって，自らの便益だけでなく，供給者も便益を得ることを考慮したプロセスが確立されていることを確実にする．	の利害関係者からも満足と信頼を得て，組織の存在意義を高める． (2) 組織の人々への責任 　トップマネジメントは，人々が組織の活動を支え，組織の持続可能な成長には不可欠な要素であることを認識し，組織が人々のニーズ及び期待を満たし，人々の満足を得ることを確実にする． 　トップマネジメントは，組織が人々の満足を達成するためのプロセスが確立されていることを確実にする． 　トップマネジメントは，人々の労働条件，業務環境，賃金制度，自己実現及び人事制度を考慮する． (3) パートナーとの協働 　トップマネジメントは，組織がパートナーとの協働によって，自らの便益だけでなく，パートナーも便益を得ることを考慮したプロセスが確立されていることを確実にする． ＊パートナーには，供給者，業界団体，事業提携者，業務委託業者，流通業者，販売業者，保守サービス業者などがある． (4) 株主・投資家への責任 　トップマネジメントは，組織の活動における株主・投資家の重要性を認識し，組織が株主・投資家のニーズ及び期待を満たし，満足及び信頼を得ることを確実にする． 　トップマネジメントは，組織が株主・投資家の満足と信頼を得るためのプロセスが確立されていることを確実にする． 　トップマネジメントは，株主・投資家とのコミュニケーション，組織活動の透明性及び組織情報の公開（財務情報，非財務情報，環境・社会関連情報）を考慮する． (5) 社会に対する責任 　トップマネジメントは，組織が，社会に与える現在及び将来の影響，社会のニーズ及び期待を理解し，組織の社会に対する役割を明確にし，責任を果たすことを確実にする． 　トップマネジメントは，法令・規制要求事項及組織の倫理規定の遵守，組織活動の透明化，並びに経済，社会及び環境への貢献を考慮する．

レベル1:ISO-QMS	レベル2:TQMの基盤 (TQMへのファーストステップ)
5.3 品質方針 ■トップマネジメントは,品質方針について,次のことを確実にする.	5.3 品質方針 (1) 品質方針書を文書化する.品質方針はQ(品質)だけでなく,C(コスト),D(量・納期)に対して配慮し,以下を含む. a) 経営理念,ビジョン等の組織(企業)の目的に沿った方針とする.顧客満足の向上を目指す. b) 法令・規制要求事項,顧客要求事項を満たすことの重要性を組織内に周知する.品質マネジメントシステムの有効性の継続的な改善を実施するという経営者の決意を示す. c) 全社品質目標を設定し,組織内の関連する部門・階層で展開させ,運営管理する体制を確立する. d) 品質方針を組織全体に伝達し,理解させる. e) 適切性の持続のためにレビューを実施する.

a) 組織の目的に対して適切
 	
  b) 要求事項への適合と品質マネジメントシステム有効性の継続的改善に対するコミットメントを含む.
 	
  c) 品質目標の設定とレビューのための枠組みとなる.
  d) 組織全体に伝達され理解される.
  e) 適切性の持続のためにレビューする.	

5.4 計画 5.4.1 品質目標 ■トップマネジメントは,品質目標について次のようにする. ・組織内の関連する部門及び階層で設定さ	5.4 計画 5.4.1 品質目標 (1) 全社品質目標を設定し,文書化する. (2) 組織内の関連する各部門及び階層で部門

レベル3：TQM品質保証 （TQMへのセカンドステップ）	レベル4：TQM総合質経営
	＊経済的貢献には，利益の還元，地域社会への経済援助などがあり，社会的貢献には，人権問題，雇用・労働問題，地域社会への支援，文化活動への支援，科学技術の進展などの社会への貢献などがあり，環境問題には，環境保全，リサイクル，再利用，エネルギー効率，地球温暖化対策などがある．
5.3 品質方針 (1) トップマネジメントは，効果的かつ効率的な品質マネジメントシステムの構築，実施，維持，並びに継続的な改善のために，Q（品質），C（コスト），D（量・納期），S（安全）及びE（環境）に配慮した品質方針を策定し，実施し，維持する． 　品質方針について次の事項を確実にする． 　a）経営理念，ビジョン等の組織（企業）の目的に沿った方針とする．顧客，組織の人々及び供給者の満足の向上を目指す． 　b）法令・規制要求事項，顧客要求事項を満たすことの重要性を組織内に周知する．品質マネジメントシステムの有効性及び効率に関する継続的改善に対するコミットメントを含む． 　c）← 　d）← 　e）← 　f）目標達成のための方策を含む実施計画を作成する．	**5.3 質方針** （参考：JIS Q 9005の7.4） (1) トップマネジメントは，効果的かつ効率的な質マネジメントシステムの構築，実施，維持，並びに継続的な改善及び革新のために，Q（品質），C（コスト），D（量・納期），S（安全），E（環境），M（モラール）及びI（情報）に関する持続可能な成長を実現する基礎となる質方針を確立し，実施し，維持する． 　質方針について次の事項を確実にする． 　a）経営理念，ビジョン，経営戦略及び事業戦略に対して適切である． 　b）質マネジメントシステムの継続的改善及び革新に対するコミットメントを含む． 　c）各階層における明確な目標の設定及びレビューのための枠組みを与える． 　d）組織全体に伝達し，理解させ，行動させる． 　e）← 　f）←
5.4 計画 **5.4.1 品質目標** 　トップマネジメントは，品質方針を組織全体に展開するにあたって，次の事項を確実にする． (1)～(5) 　a）課題の決定　継続的改善への課題，マ	**5.4 計画** （参考：JIS Q 9005の7.4.2） **5.4.1 質目標** （参考：JIS Q 9005の7.4.2） 　トップマネジメントは，質方針を組織全体に展開するにあたって，次の事項を確実にする． (1)～(5) 　a）課題の決定　事業戦略，継続的改善及

レベル1：ISO-QMS	レベル2：TQMの基盤 （TQMへのファーストステップ）
せる．	品質目標を設定させる．
・製品要求事項への適合に必要なものも含める．	(3) 製品実現の計画（品質計画書）での品質目標を設定させる．
・その達成度が判定可能．	(4) 品質目標は，その達成度が判定可能となる定量的目標とする．品質目標は品質方針との整合性をとる．
・品質方針との整合性をとる．	(5) Q（品質）だけでなく，C（コスト），D（量・納期）に関する顧客要求事項に対し配慮する． (6) レビューでQC的考え方・手法を活用する． (7) 品質目標の設定にあたっては，前年度の結果，問題点並びに原因等を把握し，その成果を反映する．
5.4.2　品質マネジメントシステムの計画	5.4.2　品質マネジメントシステムの計画
■トップマネジメントは，次のことを確実にする． 　a)　品質マネジメントシステムの計画を策定．	(1) 経営者は以下を実施する． 　a)　Q（品質）だけでなく，C（コスト），D（量・納期）を含めた品質マネジメントシステムを計画し，策定する．
b)　品質マネジメントシステムの変更が計画・実施される場合，品質マネジメントシステムが完全に整っている状態を維持	b)　品質マネジメントシステムの変更（組織構造，技術，インフラストラクチャー，顧客要求事項など）が発生した場合

レベル3：TQM品質保証 （TQMへのセカンドステップ）	レベル4：TQM総合質経営
ネジメントレビュー，内部監査及び自己診断のアウトプットなどから，取り組むべき課題を決定する． b) 目標の設定 課題ごとに，組織内のそれぞれの部門及び階層で目標を設定する． c) 方策の立案 目標及びそれを達成するための方策の関係，担当部門，並びに担当階層を明確にした方策を立案する． d) 経営資源の確保 目標を達成するために，人的資源及びその他の経営資源を確保する． e) 管理項目の設定 目標の達成を管理するための評価尺度を設定する． f) 実施計画の作成 方策が確実に実施されるように，実施計画を策定する．実施計画の策定には，次の事項を考慮する． ・確保した経営資源及び設定した管理項目 ・実施事項，実施責任者，実施期日 ・目標値，中間到達目標値 ・進捗管理に関する責任者及び方法 (6) 品質目標及び方策の実施状況を電子的に把握する． (7) 継続的改善 年度方針の目標が未達・達成の場合の原因解析を適切に行う．	び革新への課題，マネジメントレビュー，戦略的マネジメントレビュー，内部監査及び自己評価のアウトプットなどから，取り組むべき課題を決定する． b) ← c) ← d) 経営資源の確保 目標を達成するために，財務資源，人的資源及びその他の経営資源を確保する． e) ← f) ← (6) 方針の策定・展開・実施から目標の達成度評価のシステムが電子的に整備されており，経営に貢献する． (7) ←
5.4.2 品質マネジメントシステムの計画 (1) ← a) 品質マネジメントシステムの計画は，Q（品質），C（コスト），D（量・納期），S（安全）及びE（環境）に関する要求事項を含む事業計画，アウトソースしたプロセス及びその他の要求事項と整合し組織の運営管理に合った書式で文書化する． b) ←	5.4.2 質マネジメントシステムの計画 (参考：JIS Q 9005 の 6.5) (1) ← a) 質マネジメントシステムの計画は，Q（品質），C（コスト），D（量・納期），S（安全），E（環境），M（モラール）及びI（情報）に関する要求事項を含む事業計画，アウトソースしたプロセス及びその他の要求事項と整合し組織の運営管理に合った書式で文書化する． b) ←

レベル1：ISO-QMS	レベル2：TQMの基盤 （TQMへのファーストステップ）
する．	でも，品質マネジメントシステムの完整性を維持する．

レベル3：TQM品質保証 （TQMへのセカンドステップ）	レベル4：TQM総合質経営
(2) 外部・内部環境の変化に伴って品質マネジメントシステムを変更する場合には，事前に変更する内容が品質マネジメントシステムにどのような影響を及ぼすのかを評価し，適切な処置を行う．	(2) ← (3) 組織は，自己にふさわしい質マネジメントシステムを計画し，持続可能な成長を実現するために，当該事業領域における競争優位要因及び事業成功要因の認識に基づいて組織能力像を明確にする． 　組織能力像の明確化にあたっては，次の手順をとる． 　　a) 当該事業領域において提供している，又は提供を計画している製品・サービス群を列挙する． 　　b) 顧客が競争市場において製品・サービスのどのような側面を認めて購入するかを分析することによって，その製品・サービス群を通じて提供すべき顧客価値を明らかにする． 　　c) それら顧客価値を提供するために組織がもつべき，技術，マネジメント，人，設備，財務，情報技術，知識などにかかわる能力を列挙する． 　　d) 組織の特徴（強み・弱み）を考慮した事業成功のシナリオを考察し，c）の能力のうち，競争優位要因及び事業成功要因の視点から重要な能力としての組織能力像を特定する． (4) 組織は，明確にした組織能力像に基づいて，その事業における競争優位の視点からもつべき能力との対比において現状能力を評価した強み・弱みを明確にする． 　組織は，明確にした組織能力像に基づいて戦略的重点領域を定め，組織の質マネジメントシステムに，どのような能力をどのような要素として具現化するかを明確にする． 　組織は，次の事項を考慮して，質マネジメントシステムの計画を策定する． 　・組織能力像の明確化 　・もつべき能力を実装することが必要なプ

レベル 1：ISO-QMS	レベル 2：TQM の基盤 （TQM へのファーストステップ）
5.5　責任，権限及びコミュニケーション 5.5.1　責任及び権限 ■トップマネジメントは，次のことを確実にする． (1)　責任及び権限を定める． (2)　組織全体に周知される．	5.5　責任，権限及びコミュニケーション 5.5.1　責任及び権限 　トップマネジメントは，次のことを確実にする． (1)　責任及び権限を定める． 　<mark>責任・権限，それらの相互関係を組織図，システムチェックリスト，職務権限表などに定める．</mark> (2)　組織全体に周知される．
5.5.2　管理責任者 ■トップマネジメントは，管理責任者を任命する． ・管理責任者は，次の責任及び権限を有する． a)　品質マネジメントシステムに必要なプロセスの確立，実施，維持を確実にする． b)　品質マネジメントシステムの実施状況	5.5.2　管理責任者 (1)　管理層の中から管理責任者を<mark>"管理責任者任命書"などで任命し</mark>，周知する． (2)　管理責任者に以下の責任・権限を与える． a)　品質マネジメントシステムのプロセスの確立，実施，維持を確実にする． b)　品質マネジメントシステムの実施状況

レベル3：TQM 品質保証 （TQM へのセカンドステップ）	レベル4：TQM 総合質経営
	ロセスの特定 ・それらのプロセスが備えていなければならない特徴の明確化 ・それらのプロセスの相互関係 ・必要能力と質マネジメントシステム要素間の関係の総合的なレビュー
5.5　責任，権限及びコミュニケーション **5.5.1　責任及び権限** ← (1)　トップマネジメントは，品質マネジメントシステムを効果的かつ効率的に実施し，維持するために，責任及び権限を定める． ・業務を遂行する人々の責任，権限及び相互関係を明確にし，文書化する． ・会議体，プロジェクトチーム，小集団活動などの改善にかかわる責任・権限を明確にする． (2)　←	**5.5　責任，権限及びコミュニケーション**（参考：JIS Q 9005 の 7.5） **5.5.1　責任及び権限**（参考：JIS Q 9005 の 7.5.1） ← (1)　トップマネジメントは，質マネジメントシステムを効果的かつ効率的に実施し，維持するために，責任及び権限を定める． (2)　← (3)　質マネジメントシステムと組織構造の整合性が考慮されており，部門間の連携もよく，会議体・委員会なども効率的・効果的に運営する． (4)　組織力の強化において，関連企業との関係を適切に考慮する． (5)　機能別管理の対象機能が適切に選択されており，会議体・委員会・担当役員などが明確になっており，他の経営機能との調整も含め，円滑に運営する．
5.5.2　管理責任者 (1)　← (2)　トップマネジメントは，品質マネジメントシステムを効果的かつ効率的に運用し，継続的改善を行うために，次の事項に示す責任及び権限を，管理責任者（複数も可．）に割り当てる． 　a)　← 　b)　品質マネジメントシステムの実施状況	**5.5.2　管理責任者**（参考：JIS Q 9005 の 7.5.2） (1)　← (2)　トップマネジメントは，質マネジメントシステムを効果的かつ効率的に運用し，さらに改善及び革新を進めるために，次に示す責任及び権限を，管理責任者（複数も可．）に割り当てる． 　a)　質マネジメントシステムの運営管理，監視及び評価を行う． 　b)　質マネジメントシステムの実施状況及

レベル1：ISO-QMS	レベル2：TQMの基盤 （TQMへのファーストステップ）
及び改善の必要性の有無の報告をする． c） 組織全体に顧客要求事項に対する認識を高めさせる．	と改善の必要性の有無の報告をする． c） 組織全体に顧客要求事項に対する認識を高める． d） 品質マネジメントシステムについて外部との連絡をとる． (3) 品質会議が適宜開催され，品質マネジメントシステムに関する審議と決定を行う． (4) 品質活動への指導と改善を行う．
5.5.3　内部コミュニケーション ■トップマネジメントは，次のことを確実にする． ・組織内での情報交換のプロセス確立 ・品質マネジメントシステム有効性に関する情報交換を行う．	5.5.3　内部コミュニケーション (1) トップマネジメントは組織内にコミュニケーションのための適切なプロセスを確立する． (2) 品質マネジメントシステムの有効性に関しての情報交換が行われることを確実にする． ①情報の展開 　品質方針，品質目標，目標達成結果についてのコミュニケーションを組織的に展開する．ここでは，内部会議一覧表，会議出席者対応表などで，開催予定，出席者，インプット，アウトプットを明確にする．また，会議結果は，掲示板，社内報，社内ホームページなどで組織内に周知する． ②情報のフィードバック 　組織からのコミュニケーションを以下の方法を明確にし，積極的にさせる．

レベル3：TQM品質保証 （TQMへのセカンドステップ）	レベル4：TQM総合質経営
及び改善の必要性の有無について，トップマネジメントに直接報告する． 　c) 組織全体にわたって，顧客，組織の人々及び供給者のニーズ及び期待を満たし，満足と信頼を得ることの重要性に対する認識を高めることを確実にする． 　d) ← (3) ← (4) 品質マネジメントシステムの継続的改善に対して関連部門への指導・支援を行う．	び改善又は革新の必要性の有無について，トップマネジメントに直接報告する． 　c) 組織全体にわたって，顧客及びその他の利害関係者のニーズ及び期待を満たし，満足と信頼を得ることの重要性に対する認識を高めることを確実にする． 　d) 質マネジメントシステムについて外部との連絡をとる． (3) 経営会議が適宜開催され，質マネジメントシステムに関する審議と決定を行う． (4) 質マネジメントシステムの継続的改善及び革新に対して関連部門への指導・支援を行う．
5.5.3　内部コミュニケーション (1) トップマネジメントは，組織のパフォーマンスの改善を支援するために，組織内に効果的かつ効率的で部門横断的なコミュニケーションのための適切なプロセスを確立することを確実にする． (2) 品質マネジメントシステムが効果的かつ効率的に運営管理できるような情報交換が，関連する責任・権限をもった組織内の人々の参画を得て，適切な時期に行われ，その結果を組織内に周知する． ① ← ② ←	5.5.3　内部コミュニケーション（参考：JIS Q 9005の7.5.3） (1) 組織内の人々を目標の達成に直接参画させ，組織のパフォーマンスの改善及び革新を支援するために，トップマネジメントは，組織内のコミュニケーションのプロセスが確立されていることを確実にする． (2) 組織は，参画を促す手段として，組織内の人々からのフィードバックとコミュニケーションとを積極的に活用する． 　組織は，顧客及びその他の利害関係者のニーズ及び期待が組織の適切な人々及び部署に周知される手順を確立し，実施し，維持する． 　組織は，組織のパフォーマンスの改善及び革新に関する情報を必要に応じて組織の人々に周知する． 　① 質方針，質目標，目標達成結果についてのコミュニケーションを組織的に展開する．ここでは，内部会議一覧表，会議出席者対応表などで，開催予定，出席者，インプット，アウトプットを明確にする．また，会議結果は，掲示板，社内報，社内ホームページなどで組織内に周知する． 　② ←

レベル1：ISO-QMS	レベル2：TQMの基盤 （TQMへのファーストステップ）
	・職場での管理者主導の会議 ・チームミーティング ・電子メール，従業員調査，提案制度
5.6 マネジメントレビュー **5.6.1 一般** ■次のように品質マネジメントシステムのレビューを行う． ・品質マネジメントシステムが，引き続き適切で，妥当で，有効であることを確実にする． ・あらかじめ定められた間隔で行う． ・品質マネジメントシステムの改善機会の評価 ・品質方針及び品質目標を含む品質マネジメントシステム変更の必要性の評価 ■記録を維持する．	**5.6 マネジメントレビュー** **5.6.1 一般** (1) トップマネジメントはマネジメントレビューを実施する． (2) 品質マネジメントシステムが適切，妥当，有効であることを確認する． (3) 品質マネジメントシステムの改善の機会を評価する． (4) 品質マネジメントシステムの変更の必要性を評価する． 　①品質方針の変更の必要性を評価する． 　②品質目標の達成状況を評価する． (5) あらかじめ定められた間隔で実施する． (6) マネジメントレビュー記録を作成し，<u>品質記録管理規定に従って維持する</u>．
5.6.2 マネジメントレビューへのインプット ■インプットには次の情報を含む． a) 監査結果 b) 顧客からのフィードバック c) プロセスの実施状況と製品の適合性 d) 予防処置・是正処置の状況 e) 前回までのマネジメントレビュー結果のフォローアップ	**5.6.2 マネジメントレビューへのインプット** (1) マネジメントレビューはマネジメントレビューチェックシートなどを用い，以下を確認する． 　a) 監査の結果（内部監査の結果，外部監査の結果） 　b) 顧客からのフィードバック 　c) プロセスの実施状況（不適合製品の管理状況，出荷後の不具合件数）及び製品の適合性（不適合製品の管理状況，出荷後の不具合件数） 　d) 予防処置の状況，是正処置の状況，<u>品質目標の状況／結果</u> 　e) 前回のマネジメントレビューの結果に対するフォローアップ

レベル3：TQM品質保証 （TQMへのセカンドステップ）	レベル4：TQM総合質経営
＊コミュニケーションには，次の事項を推進する機能ももたせる． ①品質方針，目標，目標達成結果の検索性 ②不具合に対する再発防止のシステム化 ③情報の体系的な整備	＊コミュニケーションには，次の事項を推進する機能ももたせる． ①質方針，質目標，目標達成結果の検索性 ② ← ③ ←
5.6 マネジメントレビュー **5.6.1 一般** (1) ← (2) 品質マネジメントシステムが適切，妥当，有効で，かつ効率的であることを確認する． (3) ← (4) ← (5) 事業計画と整合した時期に品質マネジメントシステムをレビューする． (6) ←	**5.6 マネジメントレビュー**（参考：JIS Q 9005の10.3） **5.6.1 一般**（参考：JIS Q 9005の10.3.1） (1)～(6) 　トップマネジメントは，質マネジメントシステムが，引き続き適切，妥当，有効で，かつ効率的であることを確実にするために，組織が定めた間隔で，質マネジメントシステムをレビューする． 　このレビューでは，質マネジメントシステムの改善の機会の評価とともに，質方針及び目標を含む質マネジメントシステムの変更の必要性の評価も行う．マネジメントレビューの結果の記録は維持する．
5.6.2 マネジメントレビューへのインプット (1) ← a) ← b) ← c) ← d) ← e) ←	**5.6.2 マネジメントレビューへのインプット**（参考：JIS Q 9005の10.3.2） (1) ← a) ← b) 顧客及びその他の利害関係者の認識 c) ← d) ← e) ←

レベル1：ISO-QMS	レベル2：TQMの基盤 （TQMへのファーストステップ）
f）　品質マネジメントシステムに影響可能性のある変更 g）　改善のための提案	f）　品質マネジメントシステムに影響を及ぼす可能性のある変更（社会状況，環境状況，法令・規制要求事項の変更） g）　改善のための提案 ・市場関連情報，技術動向，研究開発
5.6.3　マネジメントレビューからのアウトプット ■アウトプットは次の事項に関する決定及び処置を含む． a）　品質マネジメントシステム及びプロセスの有効性の改善 b）　顧客要求事項に関連した製品の改善 c）　資源の必要性	5.6.3　マネジメントレビューからのアウトプット (1)　マネジメントレビューからのアウトプット a）　品質マネジメントシステム及びそのプロセスの有効性の改善の決定・処置 b）　顧客要求事項への適合に必要な製品の改善の決定・処置 c）　資源の必要性の決定・処置 (2)　レビューの結果を記録し，組織内に伝達し，経営者の決定・考え方を組織内に示す．
―	―

レベル3：TQM品質保証 （TQMへのセカンドステップ）	レベル4：TQM総合質経営
f) ←	f) 質マネジメントシステムに影響を及ぼす可能性のある変更
g) 改善のための提案 ・市場関連情報，技術動向，研究開発 ・競合他社に関する情報，新製品・新技術の動向など	g) ←
h) 品質方針の展開状況	h) 質方針の展開状況
i) 自己診断の結果	i) 自己評価の結果 j) 質マネジメントシステムにかかわる財務の報告
5.6.3 マネジメントレビューからのアウトプット (1) マネジメントレビューからのアウトプットには，次の事項に関する決定，処置及び実施責任者を含める． 　a) 品質マネジメントシステム並びにそのプロセスの有効性及び効率の改善 　b) 顧客満足の向上に必要な製品・サービスの改善 　c) ← 　d) 顧客，組織の人々及び供給者の満足の改善 (2) ←	5.6.3 マネジメントレビューからのアウトプット（参考：JIS Q 9005 の 10.3.3） (1) ← 　a) 質マネジメントシステム並びにそのプロセスの有効性及び効率の改善 　b) ← 　c) 経営資源の必要性 　d) 利害関係者の認識の改善 　e) 戦略的マネジメントレビューへの提案 (2) ←
―	5.B 戦略的マネジメントレビュー（参考：JIS Q 9005 の 12.1） (1) 一般 　トップマネジメントは，組織を取り巻く環境の変化を把握して，技術／製品・サービス，ビジネスモデル，組織の革新，並びにプロセス及び質マネジメントシステムの革新の必要性を判断するために，あらかじめ定められた間隔，及び／又は必要に応じ，戦略的マネジメントレビューを実施する．組織は，次の事項を考慮に入れて戦略的マネジメントレビューを実施する． 　・顧客に提供した製品・サービスが，計画どおりに顧客のニーズ及び期待を充足したかどうか．

レベル 1：ISO-QMS	レベル 2：TQM の基盤 （TQM へのファーストステップ）
6. 資源の運用管理	**6. 資源の運用管理**
6.1　資源の提供	6.1　資源の提供 　トップマネジメントは，品質マネジメントシステムを効果的に運営管理するために，訓練された要員の割り当てなど必要な資源を事業計画で明確にし，提供する．
■次の事項に必要な資源を明確にし，提供する． 　a)　品質マネジメントシステムの実施・維持・有効性の継続的改善	(1)　必要な資源を明確にし，提供する． 　a)　品質マネジメントシステムを実施し，維持し，有効性を継続的に改善するため

レベル3：TQM品質保証 （TQMへのセカンドステップ）	レベル4：TQM総合質経営
	・現有の組織の能力は事業戦略の遂行に十分であったか． ・事業戦略の遂行のためにふさわしい質マネジメントシステムを構築し，実施し，維持していたか． (2) 戦略的マネジメントレビューへのインプット 戦略的マネジメントレビューへのインプットには，次の情報を含める． 　a) 前回までの戦略的マネジメントレビューの結果に対するフォローアップの状況 　b) 質マネジメントシステムの改善活動の結果 　c) マネジメントレビューからの提案 　d) 事業戦略の見直しの結果 　e) 組織の業績（市場占有率，売上高，利益，格付けなど） 　f) 自己評価の結果 (3) 戦略的マネジメントレビューからのアウトプット 戦略的マネジメントレビューからのアウトプットには，次の事項に関する決定及び処置を含める． ・革新の必要性 ・事業戦略の修正の必要性，並びにその修正すべき対象及び内容 ・組織能力像の変更の必要性及びその根拠，並びに新たな組織能力像 ・革新のための組織体制
6. 資源の運用管理	**6. 経営資源の運用管理**
6.1　資源の提供 　トップマネジメントは，品質マネジメントシステムを効果的かつ効率的に運営管理するために，訓練された要員の割り当てなど必要な資源を事業計画で明確にし，提供する． (1) ←	**6.1　経営資源の提供** （参考：JIS Q 9005 の 8.1） 　トップマネジメントは，組織の戦略及び目標の実施並びに達成に不可欠な経営資源が明確にされており，利用できることを確実にする． 　これには，質マネジメントシステムの運営と改善，及び顧客とその他の利害関係者との満足のための経営資源を含む． (1) ←

レベル1:ISO-QMS	レベル2:TQMの基盤 (TQMへのファーストステップ)
b) 顧客要求事項を満たし,顧客満足向上	の資源. b) 顧客要求事項を満たすことによって顧客満足を向上するための資源. (2) トップマネジメントは,年度事業計画で資源を明確にし提供する. (3) 部門長は,年度の部門事業計画で資源を明確にし提供する. (4) 品質計画書で資源を明確にし提供する. 　資源:人的資源,インフラストラクチャー,作業環境,財源 (5) Q(品質)だけでなく,C(コスト),D(量・納期)に関する資源に対し配慮する.
6.2 人的資源 6.2.1 一般 ■製品品質に影響する仕事に従事する要員は力量が必要.	6.2 人的資源 6.2.1 一般 　組織は,品質マネジメントシステムを効果的に運営管理するために,組織の人々の力量を維持,向上させるための人材育成プロセスを確立する.
6.2.2 力量,認識及び教育・訓練 ■次のことを行う. a) 必要とする力量の明確化 b) 必要な力量確保のための教育訓練又は	6.2.2 力量,認識及び教育・訓練 (1) 製品・サービスの実現に影響する力量を,個人スキル表などによって明確にする. ① Q(品質)だけでなく,C(コスト),D(量・納期)に関する力量に対し配慮する. ②必要な技能だけでなく,必要な技術を明らかにし,教育する. ③教育・訓練計画の作成 (2) 次の事項を考慮して,教育訓練又は他の

レベル3：TQM品質保証 （TQMへのセカンドステップ）	レベル4：TQM総合質経営
(2) ← (3) ← (4) ← (5) Q（品質），C（コスト），D（量・納期），S（安全）及びE（環境）に関する資源に対し配慮する． (6) 新製品・新サービスの企画・開発並びに新事業への展開等のための資源を明確にし提供する． ＊資源には，組織の人々，供給者，インフラストラクチャー，業務環境及び情報技術がある．	(2) ← (3) ← (4) ← (5) Q（品質），C（コスト），D（量・納期），S（安全），E（環境），M（モラール）及びI（情報）に関する資源に対し配慮する． (6) ← ＊経営資源には，組織の人々，パートナー，インフラストラクチャー，業務環境，財務資源，知的資源などがあり，これらの関係性も経営資源の重要な要素の一つである．
6.2 人的資源 **6.2.1 一般** 　組織は，品質マネジメントシステムを効果的かつ効率的に運営管理するために，組織の人々の力量を維持，向上させるための人材開発プロセスを確立する．	**6.2 人的資源** （参考：JIS Q 9005の8.2） **6.2.1 一般** （参考：JIS Q 9005の8.2.1） 　組織は，最も重要な経営資源である人々が，顧客価値の創造及び提供に必要な力量をもつことを確実にするため，人々の力量を開発し，向上させるためのプロセスを確立する．
6.2.2 力量，認識及び教育・訓練 (1) ← ① Q（品質），C（コスト），D（量・納期），S（安全）及びE（環境）に関する力量に対し配慮する． ② ← ③ ← (2) ←	**6.2.2 力量，認識及び教育・訓練** （参考：JIS Q 9005の8.2.2, 8.2.3） (1) 人々が必要な力量を満たしているかどうか明確にするため，人々の現在の力量を把握し，各種能力評価モデル，人材マップ，技術／技能者マップなどを用いて分析評価し，獲得すべき力量を特定する． ① Q（品質），C（コスト），D（量・納期），S（安全），E（環境），M（モラール）及びI（情報）に関する力量に対し配慮する． ② ← ③ ← (2) ←

レベル1：ISO-QMS	レベル2：TQMの基盤 （TQMへのファーストステップ）
他の処置	処置を行う． ①技能，固有技術，管理技術に関する教育カリキュラムが整備されている． ②OJTで何を教育すべきかが検討され，計画的に進められている．
c) 教育訓練又は他の処置の有効性評価	(3) 組織は，教育訓練の有効性について，その目的に照らして時宜を得た評価を行う．この結果を従業員の能力・業績評価システムにつなげている．
d) 組織の要員に，自らの活動の意味・重要性，品質目標の達成に対する貢献を認	(4) 内部コミュニケーションで以下の認識を向上させる．

レベル3：TQM品質保証 （TQMへのセカンドステップ）	レベル4：TQM総合質経営
① ← ② ← ③年度ごと又は中期の人材開発計画を策定し，実行する．この中には，階層別教育を含む．	① ← ② ← ③年度ごと又は中期の人材開発計画を策定し，実行する．組織が必要とする力量の開発ニーズを満たすために，適切な人材育成計画を策定する．この育成計画には，教育訓練及び計画的な人事を考慮する． 　また，組織は，人々の力量を開発し，向上するために，教育訓練の計画を策定して，階層別及び分野別の教育訓練体制を確立する．計画の策定にあたっては，次の事項を考慮する． ・組織のビジョン及び事業戦略を考慮し，中長期的視点から計画する． ・対象とする力量の開発に適した教育訓練手法及び場を選択する． 　例：職場研修，職場ローテーション，OJT，小集団活動，他社・他業種との交流，国際交流 ・教育訓練の目的に適した教育者の選定・育成を行う． ・教育訓練の有効性を評価するための指標を定める． ④技能，固有技術，管理技術の社内講師が育成されている． ⑤自己実現，自己啓発のための仕組み，インセンティブをもっている． 　例：留学制度，資格取得支援制度，通信教育支援制度，教育機関への派遣，改善・提案制度，語学研修制度
(3) ←	(3) ← 　組織が必要とする力量を獲得，及び／又は開発するために，新規採用，中途採用，異動，処遇，その他の人事的処置を計画的に行う．
(4) ←	(4) ←

レベル1：ISO-QMS	レベル2：TQMの基盤 （TQMへのファーストステップ）
識させる． e) 教育・訓練・技能・経験についての記録の維持	①自らの活動のもつ意味と重要性の認識 ②品質目標の達成に向けて自らどのように貢献できるのかの認識 (5) 教育・訓練・技能・経験についての品質記録を所定の管理手順に従って維持する．
6.3 インフラストラクチャー ■製品要求事項への適合達成上，必要なインフラストラクチャーを明確にし，提供し，維持する． ・例として以下のものがある． a) 建物，作業場所，及び関連ユーティリティ b) 設備（ハードウェアとソフトウェア）	6.3 インフラストラクチャー (1) 製品要求事項への適合達成上，必要なインフラストラクチャーを明確にし，提供し，維持する． ・例として以下のものがある． a) 建物，作業場所，関連するユーテリティ（電気，ガス，水など） b) 設備（ハードウェアとソフトウェア）

6. 資源の運用管理   79

レベル3：TQM品質保証 （TQMへのセカンドステップ）	レベル4：TQM総合質経営
① ← ② ←	① ← ② ←
(5) 個人ごとの教育・訓練・技能・経験の記録を管理する．教育訓練の履歴は人事考課に効果的に反映させる． (6) 組織の人々のモチベーションを向上するための方法を導入する．	(5) ← (6) 組織は，人々が自らの活動のもつ意味と重要性を認識して，必要な力量を獲得し，向上させるために，次の事項を考慮して，人々のモチベーションを向上させる． ・人々の責任及び権限を明確にして，組織の目標達成に参画させる． ・個人が設定した目標と組織目標との関係を明確にする． さらに，人々の満足を高めることを意図して，次の事項を考慮する． ・個人の保有している知を共有して活用できる仕組みを構築する． ・報酬，昇進，社内公募などの人事制度を明確にする． ・適切な表彰制度を導入し，人々の成果の評価を迅速及び公平に行う． ・提案制度，技能認定制度，資格認定制度を制定し，自己啓発の推進を図る． ・人々の満足度及びニーズを継続的にレビューする．
6.3 インフラストラクチャー	6.3 インフラストラクチャー（参考：JIS Q 9005 の 8.4）
(1) 組織は，製品実現を，効果的かつ効率的に実施するために必要なインフラストラクチャーを計画し，整備し，運営管理する． 　インフラストラクチャーには次のようなものがある． 　a) ← 　b) ← 　　組織の人々が情報機器を使える環境下にあり，電子的方法によって情報をデータベース化・共有化する．	(1) ← 　a) ← 　b) ← 　　組織の人々が情報機器を使える環境下で，電子的方法によって情報をデータベース化・共有化し，情報システムは必要に応じてネットワークを介してグループ企業，供給者などのパートナーへ広げる．

レベル1：ISO-QMS	レベル2：TQMの基盤 （TQMへのファーストステップ）
c）　輸送，通信などの支援業務	c）　輸送，通信などの支援業務 (2)　トップマネジメントは，年度事業計画でインフラストラクチャーを明確にし，提供する． (3)　部門長は，年度の部門事業計画でインフラストラクチャーを明確にし，提供する．
6.4　作業環境 ■製品要求事項への適合達成上，必要な作業環境条件を明確にし，運営管理する．	6.4　作業環境 　製品要求事項への適合を達成するために，Q（品質）だけでなくC（コスト），D（量・納期）に関して必要な作業環境を明確にし，運営管理する． ・創造的な作業の方法 ・安全規則，安全の手引き ・仕事場の位置 ・熱，湿気，光，気流，衛生，清浄，騒音，振動，汚染，磁気傷害
—	6.5　情報技術 (1)　情報システムは，事務の効率化，品質改

レベル3：TQM品質保証 （TQMへのセカンドステップ）	レベル4：TQM総合質経営
c) ← 　　Q（品質），C（コスト），D（量・納期），S（安全）及びE（環境）を考慮した物流システムを構築する． (2) インフラストラクチャーが組織のニーズを継続的に満たすことを確実にするため，目的，機能，性能，利用可能性，コスト，安全，セキュリティ，保守などを考慮して，必要なインフラストラクチャーを計画する． 　インフラストラクチャーの計画にあたり，顧客のニーズ及び期待を考慮する． (3) 組織は，次の事項に関して，インフラストラクチャーを運営管理するための手順を確立し，実施し，維持する． 　・対象となるインフラストラクチャーの重要性及び使用状況に基づいた，各要素の維持・検証の方式及び頻度 　・対象となるインフラストラクチャーの保全計画	c) ← 　　Q（品質），C（コスト），D（量・納期），S（安全），E（環境），M（モラール）及びI（情報）を考慮した物流システムを構築する． (2) ← （参考：JIS Q 9005の8.4.2） 　インフラストラクチャーの計画にあたり，利害関係者のニーズ及び期待を考慮する． 　組織は，インフラストラクチャーに関連するリスクを特定し，そのリスクが顕在化した場合の結果を考慮し，組織及び利害関係者の利益を保護する． (3) ← （参考：JIS Q 9005の8.4.3）
6.4 作業環境 (1) 組織は，Q（品質），C（コスト），D（量・納期），S（安全）及びE（環境）を考慮して，組織の人々の満足を高めるために，適切な作業環境を提供し，運営管理する． 　適切な作業環境を作り出すためには，人的要因及び物理的要因を組み合わせた，次の事項を考慮する． 　・← 　・← 　・← 　・← 　・人間工学 　・組織の人々の満足向上のための施設及びサービス 　・職場の人間関係 (2) IT（情報技術）を活用できるように情報に関する作業環境を整備する．	**6.4 作業環境** （参考：JIS Q 9005の8.5） (1) 組織は，Q（品質），C（コスト），D（量・納期），S（安全），E（環境），M（モラール）及びI（情報）を考慮して，組織の人々の意欲，満足及びパフォーマンスを高めるために，適切な作業環境を提供し，運営管理する． ← (2) ←
6.5 情報技術 (1) 組織は，Q（品質），C（コスト），D（量・	**6.5 情報** （参考：JIS Q 9005の8.7.2） (1) 組織は，Q（品質），C（コスト），D（量・

レベル1:ISO-QMS	レベル2:TQMの基盤 (TQMへのファーストステップ)
	善やコスト削減を目的として,主に個人や組織内での運用を確実にする. (2) 情報システムは,一般事務職や監督者層において,定常業務の効率化,省力化,コスト削減や品質改善を目的として構築する(主に部門内の個人や部門を対象). (3) 情報処理に必要なコンピュータや情報機器を活用する. (4) 必要に応じてデータベースを整備し,情報検索する.
—	—
—	—

レベル3：TQM品質保証 （TQMへのセカンドステップ）	レベル4：TQM総合質経営
納期），S（安全）及びE（環境）を考慮して適切な情報システムを構築し，運営管理する． (2) 情報システムは，定常業務の効率化，省力化，コスト削減，品質改善に加えて安全管理，環境管理を考慮して構築し，組織及び供給者を対象とする． (3) 情報処理に必要な情報機器及びネットワークを整備し，組織及び必要に応じて供給者との情報を共有して現状打破のために情報を活用する． (4) 品質マネジメントシステムに関して，組織が情報を効果的かつ効率的に運営管理するあたって次の事項を考慮する． ・データの取捨選択 ・情報の獲得及び適用における迅速さ ・適切なセキュリティ及び機密保持 ＊情報を解析する基本的な手法やツールを用意し，適切に運用する．	納期），S（安全），E（環境），M（モラール）及びI（情報）を考慮して必要に応じて利害関係者と情報を共有するための情報システムを構築し，運営管理する． 　組織は，個人及び組織に保有される情報及び知識・技術を共有し，適用するための手順を確立し，実施し，維持する． (2) 情報システムは，情報を効果的かつ効率的に運営管理するために，全社，全部門，パートナーなどを対象とする． (3) 情報処理に必要な情報機器及びネットワークを整備・統合し，必要に応じてパートナーなどの利害関係者と情報を共有して戦略的に情報を活用する． (4) 質マネジメントシステムに関して，組織が情報を効果的かつ効率的に運営管理するにあたって次の事項を考慮する． ・データの取捨選択及び有用な情報への変換 ・　← ・　← ・情報及びその入手手段の合法性及び正当性の確保 ・情報の組織にとって有用な知識への変換 ＊　←
6.A　知識・技術 　知識・技術を効果的かつ効率的に運営管理するために，次の事項を考慮する． ・標準化及び再利用 ・選択，識別及び適用 ・更新及び廃棄 ・流出防止	**6.A　知識・技術**（参考：JIS Q 9005の8.7.3） ← ・　← ・　← ・　← ・知的財産化（特許権，著作権，商標権，実用新案権など） ・提携及び移転
6.B　財務資源 　組織は，効果的かつ効率的な品質マネジメントシステムの実施及び維持に必要な財務資源を計画し，確保し，管理する． 　組織は，組織のパフォーマンスの改善を支	**6.B　財務資源**（参考：JIS Q 9005の8.6） 　組織は，効果的かつ効率的な質マネジメントシステムの実施及び維持に必要な財務資源を戦略的に計画し，確保し，管理する． 　組織は，組織のパフォーマンスの改善を支

レベル1：ISO-QMS	レベル2：TQMの基盤 （TQMへのファーストステップ）
7．製品実現	7．製品実現
―	―

レベル3：TQM品質保証 （TQMへのセカンドステップ）	レベル4：TQM総合質経営
援するために，必要に応じて，適切な財務手法の適用を考慮する． 　品質マネジメントシステムにかかわる財務の報告は，マネジメントレビューにおいて利用する．この報告には，次の事項を含める． ・資産構成及び品質マネジメントシステムに対する財務政策 ・品質マネジメントシステムに対する投資及びその効果	援するために，必要に応じて，革新的な又は適切な財務手法の適用を考慮する． 　質マネジメントシステムにかかわる財務の報告は，マネジメントレビューにおいて利用する．この報告には，次の事項を含める． ・資産構成及び質マネジメントシステムに対する財務戦略 ・質マネジメントシステムに対する投資及びその効果
7. 製品・サービスの実現	**7. 製品・サービスの実現**
7.A　一般 (1) 組織は，製品・サービスの実現の基盤として，効果的かつ効率的なマーケティング及び研究開発を実施する． (2) 組織は，マーケティング及び研究開発からのアウトプットとして計画された個別の製品・サービスを，効果的かつ効率的に実現するための計画を策定する．	**7.A　一般**（参考：JIS Q 9005の9.1） (1) 組織は，事業戦略に基づく製品・サービスの実現の基盤として，効果的かつ効率的なマーケティング及び研究開発の機能を確立し，実施する． (2) ←
7.B　マーケティングと研究開発 **7.B.1　マーケティング** (1) マーケティングのプロセス 　組織は，1〜2年後にわたり提供しようとしている製品・サービス群のそれぞれに対して，ねらいとする顧客及び市場価値を設定するためのマーケティングのプロセスを確立する． (2) マーケティングのアウトプット 　組織は，マーケティング活動のアウトプットとして，次の事項を明確にする． a) 製品・サービスのコンセプト b) 対象とする市場及び顧客 c) 製品・サービスの企画提案 d) 製品・サービスの戦略（1〜2年） 　・提供時期 　・販売戦略 　・宣伝戦略 (3) 製品・サービスのコンセプトの確立 　組織は，製品・サービスのコンセプトを確	**7.B　マーケティングと研究開発**（参考：JIS Q 9005の9.2, 9.3） **7.B.1　マーケティング**（参考：JIS Q 9005の9.2） (1) マーケティングのプロセス 　組織は，事業戦略に基づいて中長期にわたり提供しようとしている製品・サービス群のそれぞれに対して，ねらいとする顧客及び市場価値を設定するためのマーケティングのプロセスを確立する． (2) マーケティングのアウトプット 　組織は，事業戦略・製品戦略に基づき持続可能な成長のためのマーケティング活動のアウトプットとして次の事項を明確にする． a) ← b) ← c) ← d) 製品・サービスの戦略（中長期） 　・← 　・← 　・← (3) 製品・サービスのコンセプトの確立 ←

レベル1：ISO-QMS	レベル2：TQMの基盤 （TQMへのファーストステップ）
―	―

レベル3：TQM 品質保証 （TQM へのセカンドステップ）	レベル4：TQM 総合質経営
立するときには次の事項を考慮する． 　a)　市場の区分　製品・サービス群に対するニーズ構造の相違に基づいてねらいとする市場を区分する． 　b)　製品・サービスの要求事項の明確化　a) で明確にした各区分について，その製品・サービスに対し，ライフサイクル全般にわたる顧客要求事項を定義する． 　c)　製品・サービスの位置づけ　顧客のニーズにどのように応えているかという視点で自社の製品・サービスを，競合又は自社の類似製品・サービスと比べ位置づけを確認する． (4)　マーケティングのプロセスの運営管理 　組織は，マーケティングのプロセスの運営管理にあたり，次の事項を考慮する． 　a)　提供した製品・サービスが，ねらったとおり（市場，製品・サービスの価値，量及びその推移）に顧客に受け入れられたかどうかを調査することによるマーケティングのプロセスの有効性の評価及び改善 　b)　市場調査などの顧客からの直接のフィードバック及び社会・経済・国際動向に留意することによる顧客の潜在的ニーズ及び期待の把握	a)　← b)　← c)　← d)　市場の創造　組織は提供しようとしている価値に対する顧客の理解を求め，ニーズを喚起し，新しい市場を創造するための方策を計画し，実施する． (4)　マーケティングのプロセスの運営管理 　← a)　← b)　市場調査などの顧客からの直接のフィードバックだけでなく，顧客の行動・価値観の観察，及び社会・経済・国際動向に留意することによる顧客の潜在的ニーズ及び期待の把握
7.B.2　研究開発 (1)　研究開発のプロセス 　組織は，次の事項のために，1～2年後にわたり研究開発を推進するためのプロセスを確立する． ・顧客に受け入れられる製品・サービスを提供し続けるための技術的基盤を維持する． ・特定された製品・サービスに対するニーズに対応する．	**7.B.2　研究開発**（参考：JIS Q 9005 の 9.3） (1)　研究開発のプロセス 　組織は，次の事項のために，事業戦略と整合した技術戦略を確立し，その戦略に基づき中長期にわたり研究開発を推進するためのプロセスを確立する． ・← ・←

レベル 1：ISO-QMS	レベル 2：TQM の基盤 （TQM へのファーストステップ）
7.1　製品実現の計画 ■製品実現に必要なプロセスを計画し，構築する．	7.1　製品実現の計画 (1)　製品実現に必要なプロセスを，Q（品質）だけでなく C（コスト），D（量・納期）を考慮して，計画し，構築する．

レベル3：TQM品質保証 （TQMへのセカンドステップ）	レベル4：TQM総合質経営
・潜在ニーズの発掘を可能とする． (2) 技術戦略 　組織は，技術戦略を策定し，技術開発を行う（1～2年）． 　技術戦略の策定にあたり，次の事項を考慮する． ・市場及び顧客のニーズの動向 ・組織の製品・サービスの競争力 ・1～2年後の技術動向及びニーズ ・組織の技術力（競合他社との技術能力の比較） ・現有技術の活用 ・資源 ・特許戦略（固有技術の保護など） (3) 研究開発プロセスの運営管理 　組織は，顧客に受け入れられる製品・サービスを提供するために，科学技術の動向を考慮し，研究開発テーマの設定，研究開発テーマの拡大・変更・中止のための研究評価，研究開発資源の再配分，及び研究開発進捗管理を実施する． 　組織は，研究開発プロセスの運営管理にあたって，次の事項を考慮する． ・顧客ニーズを満たす可能性のある研究開発テーマ ・研究開発された技術の用途開発	・← (2) 技術戦略 　組織は，組織の事業の成否を左右する技術（コア技術）を獲得し，維持するために，技術戦略を策定する（中長期）． 事業戦略・製品戦略に基づき持続可能な成長のための中長期にわたる技術戦略の策定にあたり，次の事項を考慮する． ・← ・← ・中長期的な技術動向及びニーズ ・← ・← ・経営資源 ・特許戦略（技術の独占，固有技術の保護など） ・技術開発の内外戦略（自主開発，共同開発，大学・公的機関の活用，アウトソーシング，買収，技術導入など） (3) 研究開発プロセスの運営管理 　組織は，競争優位を維持し，意図した時期に技術を確立し，顧客に受け入れられる製品・サービスを提供するために，科学技術の動向を考慮し，研究開発テーマの設定，研究開発テーマの拡大・変更・中止のための研究評価，研究開発資源の再配分，及び研究開発進捗管理を実施する． ← ・将来の顧客ニーズを満たす可能性のある研究開発テーマ ・←
7.1　製品・サービスの計画 (1) 組織は，マーケティング及び研究開発を踏まえ，顧客に提供する，ある特定の製品・サービスを決定し，その特定された製品・サービスを実現するための計画を，Q（品質），C（コスト），D（量・納期），S（安全）及びE（環境）を考慮して，策定し，実施する．	**7.1　製品・サービスの計画**（参考：JIS Q 9005の9.4） (1) 組織は，マーケティング及び研究開発を踏まえ，顧客に提供する，ある特定の製品・サービスを決定し，その特定された製品・サービスを実現するための計画を，Q（品質），C（コスト），D（量・納期），S（安全），E（環境）及びI（情報）を考慮して，策定し，実施する．

レベル1：ISO-QMS	レベル2：TQMの基盤 （TQMへのファーストステップ）
■品質マネジメントシステムの他のプロセスの要求事項と整合性をとる．	(2) 実現プロセスの計画は，組織の品質マネジメントシステムの他の要求事項と矛盾しないこと．また，その組織の運用方法に合った形で文書化する．
■製品実現に必要なプロセスの計画は，次の各事項について（該当するものを）明確にする． 　a) 製品に対する品質目標及び要求事項 　　　適用される法令・規制及び国内外規格 　　　製品・サービスの仕様に関する顧客との合意事項	(3) 製品実現に必要なプロセスの計画は，次の各事項について（該当するものを）明確にする． 　a) その製品，プロジェクト又は契約に対する品質目標と要求事項 　　　適用される法令・規制及び国内外規格 　　　製品・サービスの仕様に関する顧客との合意事項
b) 製品に特有なプロセス及び文書の確立と資源提供の必要性	b) その製品のためのプロセスの確立及びその文書化，並びに人的資源，インフラストラクチャー，作業環境，情報技術及び施設・支援の供給の必要性
c) 当該製品の検証，妥当性確認，監視，検査及び試験活動，製品合否判定基準	c) 検証活動及び妥当性確認活動並びに合否判定基準
d) 製品実現プロセス及び製品が要求事項を満足していることを実証する記録	d) プロセス及びその結果である製品の要求事項を満たしていることの記録
	e) 製品実現プロセスと関係する組織の連携／役割の明記
■計画のアウトプットは，実行に適した様式であること． ＊プロセスの構築にあたって，7.3に示す要	(4) 計画のアウトプットは，実行に適した様式であること． ＊プロセスの構築にあたって，7.3に示す要

レベル3：TQM品質保証 （TQMへのセカンドステップ）	レベル4：TQM総合質経営
(2) ←	(2) ←
(3) 組織は，顧客に提供する，ある特定の製品・サービスの決定にあたり，次の事項を考慮する．	(3) ←
a) 製品・サービスに対する顧客のニーズ及び期待	a) ←
←	←
←	←
顧客のニーズ及び期待に基づいた製品・サービスのコンセプト及び主たる仕様	←
収益計画	←
原価企画	←
製品・サービス実現に必要な技術	←
生産場所・生産形態	←
販売価格・販売時期・販売量	←
販売方法・サービス体制	←
供給者を含む開発の体制及び計画の立案	パートナーを含む開発の体制及び計画の立案
	組織の現有の能力

b) 製品・サービスに特有な，製品・サービス実現のプロセス及び文書の確立の必要性，並びに資源の提供の必要性
    提供する資源には，人的資源，供給者，インフラストラクチャー，作業環境，情報技術，知識・技術，財務資源の明確化を含む．
	b) ←
	
	    提供する資源には，人的資源，パートナー，インフラストラクチャー，作業環境，情報，知識・技術，財務資源の明確化を含む．

c) その製品・サービスのための検証，妥当性確認，監視，検査及び試験活動，並びに製品・サービス合否判定基準	c) ←
d) 製品・サービス実現のプロセス及びその結果としての製品・サービスが要求事項を満たしていることを実証するために必要な記録	d) ←
e) ←	e) ←
(4) ←	(4) ←

レベル1：ISO-QMS	レベル2：TQMの基盤 （TQMへのファーストステップ）
求事項を適用してもよい．	求事項を適用してもよい．
7.2　顧客関連のプロセス **7.2.1　製品に関連する要求事項の明確化** ■次の要求事項を明確にする． 　a)　顧客が規定した要求事項（引渡し及び引渡し後の活動も含む．） 　b)　顧客が明示してはいないが，用途に応じた要求事項（用途が既知である場合） 　c)　製品に関連する法令・規制要求事項 　d)　必要と判断する追加的要求事項	**7.2　顧客関連のプロセス** **7.2.1　製品に関連する要求事項の明確化** 　組織は，次の事項を考慮して，製品に関する顧客要求事項を明確化する． 　a)　顧客が規定した製品要求事項．これには入手，引渡し及び支援，サービスを含む． 　b)　顧客が規定したものではないが，意図された，又は規定された用途のために必要な製品要求事項を明確化する． 　c)　製品に関係する義務事項．これには，PLなど法令・規制要求事項を含む． 　d)　必要と判断する追加的要求事項．これを考慮するとき，顧客を"社外の顧客"とする． 　e)　要求事項の記録をファイル化又はデータベース化する．
7.2.2　製品に関連する要求事項のレビュー ■製品に関連する要求事項をレビューする． ・顧客に製品提供のコミットメントをする前に実施する． ・レビューでは次の事項を確実にする． 　a)　製品要求事項が定められている． 　b)　契約又は注文の要求事項が以前の提示と異なる場合，その解決	**7.2.2　製品に関連する要求事項のレビュー** (1)　組織は，明確にされた顧客要求事項をレビューする． (2)　このレビューは顧客に製品を提供するコミットメント（例：入札書の提出，契約又は注文の受諾）に先立って行う． (3)　確認事項は次のとおりとする． 　a)　製品要求事項を定め，新製品開発計画書を作成する． 　b)　顧客が要求事項を文書で提供しない場合，受諾前に顧客要求事項を確認する． 　　契約要求事項又は注文要求事項で，それまでに提示していたもの（例：入札書，見積書）と異なる事項は，顧客との間で解決する．

7. 製品実現

レベル3：**TQM品質保証** （**TQM**へのセカンドステップ）	レベル4：**TQM総合質経営**
7.2 顧客関連のプロセス **7.2.1 製品・サービスに関連する要求事項の明確化** ← a) ← b) 顧客が規定したものではないが，顧客の期待及びニーズをあらかじめ推測して要求事項を明確化する． c) 製品・サービスに関係する義務事項．これには，PLなど法令・規制要求事項，リサイクル，環境，信頼性を含む． d) 必要と判断する追加的要求事項．これを考慮するとき，顧客には組織の人々及び供給者を含む． e) ←	**7.2 顧客関連のプロセス**（参考：JIS Q 9005の9.2, 9.4） **7.2.1 製品・サービスに関連する要求事項の明確化**（参考：JIS Q 9005の9.2, 9.4） ← a) ← b) 顧客が規定したものではないが，マーケティングに基づき顧客が満足する製品・サービスを企画する． c) ← d) 必要と判断する追加的要求事項．これを考慮するとき，顧客には組織の人々，供給者及びその他の利害関係者を含む． e) ←
7.2.2 製品・サービスに関連する要求事項のレビュー (1) 組織は，見積仕様書の提出前又は契約及び注文の受託前にレビューを行う．レビューでは効果的かつ効率的に行えるように，次の事項を考慮する． (2) ← (3) ← a) QFD（品質機能展開），その他必要に応じた高度な手法・技法などを用い，要求事項の明確化及び製品・サービスの機能・性能への変換を行う． b) ← 製品・サービスの機能・性能から特	**7.2.2 製品・サービスに関連する要求事項のレビュー**（参考：JIS Q 9005の9.4） (1) ← (2) ← (3) ←

レベル1：ISO-QMS	レベル2：TQMの基盤 （TQMへのファーストステップ）
c) 定められた要求事項を満たす能力の保有 ■レビューの結果及び実施された処置の記録を維持する． ■要求事項が書面で示されてない場合，顧客要求事項を確認して受諾する． ■製品要求事項が変更された場合，関連する文書を修正し，関連する要員へ周知徹底する．	c) 組織が，定められた要求事項を満たす能力をもつ． d) 製品仕様書に基づき新製品を具体化するために必要な技術開発を行う． (4) このレビュー及びこれに続くフォローアップ活動の結果を記録し，維持する． (5) ← (6) 製品要求事項が変更された場合，組織は関連する文書を確実に修正する．組織は関連する要員に変更された要求事項を周知徹底する．
7.2.3 顧客とのコミュニケーション ■次の事項に関して顧客とのコミュニケーションの方法を明確にし，実施する． a) 製品情報 b) 引合い，契約，注文，又はそれらの変更 c) 苦情を含む顧客からのフィードバック	7.2.3 顧客とのコミュニケーション 　組織は次の事項に関係する顧客とのコミュニケーションのための方法を明確にし，実行する． a) 製品に関する情報 b) 引合い，契約又は注文の処理．これには変更を含む． c) 顧客からのフィードバック．これには顧客の苦情を含む． d) 顧客対応の窓口の明確化
7.3 設計・開発 7.3.1 設計・開発の計画 ■製品の設計・開発の計画を策定・管理する．	7.3 設計・開発 7.3.1 設計・開発の計画 (1) 製品の設計・開発プロセスが設計・開発フロー図（製品開発体系図）などで文書化されていて，それに基づき計画し，管理する．

レベル3：TQM品質保証 （TQMへのセカンドステップ）	レベル4：TQM総合質経営
性，規格への変換を理論的に行い，見積仕様書を作成する． 　c）要求事項を満たす能力を定期的に確認し，Cp（工程能力指数）などを用い統計的に判断する． 　d）←	
(4) ←	(4) ←
(5) 製品・サービスに関連する要求事項の記録はファイル化又はデータベース化し，PL問題にも対応可能とする． (6) 製品・サービスに関連する要求事項の修正と組織内の関係部門への伝達方法を，次の事項を考慮して明確にする． ・製品・サービスに関連する要求事項の修正を関連組織間で迅速かつ正確に行う． ・製品・サービスに関連する要求事項の修正にかかわる処置をシステム化する．	(5) ← (6) ←
7.2.3　顧客とのコミュニケーション 　組織は，次の事項に関して効果的かつ効率的な顧客とのコミュニケーションのための方法を明確化し，維持する．特に苦情対応については苦情対応プロセスを確立し，実施し，維持する． 　a）製品・サービスに関する情報 　b）← 　c）← 　d）← 　e）情報伝達のタイミング及びスピード ＊ISO 10002参照（規格名称は表末参照．以下同じ）	**7.2.3　顧客とのコミュニケーション**（参考：JIS Q 9005の9.4） ←
7.3　設計・開発 **7.3.1　設計・開発の計画** (1) 組織は，次の事項を考慮した，製品・サービスの製造及びサービス提供のプロセスの効果的かつ効率的な設計・開発を管理する手	**7.3　設計・開発**（参考：JIS Q 9005の9.5） **7.3.1　設計・開発の計画**（参考：JIS Q 9005の9.5.1） (1) ←

レベル1：ISO-QMS	レベル2：TQMの基盤 （TQMへのファーストステップ）
■計画では，次の事項を明確にする． 　a)　設計・開発の段階 　b)　各段階に適したレビュー，検証，妥当性確認 　c)　設計・開発に関する責任及び権限 ■設計・開発に関与するグループ間のインタフェースを運営管理する． ■設計・開発の進行に応じて計画を適宜更新する．	(2)　設計・開発の計画では次の事項を明確にする． 　a)　設計・開発プロセスの段階 　b)　各設計・開発プロセスの段階に相応し，製品に関するQ（品質），C（コスト），D（量・納期）に関するレビュー，検証及び妥当性確認の活動 　c)　設計・開発活動に関する責任及び権限 (3)　設計・開発に関与するグループ間のインタフェースに関する責任の明確化を確実にする． (4)　計画は，設計・開発の進展に応じて，更新する．更新の内容は確実に関係者の共通認識とする．
7.3.2　設計・開発へのインプット ■製品要求事項に関連するインプットを明確にし，記録を維持する． インプットには次の事項を含める． 　a)　機能及び性能に関する要求事項	7.3.2　設計・開発へのインプット (1)　製品要求事項に関係するインプットを明確にし，文書化する． (2)　インプットには次の事項を含める． 　a)　機能及び性能に関する要求事項を設計要求仕様書として明確にする．

レベル3：TQM品質保証 （TQMへのセカンドステップ）	レベル4：TQM総合質経営
順を確立し，運営管理する． (2) ← 　a) ← 　b) 各設計・開発プロセスの段階に相応し，製品・サービスに関するQ（品質），C（コスト），D（量・納期），S（安全）及びE（環境）に関するレビュー，検証及び妥当性確認の活動 　c) ← 　d) 設計・開発の管理 　　・進捗管理 　　・構成管理及び変更管理 (3) 組織上及び技術上のインタフェースを明確にするため，品質目標，コスト目標，日程目標などに関する各部門のタスクを明確化し，部門間の連携を十分にとる． (4) ← (5) 製品・サービス開発にQFD（品質機能展開），FMEA，実験計画などの手法を活用し，また工程FMEAなどを活用してQ（品質），C（コスト），D（量・納期），S（安全）及びE（環境）を考慮して，製造及びサービス提供プロセスの設計を行い，スケジュールとともに運営管理する．	(2) ← (3) 組織は，効果的なコミュニケーション，責任体制，経営資源及び作業の明確な割当てを確実にするために，設計・開発に関与するグループ間のインタフェースを運営管理する． (4) ← (5) 製品・サービス開発にQFD（品質機能展開），FMEA，実験計画などの手法を活用し，また工程FMEAなどを活用してQ（品質），C（コスト），D（量・納期），S（安全），E（環境）及びI（情報）を考慮して，製造及びサービス提供プロセスの設計を行い，スケジュールとともに運営管理する．
7.3.2 設計・開発へのインプット (1) 組織は，製品・サービス要求事項，並びに顧客，組織の人々及び供給者のニーズ及び期待に応えるインプットを，Q（品質），C（コスト），D（量・納期），S（安全）及びE（環境）を考慮して，明確にし，記録を維持する． (2) ← 　a) 機能及び性能に関する要求事項を設計及びプロセスの要求仕様書として明確にする． 　　設計・開発に要求する項目を可能な限り数値化し，顧客及び設計・開発者が十	**7.3.2 設計・開発へのインプット**（参考：JIS Q 9005の9.5.2） (1) 組織は，製品・サービス要求事項，並びに顧客及びその他の利害関係者のニーズ及び期待に応えるインプットを，Q（品質），C（コスト），D（量・納期），S（安全），E（環境）及びI（情報）を考慮して，明確にし，記録を維持する． (2) ← 　a) ←

レベル1：ISO-QMS	レベル2：TQMの基盤 （TQMへのファーストステップ）
b) 適用される法令・規制要求事項 c) 類似設計から得られた情報 d) 設計・開発に不可欠なその他の要求事項 ■インプットは，適切性をレビューする． ・要求事項は，もれがなく，あいまいでなく，相反することがない．	b) 該当する法令・規制要求事項が明確になっていて設計・開発の関係者が十分に理解している． c) それまでの類似の設計から導かれる適用可能な情報 d) 設計・開発のために不可欠なその他の要求事項 (3) これらのインプットの妥当性をレビューする． ・要求事項は，もれがなく，あいまいでなく，相反することがない．
7.3.3 設計・開発からのアウトプット ■インプットと対比した検証ができる様式で提示され，次段階に進める前に承認を受ける． ■アウトプットは次の状態であること． a) インプットで与えられた要求事項を満たす． b) 購買，製造及びサービス提供に対して適切な情報を提供する． c) 製品の合否判定基準を含むか，参照し	7.3.3 設計・開発からのアウトプット (1) 設計・開発プロセスからのアウトプットは，設計・開発へのインプットに対して検証できる形式で文書化する． (2) アウトプットは次の状態であること． a) 設計・開発へのインプットに示されたQ（品質），C（コスト），D（量・納期）などの要求事項を満たす． b) 購買，製造及びサービス提供に対して適切な情報を提供する． c) 製品の合否判定基準を含むか，参照し

レベル3：TQM品質保証 （TQMへのセカンドステップ）	レベル4：TQM総合質経営
分に理解できる内容とする． b) ← 　　その際にはライフサイクルについても考慮する． c) 適用可能な場合は，以前の，又はその他の類似した設計・開発から得られた情報 d) ← e) 設計・開発にかかわる関係者からの改善などの提案 (3) ← ・製造及びサービス提供のプロセスの設計・開発の場合には，製品・サービスの設計・開発のアウトプットがインプットになる場合もある．組織は，インプットをレビューする．a)～e) に関する要求事項は明確であり，必要十分，かつ，矛盾がないようにする． ＊特に物理的実体の実現を伴わないソフトウェアやサービスにおいては，要求事項自体があいまいなことが多いため，インプットの適切性，妥当性については，特に考慮する．	なお，製品・サービスの計画からのアウトプットを十分考慮する． b) ← c) ← d) ← e) ← f) 新技術・新管理手法とそれに伴うプロセスの改善・革新の積極的評価・採用した結果 (3) ← ・製造及びサービス提供のプロセスの設計・開発の場合には，製品・サービスの設計・開発のアウトプットがインプットになる場合もある．組織は，インプットをレビューする．a)～f) に関する要求事項は，明確であり必要十分，かつ，矛盾がないようにする． ＊ ←
7.3.3 設計・開発からのアウトプット (1) 設計・開発からのアウトプットは，設計・開発へのインプットと対比した検証及び妥当性確認ができるような様式で提示する． (2) ← a) 設計・開発へのインプットに示されたQ（品質），C（コスト），D（量・納期），S（安全）及びE（環境）の要求事項を満たしている． b) ← c) ←	**7.3.3 設計・開発からのアウトプット**（参考：JIS Q 9005の9.5.3） (1) ← (2) ← a) 設計・開発へのインプットに示されたQ（品質），C（コスト），D（量・納期），S（安全），E（環境）及びI（情報）の要求事項を満たしている． b) ← c) ←

レベル1：ISO-QMS	レベル2：TQMの基盤 （TQMへのファーストステップ）
ている． 　d)　安全かつ適正な使用に不可欠な製品特性を明確にする．	ている． 　d)　製品が安全で適切に使用されるための製品特性を定める． (3)　設計・開発からのアウトプット文書は，リリースに先立ち承認する． ＊設計・開発からのアウトプットには，次のようなものがある． 　・製品・サービス仕様書又は図面・SLA (Service Level Agreement) 　・試験・検査仕様書 　・購買仕様書 　・製造仕様書 　・保守・サービスのための情報 　・設計・開発の根拠となるデータ
7.3.4　設計・開発のレビュー ■設計・開発の適切な段階において体系的なレビューを行う． ・レビューは次の事項を目的とする． 　a)　設計・開発の結果が要求事項を満たせるかの評価 　b)　問題の明確化と，必要な処置の提案 ■参加者には，当該の設計・開発段階に関与した部門の代表者を含む． 　・レビューの結果と必要な場合の処置の記録を維持する．	7.3.4　設計・開発のレビュー (1)　設計・開発の適切な段階において，Q（品質），C（コスト），D（量・納期）に関するレビューを行う． ・レビューは次の事項を目的とする． 　a)　設計・開発の結果が要求事項を満たせるかの評価 　b)　問題の明確化と，必要な処置の提案 (2)　このレビューの参加者には，レビューの対象となる設計・開発段階（一つ又は複数）に関係する部門の代表者を含める． (3)　レビュー及びこれに続くフォローアップ活動の結果は，次期製品の設計・開発に役立

7. 製品実現　　101

レベル3：TQM品質保証 （TQMへのセカンドステップ）	レベル4：TQM総合質経営
d） ← (3) ← ＊ ← ＊製造及びサービス提供のプロセスの設計・開発からのアウトプットには，次のようなものがある． 　・プロセス仕様書 　・工程図，サービスフロー図 　・作業指示書 　・設備保守計画書 　・プロセスの妥当性確認に必要な事項	d） ← (3) ←
7.3.4　設計・開発のレビュー (1) 組織は，プロセスの設計・開発を含む設計・開発の適切な段階において，Q（品質），C（コスト），D（量・納期），S（安全）及びE（環境）を考慮し，目標達成のために，設計・開発に関係する部門代表者を含むレビューを，計画されたとおりに行う． 　・ ← 　a） ← 　b） ← 　c） レビューの結果の記録及び必要な処置があれば，その記録の維持 (2) このレビューの参加者には，レビューの対象となる設計・開発段階（一つ又は複数）に関係する部門の代表者，専門家等を含める． (3) レビュー及びこれに続くフォローアップ活動の結果は，次期製品・サービスの設計・	**7.3.4　設計・開発のレビュー**（参考：JIS Q 9005の9.5.4） (1) 組織は，プロセスの設計・開発を含む設計・開発の適切な段階において，Q（品質），C（コスト），D（量・納期），S（安全），E（環境），及びI（情報）を考慮し，目標達成のために，設計・開発に関係する部門代表者を含む部門横断的なチームによる体系的なレビューを，計画されたとおりに行う． 　・ ← 　a） ← 　b） ← 　c） ← (2) ← (3) ←

レベル1：ISO-QMS	レベル2：TQMの基盤 （TQMへのファーストステップ）
	つように記録し，維持する．
7.3.5　設計・開発の検証 ■アウトプットがインプットで与えられた要求事項を満たしていることを確実にするために，検証を実施する． ・検証の結果と必要な場合の処置の記録を維持する．	**7.3.5　設計・開発の検証** (1)　アウトプットが設計・開発へのインプットを満たしていることを確実にするために，設計・開発の検証を行う． 　　検証は関連部門の協力のもとで実施する． (2)　検証及びこれに続くフォローアップ活動の結果は，次期製品の設計・開発に役立つように記録し，維持する．
7.3.6　設計・開発の妥当性確認 ■製品が，用途に応じた要求事項を満たし得ることを確実にするために，妥当性確認をする． ・実行可能な場合は，製品の引渡し又は提供する前に完了させる．	**7.3.6　設計・開発の妥当性確認** (1)　結果として得られる製品が，意図された用途に対する要求事項を満たす能力をもっていることを確認するため，Q（品質），C（コスト），D（量・納期）などを考慮して，設計・開発の妥当性確認を行う． (2)　可能な場合は常に，製品の引渡し又は実行の前に妥当性確認を完了する． 　　引渡しの前に十分な妥当性確認を行うことが不可能な場合，部分的な妥当性確認を行う．

レベル3：TQM 品質保証 （TQM へのセカンドステップ）	レベル4：TQM 総合質経営
開発に役立つように記録し，維持する．	
7.3.5　設計・開発の検証 (1) 組織は，プロセスの設計・開発を含む設計・開発からのアウトプットが，設計・開発へのインプットで与えられている要求事項を満たしていることを確実にするために，計画されたとおりに検証を実施する． ＊検証活動の例には，次の事項がある． ・設計・開発仕様と試験結果との比較 ・設計・開発仕様とシミュレーション結果との比較 ・他社との対比による評価 ・過去の経験から得られた不適合，欠陥などとの対比による評価 (2) この検証の結果の記録及び必要な処置があれば，その記録を維持する．この記録は，次期製品・サービスの設計・開発に役立たせる． 　設計評価はQ（品質），C（コスト），D（量・納期），S（安全）及びE（環境）について実施し，問題点が発見された場合には部門間の連携によって遅滞なく処置する．	**7.3.5　設計・開発の検証**（参考：JIS Q 9005 の 9.5.5） (1) ← (2) ← 　設計評価はQ（品質），C（コスト），D（量・納期），S（安全），E（環境）及びI（情報）について実施し，問題点が発見された場合には部門間の連携によって遅滞なく処置する．
7.3.6　設計・開発の妥当性確認 (1) 組織は，結果として得られるプロセス及び製品・サービスが，指定された用途又は意図された用途に応じた要求事項を満たし得ることを確実にするために，計画された方法に従って，Q（品質），C（コスト），D（量・納期），S（安全）及びE（環境）を考慮して，設計・開発の妥当性確認を実施する． (2) 組織は，実行可能な場合にはいつでも，製品の引渡し若しくはサービス提供又はプロセスの運用の前に，妥当性確認を実施する． 　設計の妥当性確認は，次に示す段階で実施する． 　a) 設計検証の合格の後 　b) 通常定められた使用条件下 　c) 通常は最終製品・サービス	**7.3.6　設計・開発の妥当性確認**（参考：JIS Q 9005 の 9.5.6） (1) 組織は，結果として得られるプロセス及び製品・サービスが，指定された用途又は意図された用途に応じた要求事項を満たし得ることを確実にするために，計画された方法に従って，Q（品質），C（コスト），D（量・納期），S（安全），E（環境）及びI（情報）を考慮して，設計・開発の妥当性確認を実施する． (2) ←

レベル1：ISO-QMS	レベル2：TQMの基盤 （TQMへのファーストステップ）
・妥当性確認の結果と必要な場合の処置の記録を維持する．	(3) 妥当性確認及びこれに続くフォローアップ活動の結果は記録し，維持する．
7.3.7　設計・開発の変更管理 ■設計・開発の変更を明確にし，記録を維持する． ・変更に対して，レビュー，検証，妥当性確認を適宜行い，承認後にその変更を実施する． ・レビューには，製品を構成する要素と既に引き渡されている製品に及ぼす影響の評価を含める． ■変更のレビュー結果と必要な場合の処置の記録を維持する．	7.3.7　設計・開発の変更管理 (1) 設計・開発の変更は明確にし，文書化し，管理する．これには構成部品及び引き渡された製品に及ぼす変更の影響の評価を含む． (2) 変更に対して，レビュー，検証，妥当性確認を適宜行い，承認後にその変更を実施する． (3) レビューには，製品を構成する要素と既に引き渡されている製品に及ぼす影響の評価を含める． 変更事項はすべてのアウトプット文書に修正を加え，関係部門にもれなくフィードバックする． (4) 変更のレビュー及びこれに続くフォローアップ活動の結果は記録し，維持する．
－	－

レベル3：TQM品質保証 （TQMへのセカンドステップ）	レベル4：TQM総合質経営
d） 別用途に対する複数の妥当性確認 ＊妥当性確認の例には，次の事項がある． ・信頼性，ロバストネスなどを加味した設計・開発の妥当性の確認 ・顧客の誤使用や誤操作など使用上の安全性 ・試作品，サービス提供実験による評価 ・顧客によるサンプル品又はサービスの試験提供の評価結果の評価 ・シミュレーション (3) ←	(3) ←
(4) 組織は，妥当性確認において発見された設計・開発の問題に対する必要な処置を計画し，実施し，その処置が適切に実施されたことを確認する．	(4) ←
7.3.7 設計・開発の変更管理 (1) 組織は，プロセス設計・開発を含む，管理すべき設計・開発の変更を明確にし，記録を維持する．明確にされたすべての設計・開発の変更に対して，次の事項を考慮して，文書化し，内容を確認し，実施前に責任者が承認する． (2) ← (3) ← 設計・開発の変更にかかわる書類（図面，部品図，組立図，QAチャートなど）を関係部門にもれなく連絡し，訂正する．	**7.3.7 設計・開発の変更管理**（参考：JIS Q 9005の9.5.8） (1) ← (2) ← (3) ←
(4) 変更のレビューの結果の記録，及び必要な処置があればその記録を維持する． 設計・開発の変更に伴う技術情報は蓄積し，次期製品の設計・開発のデザインレビューのチェック項目として使用する． ＊設計・開発の変更の管理のために構成管理が役立つことがある．	(4) ←
7.3.a 構成管理 組織は，設計・開発の段階で，必要に応	**7.3.a 構成管理**（参考：JIS Q 9005の9.5.7） ←

レベル1：ISO-QMS	レベル2：TQMの基盤 （TQMへのファーストステップ）
7.4 購買 **7.4.1 購買プロセス** ■購買製品が規定された購買要求事項に適合することを確実にする．	**7.4 購買** **7.4.1 購買プロセス** (1) 購買要求事項への適合 　要求事項に適合し，組織の購買業務を円滑に実施するために，購買プロセスの流れと関連部門の相互関係を明確にする．
・供給者及び購買製品に対する管理の方式と程度は，製品実現プロセス又は最終製品に及ぼす影響に応じて定める．	(2) 管理方式と程度 　供給者及び購買した製品に対する管理の方式と程度を定める． 　管理の方式と程度は，その後の製品実現のプロセス又は最終製品に及ぼす影響に応じる． 　管理の方式と程度：全数検査，抜取検査，無検査，監査など

レベル3：TQM品質保証 （TQMへのセカンドステップ）	レベル4：TQM総合質経営
じ，各製品・サービスを構成する要素に分解し，それぞれの要素を識別し，そのトレーサビリティを管理する手順を確立し，実施し，維持する． ＊要素には部品，構成品，アイテム，工程，材料，設備，人などがある．	
7.4　購買 **7.4.1　購買プロセス** (1) 購買要求事項への適合 　組織は，購買製品・サービスが，組織の要求事項を満たしていることを確実にするために，次の事項を含む購買プロセスを確立する． ・購買製品・サービスの供給者の選定，評価及び再評価の基準を規定する． ・供給者の組織能力を評価し，選定する． ・購買製品・サービスの性能，価格並びに提供のタイミング及び量を評価する基準を規定する． ・規定された基準に，購買製品・サービスが適合することを確実にする． ・不適合となった購買製品・サービスに対する処理を確実にする． 　購買に対する基本的考え方，内外作区分，供給者の選定，供給者との関係や態度，要求事項や取り決めなどを含めた，購買方針を明確にし，購買計画を策定し，運営管理する． (2) 管理方式と程度 　供給者に対する管理の方式と範囲を明確にする．これは，製品・サービスの種類，最終品に対する製品・サービスへの影響，供給者に対する品質監査報告書だけでなく，さらに購買方針も考慮して定める． 　次の事項を考慮し，管理の方式を決定する． ・検査の方法 ・供給者の原因による不具合に対する再発防止対策 ・供給者での工程変更や異常などの伝達と処置	**7.4　購買**（参考：JIS Q 9005 の 9.6, 8.3.4） **7.4.1　購買プロセス**（参考：JIS Q 9005 の 9.6.1） (1) 購買要求事項への適合 　← ・　← ・　← ・　← ・　← ・　← ・供給者の質マネジメントシステムの構築を指導・支援する． ← (2)　←

レベル 1：ISO-QMS	レベル 2：TQM の基盤 （TQM へのファーストステップ）
■要求事項に従って製品を供給する能力を判断根拠として供給者を評価，選定する．	(3) 供給者の評価・選定
・選定，評価及び再評価の基準を定める．	・供給者を評価し，選定する．
	・選定，評価，再評価の基準を定める． 　供給者を管理するプロセスへのインプットの例： 　　関連する経験の評価 　　競合者と比較した供給者のパフォーマンス 　　供給者のマネジメントシステム 　　購入製品の品質・価格・引渡し実績 　　問題への対応レビュー，納期遵守能力，財務評価 　　引き合い，見積り，入札への対応 　　サービス・設置・支援能力 　　法令・規制要求事項の遵守状況，物流

レベル3：TQM品質保証 （TQMへのセカンドステップ）	レベル4：TQM総合質経営
・供給者への工程監査や品質システム監査の制度 ・供給者の格付け制度，奨励制度 ・製品・サービスの品質に及ぼす影響の大きさ ・購入先の工程管理や品質マネジメントシステム監査の結果 (3) 供給者の評価・選定 　組織は，供給者から提供される製品・サービスが，組織のニーズ及び期待を満たすことを確実にするため，供給者を選択し，評価し，かつ，その力量を改善するためのプロセスを確立する．	(3) パートナーの評価・選定 　組織は，顧客価値の創造及び提供のためにパートナーから提供される製品・サービスが，組織のニーズ及び期待を満たすことを確実にするため，パートナーを選択し，評価し，かつ，その力量を改善するためのプロセスを確立する． ＊パートナーとは，供給者，業界団体，事業提携者，業務委託業者，流通業者，販売業者，保守サービス業者など，顧客価値の創造及び提供において必要なものを提供する外部の組織をいう．組織は，パートナーとの協働によって，自らの便益だけでなく，パートナーも便益を得ることを考慮したプロセスを確立する．
①供給者の選択 　組織は，供給者を選択するにあたって，次の事項を考慮する． 　a) 供給者との協働による組織独自の能力の強化 　b) 供給者との関係にかかわる組織のリスク	①パートナーの選択 　組織は，パートナーを選択するにあたって，次の事項を考慮する． 　a) パートナーとの協働による組織独自の能力の強化 　b) パートナーとの関係にかかわる組織のリスク 　c) 組織の顧客価値創造の実現への貢献
②供給者との関係の評価 　組織が選択した供給者との関係を，Q（品質），C（コスト），D（量・納期），S（安全）及びE（環境）を考慮して，評価し，相互の能力を高める． 　評価にあたっては，次の事項を考慮する． 　a) パフォーマンス評価 　　・供給者から提供される製品・サービスの質，価格及び納期	②パートナーとの関係の評価 　組織は，選択したパートナーとの関係を，Q（品質），C（コスト），D（量・納期），S（安全），E（環境），M（モラール）及びI（情報）に関する事項を考慮して評価し，相互の能力を高める． ← 　a) パフォーマンス評価 　　・パートナーから提供される製品・サービスの質，価格及び納期 　　・パートナーと協働して提供する製品・サービスの顧客価値

レベル1：ISO-QMS	レベル2：TQMの基盤 （TQMへのファーストステップ）
	能力 社会一般の評判，地位と役割 ・評価・選定は，供給者が組織の要求事項に従って製品を供給する能力を判断の根拠とする． 　評価結果に基づき供給者の製品供給能力の改善を指導し，互恵関係に立脚した競争力を高める．
・評価の結果と必要な場合の処置の記録を維持する．	(4) 評価の結果の記録及び評価によって必要とされた処置があればその記録を維持する．
7.4.2　購買情報 ■購買製品に関する情報を明確にする． ・必要な場合には次の該当する要求事項を含める． 　a)　製品，手順，プロセス及び設備の承認 　b)　要員の適格性確認 　c)　品質マネジメントシステム	**7.4.2　購買情報** (1) 購買製品に関する情報の明確化 ・必要な場合には次の該当する要求事項を含める． 　a)　製品，手順，プロセス及び設備の承認 　b)　要員の適格性確認 　c)　品質マネジメントシステム 　製品・手順・プロセス・設備の承認，要員の資格を含む適格性，品質マネジメントシステムなどの要求事項を含めた購買情報を明確にする際は，供給者も参加させ，供給者の知識を活用する． 　購買情報として，品質保証に関する基本的な取り決め（品質保証協定・サービスレベル協定など）を明確にする． 　要求事項の伝達を能率的にするために，コンピュータなどの電子的つながりを活用する．
■供給者に伝達する前に，購買要求事項の妥当性を確実にする．	(2) 妥当性の確認 　伝達する前に，規定した購買要求事項が，妥当であることを確認する．

レベル3：TQM品質保証 （TQMへのセカンドステップ）	レベル4：TQM総合質経営

b)　能力評価
  ・技術力
  ・経営の健全性
 	
③供給者への配慮
 組織は，供給者が顧客に製品・サービスを提供するにあたっての対等な協力者であることを認識して，次の事項を考慮する．
 	
 ・供給者への情報提供
 ・供給者のパフォーマンス向上
 	
(4)　←
	b)　能力評価
	  ・　←
	  ・　←
	  ・質マネジメントシステムの成熟度
	③パートナーへの配慮
	 組織は，パートナーが顧客に製品・サービスを提供するにあたっての対等な協力者であることを認識して，次の事項を考慮する．
	 ・パートナーへの情報提供
	 ・パートナーのパフォーマンス向上
	 ・パートナーへの経営資源の援助
	 ・パートナーへの利益の還元
	(4)　←

7.4.2　購買情報 (1)　組織は，購買製品・サービスに関する情報を明確にし，次に関する要求事項のうち該当する事項を供給者及び組織内に伝達する． a)　製品・サービス，プロセス，設備及び検証の手順の承認 b)　← c)　← d)　購買製品・サービス仕様 e)　価格，納期及び納入量・処理能力 f)　納入不適合，不具合などに関する目標 ← ← (2)　組織は，供給者に伝達する前に，規定した購買要求事項が妥当であることを確実にする． ←	**7.4.2　購買情報**（参考：JIS Q 9005 の 9.6.2） (1)　← a)　← b)　← c)　質マネジメントシステム d)　← e)　← f)　← 製品・サービス・手順・プロセス・設備の承認，要員の資格を含む適格性，質マネジメントシステムなどの要求事項を含めた購買情報を明確にする際は，パートナーも参加させ，パートナーの知識を活用する． (2)　組織は，パートナーに伝達する前に，規定した購買要求事項が妥当であることを確実にする． ←

レベル1:ISO-QMS	レベル2:TQMの基盤 (TQMへのファーストステップ)
	妥当性を確認する事項の例: ・タイムリーな,効果的で正確なニーズと購入製品仕様書の明確さ ・製品の性能,価格,引渡しを考慮した,購入製品のコスト ・供給者とパートナーとの取り決めに対する契約管理の内容 ・不適合な購入製品に対する保証交換 ・物流の要求事項 ・製品の識別とトレーサビリティ ・製品の保存 ・要求事項から逸脱した購入製品の管理 ・供給者の施設への立ち入り
7.4.3　購買製品の検証 ■規定した購買要求事項の満足を確実にするために必要な,検査又はその他の活動を定め,実施する.	7.4.3　購買製品の検証 (1)　検証 　必要な検査又はその他の活動を定めて,実施する. 　・受入検査,受入検証など 　評価項目としてQ(品質)だけでなく,C(コスト),D(量・納期)を考慮し,組織が実現しなければならない"できばえ"を判定する管理指標を検討する.
■組織又は顧客が供給者先で検証をする場合,検証の要領と製品の出荷許可方法を購買情報に明記する.	(2)　検証要領・製品の出荷許可 組織・顧客が供給者先で検証をする場合,検証の要領,製品の出荷許可方法を購買情報に明記する.
―	<u>7.4.a　供給者とのコミュニケーション</u> 　<u>組織は,供給者と購買製品に関する情報を共有化するために,効果的なコミュニケーシ</u>

レベル3：TQM品質保証 （TQMへのセカンドステップ）	レベル4：TQM総合質経営
7.4.3　購買製品・サービスの検証 (1)　組織は，購買製品・サービスの受入れ時に，規定した購買要求事項に応じた購買製品・サービスの検査又はその他の活動を，Q（品質），C（コスト），D（量・納期），S（安全）及びE（環境）を考慮して実施する． 　また，必要な場合には，供給者における製品・サービス実現のプロセスの段階においても，適切な指示，検査などを行い，購買製品・サービスの質を確保する手順を確立し，実施し，維持する． (2)　← (3)　検証の方法 　搬入品の要求事項への適合の検査・検証が終わるまでは，使用又は加工を行わない． (4)　受入検査のコスト分析及び受入検査の結果の統計的解析を実施し，その結果を検査の量と内容に反映する． (5)　緊急製造に使用する未検証搬入製品は，不適合判明時には確実に回収と交換ができるようにするため識別し，記録する．	**7.4.3　購買製品・サービスの検証**（参考：JIS Q 9005の9.6.3） (1)　← (2)　← (3)　← (4)　← (5)　←
7.4.a　供給者とのコミュニケーション 　組織は，供給者と購買製品・サービスに関する情報を共有化するために，効果的かつ効	**7.4.a　供給者とのコミュニケーション**（参考：JIS Q 9005の9.6.4） ←

レベル1：ISO-QMS	レベル2：TQMの基盤 （TQMへのファーストステップ）
	ョンを図る． 情報の例には，次の事項がある． ・購買製品の検証結果
―	**7.4.b 供給者の力量の改善** 組織は，供給者を評価した結果に基づいて，供給者から提供される製品の質，価格，納期，品質マネジメントシステムなどに関して，次の事項を考慮して継続的改善を行う． a) 力量の改善の対象とすべき供給者を明確にする． b) 供給者が，改善目標を明確にすることを確実にする． 　改善目標には，Q（品質）だけでなくC（コスト），D（量・納期）を含む．
7.5 製造及びサービス提供 7.5.1 製造及びサービス提供の管理 ■製造及びサービス提供を計画し，管理された状態で実行する． ・管理された状態には，該当する場合には次の事項を含める． a) 製品特性を述べた情報が利用可能 b) 必要な作業手順が利用可能	7.5 製造及びサービス提供 7.5.1 製造及びサービス提供の管理 (1) 組織は，品質に直接影響する製造及びサービス提供の工程を明確にし，計画する．これらの工程はQC工程図などで体系づけ，使用すべき手順書，管理項目を明確化する．工程の設定にあたっては，Q（品質），C（コスト），D（量・納期），S（安全）を配慮する． (2) これらの工程を管理された状態のもとで稼働することを確実にする．この管理された状態には，次の事項を含む． a) 必要な製品特性が明確にされ，解析された情報が利用可能． b) 手順書がなければ品質に有害な影響を及ぼす可能性のあるものについて，方法

レベル3：TQM品質保証 （TQMへのセカンドステップ）	レベル4：TQM総合質経営
率的なコミュニケーションを図る． 　情報の例には，次の事項がある． 　　・　← 　　・供給者の工程管理・変更管理の状況 　　・購買製品・サービスの質の傾向 　　・購買製品・サービスの質がもたらした最終製品・サービスへの影響の傾向 　　・顧客価値創造におけるパートナーの貢献	
7.4.b　供給者の力量の改善 　組織は，供給者を評価した結果に基づいて，供給者から提供される製品・サービスの質，価格，納期，品質マネジメントシステムなどに関して，供給者と協働で，次の事項を考慮して継続的改善を行う． 　a）　 　b）　← 　　改善目標には，Q（品質），C（コスト），D（量・納期），S（安全）及びE（環境）を含む．	**7.4.b　パートナーの力量の改善**（参考：JIS Q 9005の8.3.4） 　組織は，パートナーを評価した結果に基づいて，パートナーから提供される製品・サービスの質，価格，納期，質マネジメントシステムなどに関して，パートナーと協働で，次の事項を考慮して継続的改善を行う． 　a）　力量の改善の対象とすべきパートナーを明確にする． 　b）　パートナーが，改善目標を明確にすることを確実にする． 　　改善目標には，Q（品質），C（コスト），D（量・納期），S（安全），E（環境），M（モラール）及びI（情報）に関する事項を含む．
7.5　製造及びサービス提供 **7.5.1　製造及びサービス提供の計画** (1) 組織は，品質に直接影響する製造及びサービス提供の工程を明確にし，計画する．これらの工程はQC工程図などで体系づけ，使用すべき手順書，管理項目を明確化する．工程の設定にあたっては，Q（品質），C（コスト），D（量・納期），S（安全）及びE（環境）を配慮する． (2) 工程の設定にあたっては，次の事項を留意する． 　a）　製品・サービスの設計・開発及びプロセス設計からのアウトプット 　b）　←	**7.5　製造及びサービス提供**（参考：JIS Q 9005の9.7, 9.9, 9.10） **7.5.1　製造及びサービス提供の計画**（参考：JIS Q 9005の9.7.1） (1) 組織は，品質に直接影響する製造及びサービス提供の工程を明確にし，計画する．これらの工程はQC工程図などで体系づけ，使用すべき手順書，管理項目を明確化する．工程の設定にあたっては，Q（品質），C（コスト），D（量・納期），S（安全），E（環境）及びI（情報）を配慮する． (2) ←

レベル1：ISO-QMS	レベル2：TQMの基盤 （TQMへのファーストステップ）
	を明確にした手順書を作成する． ・必要な手順書は利用しやすく配置する． ・手順書の制改訂は確実に実施し，遵守する． ・手順書にはノウハウや，重要ポイントを確実に盛り込む．
c) 適切な設備の使用	c) 適切な設備の使用 ①必要に応じて，工程及び設備の承認を行う． ②設備の質的能力を把握し，要求される品質に合った設備の選定，使い方の指定を行う． ③工程能力を継続的に維持するための，設備の適切な保全を行う． ・設備の予防保全，故障保全を実施する． ・設備の4S（整理，整頓，清潔，清掃）を行う．
d) 監視及び測定機器の利用可能と使用	d) 適切な監視及び測定手順が定められ，適切な機器が使用され，改善活動が行われている．
e) 規定された監視及び測定の実施	e) 引用された規格・基準，品質計画書及び／又は手順書への適合と適切なパラメータ及び製品特性の監視，並びにこれらの管理がなされている． ・作業のできばえの基準があり，明確で実際的な方法で規定されている（例えば，規格，標準見本又は図解）． ・必要な工程については，管理図が作成されており，異常を発見できるようになっている．
[f) 次工程及び顧客への引渡しと，引渡し後の活動の，規定どおりの実施 → 別立てで126ページに掲載]	
	(3) 初期流動管理・サービスイン管理や工程異常の処理体系がシステム化されている． ①初期流動管理を行う手順が作成されている． ②異常の情報が蓄積され，改善に活用されている．

7. 製品実現

レベル3：TQM品質保証 （TQMへのセカンドステップ）	レベル4：TQM総合質経営
c) 適切な資源（設備），要員の使用 　①必要に応じて，工程，設備及び要員の承認を行う． 　② ← 　③ ← d) ← e) ← f) 製造及びサービス提供の材料 g) 製造及びサービス提供の量及び時期 h) リリース（次工程への引渡し）の基準 i) 問題発生時の処理に関する手順 (3) ←	c) 経営資源，要員の使用 　① ← 　② ← 　③ ← d) ← e) ← f) ← g) ← h) ← i) ← (3) ←

レベル1：ISO-QMS	レベル2：TQMの基盤 （TQMへのファーストステップ）
7.5.2　製造及びサービス提供に関するプロセスの妥当性確認 ■次の場合，プロセスの妥当性確認を行う． ・アウトプットが，事後の監視又は測定で検証することが不可能． ・製品の使用又はサービス引渡し後しか欠陥が顕在化しない． ■これらのプロセスが計画どおりの結果を出せることを実証する． ■これらのプロセスについて，適用できる場合には次の手続きを確立する． a)　プロセスのレビュー及び承認の基準 b)　設備の承認及び要員の適格性確認 c)　所定の方法及び手順の適用 d)　記録に関する要求事項 e)　妥当性の再確認	7.5.2　製造及びサービス提供に関するプロセスの妥当性確認 　組織は，次の場合に，製造及びサービス提供における該当するプロセスの妥当性確認を効果的に行う． a)　結果として生じるアウトプットがそれ以降の監視又は測定で検証することが不可能な場合 b)　製品の使用又はサービス提供の後でしか不具合が顕在化しない場合 　妥当性確認によって，これらのプロセスが計画どおりの結果を出せることを実証する． 　組織は，これらのプロセスについて，次の事項のうち適用できるものを含んだ手順を確立し，実施し，維持する． a)　プロセスのレビュー及び承認の基準 b)　設備の承認及び要員の適格性確認 c)　所定の方法及び手順の適用 d)　記録に関する要求事項，必要な場合，工程パラメータの連続的な監視 e)　定期的な妥当性の再確認
7.5.3　識別及びトレーサビリティ ■必要な場合，製品実現の全過程で製品を識別する． ■監視及び測定の要求事項に関連して製品の状態を識別する．	7.5.3　識別及びトレーサビリティ (1)　製品の識別 　必要に応じて，設計・開発から製造及びサービス提供に至る製品実現の全過程で適切な手段で製品を識別する．顧客の要求品質に適合するように，Q（品質），C（コスト），D（量・納期）について，効果的な識別手順を確立し，文書化し，維持する． (2)　製品の状態の識別 　監視・測定の要求事項に関連して，製品の状態を識別する． ・検査前，検査後の状態の識別 ・合格品，不合格品の状態の識別 ・保留，再検査待ちの状態の識別，など

レベル3：TQM品質保証 （TQMへのセカンドステップ）	レベル4：TQM総合質経営
7.5.2 製造及びサービス提供に関するプロセスの妥当性確認 　組織は，次の場合に，製造及びサービス提供における該当するプロセスの妥当性確認を効果的かつ効率的に行う． 　a) ← 　b) ← 　c) 不適合の除去が不可能な場合 　妥当性確認によって，これらのプロセスが計画どおりの結果を出せることを実証する． 　組織は，これらのプロセスについて，次の事項のうち適用できるものを含んだ手順を確立し，文書化し，実施し，維持する． 　a) プロセスのレビュー及び承認のための明確な基準 　b) ← 　c) 設計・開発からのアウトプットで規定した方法及び手順の適用 　d) ← 　e) ←	**7.5.2 製造及びサービス提供に関するプロセスの妥当性確認**（参考：JIS Q 9005の9.7.2） 　←
7.5.3 識別及びトレーサビリティ (1) 製品・サービスの識別 　設計・開発から製造及びサービス提供に至る製品・サービス実現の全過程で適切な手段で製品・サービスを識別する．顧客の要求品質に適合するように，Q（品質），C（コスト），D（量・納期），S（安全）及びE（環境）について，効果的かつ効率的な識別手順を確立し，文書化し，維持する． (2) 製品・サービスの状態の識別 　監視・測定の要求事項に関連して，製品・サービスの状態を識別する． 　・検査前，検査後の状態の識別 　・合格品，不合格品の状態の識別 　・保留，再検査待ちの状態の識別，など	**7.5.3 識別及びトレーサビリティ**（参考：JIS Q 9005の9.7.3） (1) 製品・サービスの識別 　設計・開発から製造及びサービス提供に至る製品・サービス実現の全過程で適切な手段で製品・サービスを識別する．顧客の要求品質に適合するように，Q（品質），C（コスト），D（量・納期），S（安全），E（環境）及びI（情報）について，効果的かつ効率的な識別手順を確立し，文書化し，維持する． (2) ←

レベル1：ISO-QMS	レベル2：TQMの基盤 （TQMへのファーストステップ）
■トレーサビリティが要求事項となっている場合，製品の固有の識別を管理し，記録する．	(3) 製品のトレーサビリティ 　トレーサビリティが要求事項（顧客，法令・規制，組織などがある．）の場合，及びC（コスト），D（量・納期）の管理に必要な場合，これに関する固有の識別を管理し，記録する． (4) 識別及びトレーサビリティの活用と必要性 　識別及びトレーサビリティに関して，改善に使用可能なデータを収集することができるように，要求事項にこだわらずにその対象を検討する． (5) 識別及びトレーサビリティの必要性に影響する事項の例 　・構成部品を含む製品の状態 　・プロセスの状態と実現能力 　・マーケティングなど，パフォーマンスデータのベンチマーキング 　・製品リコールの実現能力などの契約要求事項 　・関連する法令・規制要求事項 　・意図される使用又は適用 　・危険物質 　・特定されたリスクの緩和 (6) 電子化 　電子化を検討し，必要に応じてITを活用する．
7.5.4　顧客の所有物 ■顧客の所有物について，組織の管理下，又は使用している間は，注意を払う．	**7.5.4　顧客の所有物** (1) 顧客所有物への注意 　組織の管理下にある間，又はそれを使用している間は，顧客の所有物に注意を払う． 　顧客の所有物の価値を保護するために，顧

レベル3：TQM品質保証 （TQMへのセカンドステップ）	レベル4：TQM総合質経営
なお，識別及びトレーサビリティでは，特に次の事項を考慮する． ・関連する法令・規制要求事項 ・顧客要求事項 ・安全に関連する要求事項 (3) 製品・サービスのトレーサビリティ 　トレーサビリティが要求事項（顧客，法令・規制，組織などがある．）の場合，C（コスト），D（量・納期），S（安全）及びE（環境）に関するトレーサビリティを確立し，製品・サービス履歴が追跡検索できる手順を文書化し，PL法も考慮した記録の管理を行う． (4) ← (5) ← (6) 電子化 　識別管理が確実かつ迅速に実施できるように，識別管理の情報検索のシステム化を行う．	(3) ← (4) ← (5) ← (6) 電子化 ← トレーサビリティに関する蓄積された履歴が品質記録として有効活用され，是正処置及び予防処置に結びつく体制にする．
7.5.4　顧客の所有物 ←	7.5.4　顧客の所有物 ←

レベル1：ISO-QMS	レベル2：TQMの基盤 （TQMへのファーストステップ）
・顧客の所有物は，識別，検証，及び保護・防護を実施する． ・紛失，損傷，使用に不適なことが分かった場合は，顧客に報告し，記録を維持する． ＊顧客の所有物には知的所有権も含まれる．	客の所有物に関係する責任を明確にする． (2) 顧客の所有物の識別，検証及び保護・防護 　提供された顧客の所有物の識別，検証，保護・防護を実施するための具体的な手順（業務フロー等）を確立し，維持する． (3) 顧客の所有物の紛失，損傷 　顧客の所有物を紛失，損傷した場合，顧客に報告し，記録を維持するための具体的手順（様式を含む．）を確立し，維持する． (4) 顧客の所有物の例 　・支給原料 　・補修・保全・品質アップのための支給品 　・直接支給された包装材 　・保管のようなサービス業務で取り扱う顧客から提供された資材 　・運搬のように，顧客の代理によって供給されるサービス 　・仕様書・設計図・顧客の社内情報を含む顧客の知的所有権
7.5.5　製品の保存 ■内部処理から指定納入先への引渡しまでの間，製品を適合した状態に保存する． ・この保存には，識別，取扱い，包装，保管，保護を含める． ・保存は，製品を構成する要素にも適用する．	**7.5.5　製品の保存** 　組織は，Q（品質），C（コスト），D（量・納期）などを配慮した製品の取扱い，保管，包装，保存，引渡しについて，効果的な手順を文書化し，維持する． 　購入材料を保護するための効果的なプロセスを定め，実施する際に，供給者及びパートナーを参画させる． (1) 識別 　7.5.3を参照． (2) 取扱い 　損傷，劣化を防ぐ取扱いの方法を規定し，維持する． (3) 保管，保護 　a) 保管，保護の手順を規定し，維持する． 　b) 使用，又は出荷待ちの製品が損傷，劣化しないことを考慮した保管区域又は貯

レベル3：TQM品質保証 （TQMへのセカンドステップ）	レベル4：TQM総合質経営
7.5.5 製品の保存 　組織は，Q（品質），C（コスト），D（量・納期），S（安全），E（環境）などを考慮した製品の取扱い，保管，包装，保存，引渡しについて，効果的かつ効率的な手順を文書化し，維持する． ← (1) ← (2) 取扱い 　a) ← 　b) 供給者先にも，社内の基準書の遵守を要求し，定期的に実際の作業を確認する． (3) ←	**7.5.5 製品及びその構成要素の保存**（参考：JIS Q 9005 の 9.7.4） ← (1)〜(4) 及び (6) はレベル 3 に同じであるが，特に以下の事項について留意する． ・製品及び／又は製品を構成する要素の特性 ・保存方法（包装など） ・保存期間及び保存条件 ・保存製品の評価方法 ・識別及び取扱い

レベル1：ISO-QMS	レベル2：TQMの基盤 （TQMへのファーストステップ）
	蔵室を使用する． c) 保管場所への搬入，搬出についての承認方法を明確化し，実施する．また，先入れ・先出しを行う． d) 保管中の製品について，評価間隔と評価項目を明確化し，評価の記録を維持する． e) 保管に際して，適正量の水準を設定する． (4) 包装 a) 包装・梱包・表示の工程を明確にして管理する． (5) 在庫管理 　製品及び／又は製品を構成する要素の適合性の維持，並びに経営資源の有効活用を図るために，効果的な在庫管理の計画を策定し，管理する． 　在庫管理の計画の策定においては，次の事項を考慮する． ①特性の劣化（鮮度など） ②適正在庫 ③在庫の確認の方法 ④使用に適さない製品及び／又は製品を構成する要素の処理
―	**7.5.a　製品の販売** 　組織は，販売活動を通して顧客と良好な関係を確立し，維持するために，次の事項を考慮した効果的な販売活動の計画を策定する． ①顧客とのコミュニケーションの方法 ②顧客との販売契約の締結 ③保証及び特典

レベル3：TQM品質保証 （TQMへのセカンドステップ）	レベル4：TQM総合質経営
(4) 包装 　a)　← 　b)　包装では，開封者が開封の容易性や包装の処分のことを考慮する． (5) 在庫管理システム 　製品及び／又は製品を構成する要素の適合性の維持，並びに経営資源の有効活用を図るために，効果的かつ効率的な在庫管理の計画を策定し，管理する． 　在庫管理の計画の策定においては，次の事項を考慮する． 　① ← 　② ← 　③ ← 　④ ← 　⑤顧客要求事項 　⑥在庫に関する情報の共有 (6) 引渡し 　a)　運送コスト，迅速性などを考慮する． 　b)　Q（品質）だけでなく，C（コスト），D（量・納期）のバランスを考慮した仕組みの確立に取り組む．	(5) 在庫管理システム 　製品及び／又は製品を構成する要素の適合性の維持，経営資源の有効活用及び組織の経営戦略や方針と連動した在庫管理の計画を策定し，管理する． 　在庫管理の計画の策定においては，次の事項を考慮する． 　① ← 　② ← 　③ ← 　④ ← 　⑤ ← 　⑥ ←
7.5.a　製品・サービスの販売 　組織は，販売活動を通して顧客と良好な関係を確立し，維持するために，次の事項を考慮した効果的かつ効率的な販売活動の計画を策定する． 　① ← 　② ← 　③ ←	**7.5.a　製品・サービスの販売**（参考：JIS Q 9005の9.9） ←

レベル1：ISO-QMS	レベル2：TQMの基盤 （TQMへのファーストステップ）
	④要員の適正な顧客対応能力
7.5.1 製造及びサービス提供の管理 f) 次工程及び顧客への引渡しと，引渡し後の活動の，規定どおりの実施	**7.5.1 製造及びサービス提供の管理** f) 製品・サービスの引渡し及び引渡し後の顧客サポート (1) 製品・サービスの引渡し 　組織は，製品・サービスの引渡しに際して，次の事項を考慮して，効果的な手順を確立し，実施し，維持する． ・顧客要求事項（納期，納入先など） ・製品及びサービスの結果，の安全な使用・利用に関する情報を，カタログ，取扱い説明書，販売員等への説明，顧客への説明などで正しく伝える． ・製品及びサービスの結果，の使用・利用及び保守に関する情報を正しく伝える． ・製品及びサービスの結果，の使用・利用に必要な教育訓練を行う（必要な要員への技術教育，製品情報の提示，取扱い方法・使用方法の説明など）． ・輸送及び据付けを適切に行う（必要に応じてマニュアルなどの作成．）． (2) 製品・サービス引渡し後の顧客サポート 　組織は，製品・サービスの結果が使用されている期間において，安全に使用されることを確実にするために，次の事項を考慮して，

レベル3：TQM品質保証 （TQMへのセカンドステップ）	レベル4：TQM総合質経営
④ ← ⑤顧客情報の有効活用 ⑥営業担当者とマネジメント層のコミュニケーションの方法 ⑦組織が提供する製品・サービスの販売情報の有効活用 ⑧他社の動向 ⑨マーケティングのアウトプット 販売計画では，次のような事項を含む． ・ターゲットとする市場，顧客 ・価格と販売数量 ・流通チャネル ・販売拠点 ・販売前及び販売後のサービス提供 ・販売促進方法	
7.5.1　製造及びサービス提供の計画 　f)　製品・サービスの引渡し及び引渡し後の顧客サポート (1)　製品・サービスの引渡し 　組織は，製品・サービスの引渡しに際して，意図した製品・サービスの特性が十分に発揮されることを確実にするために，次の事項を考慮して，効果的かつ効率的な手順を確立し，実施し，維持する． ← (2)　製品・サービス引渡し後の顧客サポート 　組織は，製品・サービスの結果が使用されている期間において，意図した製品及びサービスの結果の特性が十分に現れ，かつ，安全	**7.5.1　製造及びサービス提供の計画**（参考：JIS Q 9005の9.10） 　f)　製品・サービスの引渡し及び引渡し後の顧客サポート (1)　製品・サービスの引渡し ← (2)　製品・サービス引渡し後の顧客サポート ←

レベル 1：ISO-QMS	レベル 2：TQM の基盤 （TQM へのファーストステップ）
	効果的な手順を確立し，実施し，維持する． a) 関連する法令・規制要求事項 b) 以下の事項を含む顧客サポートの内容（方法，時間など）及び体制（組織，要員，受付窓口など） ・技術支援（例：技術情報の提示，技術者の派遣など） ・保守，保全（例：整備マニュアル・整備基準の作成・見直し・改訂，保守・保全員の技術教育，保守・保全技術開発など） c) 補給部品の提供とその管理 ・在庫計画，推奨部品リストなど d) 苦情・クレーム処理 ・苦情の受付，苦情・クレーム情報の収集，処理手順，顧客への情報提供，補償に関する基準など． e) 不適合に関する情報，バージョンアップに関する情報，及びその他保守に関する情報
7.6　監視機器及び測定機器の管理 ■製品の適合を実証するために ・実施すべき監視及び測定を明確にする． ・必要な監視及び測定の機器を明確にする．	7.6　監視機器及び測定機器の管理 (1) 監視・測定及び監視機器・測定機器 　定められた要求事項に対する製品の適合性を実証するために，実施すべき監視及び測定を明確にし，重要度を分析して重点管理する．そのために必要な監視機器及び測定機器を明確にする．機器の選定に際してコスト評価を行う．
■監視及び測定の要求事項との整合性を確保できる方法で監視及び測定が実施できるようにプロセスを確立する．	(2) 監視・測定プロセスの確立 　効果的で効率的な監視及び測定のプロセスを定めて，実施する． ・製品及びプロセスの検証と妥当性確認とに使用する方法及び機器・道具を含む

レベル3：TQM品質保証 （TQMへのセカンドステップ）	レベル4：TQM総合質経営
に使用されることを確実にするために，次の事項を考慮して，効果的かつ効率的な手順を確立し，実施し，維持する． 　a) ← 　b) ← 　c) ← 　d) ← ＊ISO 10002 参照． 　e) ← 　f) リサイクル方法及び廃棄方法に関する情報 　g) 製品・サービスの結果の稼働状態の監視（例：リアルタイムモニターなど）	
7.6　監視機器及び測定機器の管理 (1) ← ＊測定項目，必要精度の決定に統計的手法を活用し，合理的に決定する． (2) ←	**7.6　検査・試験機器の管理** （参考：JIS Q 9005 の 9.8.3） (1) ← (2) ←

レベル1：ISO-QMS	レベル2：TQMの基盤 （TQMへのファーストステップ）
	（道具にはチェックシートなどの帳票を含む．）． ・調査，シミュレーション，並びにその他の測定及び監視の活動を含む． ・機器・道具の状態を特定する方法を確立する． ・プロセスのアウトプットの検証プロセスから生じる誤りを排除するためのフールプルーフなどの手段を講じる．
■測定値の正当性が保証されなければならない場合には，測定器について次の事項を満たす．	(3) 測定の正当性の保証 測定値の正当性が保証されなければならない機器に関して，次の事項を考慮した機器管理の計画を策定し，管理する．装置の重要度に応じて適切に手順化する．
a) 定められた間隔，又は使用前に，校正又は検証する． ・国際又は国家計量標準にトレース可能な計量標準に照らして行う． ・そのような標準が存在しない場合は，用いた基準を記録する． b) 機器の調整，又は必要に応じて再調整する． c) 校正の状態を識別する． d) 測定結果を無効にする操作ができないようにする． e) 取扱い，保守，保管で，損傷及び劣化しないように保護する．	a) 定められた間隔又は使用前に行う，国際又は国家計量標準にトレース可能な計量標準に照らした校正又は検証．そのような標準が存在しない場合には，校正又は検証に用いた基準の記録をする． b) 機器の調整，又は必要に応じて再調整する． c) 校正の状態が明確にできる識別をする． d) 測定した結果が無効になるような操作ができないようにする． e) 取扱い，保守，保管において，損傷及び劣化しないように保護する． f) 点検・校正の間隔は，重要度の分析結果を反映する． g) 適切な環境を維持する． h) 機器に発生したトラブルの原因を分析し，再発防止処置を行う．

レベル3：TQM品質保証 （TQMへのセカンドステップ）	レベル4：TQM総合質経営
(3) 測定の正当性の保証 　測定値の正当性が保証されなければならない機器に関して，次の事項を考慮した機器管理の計画を策定し，管理する．装置の重要度に応じて適切に手順化する．ただし，維持コストを考慮して効率的な手順を採用する． 　a)　← 　b)　← 　c)　← 　d)　← 　e)　← 　f)　← 　g)　← 　h)　← 　i)　重要機器に発生したトラブルの情報をデータベース化し，改善に活用する．	(3) 測定の正当性の保証　← 　a)　← 　b)　← 　c)　← 　d)　← 　e)　← 　f)　← 　g)　← 　h)　← 　i)　← 　j)　重要装置に対するリスク管理が行われている． 　　①過去トラブルの情報，トラブルの可能性 　　②影響の大きさ（製品品質，納期，コスト，復旧期間，機会損失など） 　　③FTA，FMEAなどによる解析

レベル 1：ISO-QMS	レベル 2：TQM の基盤 （TQM へのファーストステップ）
■測定機器の不適合が判明した場合次のことを行う． ・今までの測定結果の妥当性の評価と記録 ・その機器と影響を受けた製品への処置 ・校正及び検証結果の記録の維持 ■監視及び測定にコンピュータソフトウェアを使う場合は，使用前に，意図した使用ができることを確認する． ・必要に応じて再確認する．	(4) 要求事項に対する不適合 　測定機器が要求事項に適合していないことが判明した場合， ・測定装置でそれまでに測定した結果の妥当性を評価し，記録する． ・機器及び影響を受けた製品に対して，適切な処置をとる． ・校正及び検証の結果の記録を維持する． (5) コンピュータソフトウェアの使用 　規定要求事項にかかわる監視及び測定にコンピュータソフトウェアを使う場合に， ・コンピュータソフトウェアによって意図した監視及び測定ができることを確認する． ・確認は，最初に使用するのに先立って実施する． ・必要に応じて再確認する．
8. 測定，分析及び改善	**8. 測定，分析及び改善**
8.1　一般 ■次の事項に必要な，監視，測定，分析及び改善のプロセスを計画し，実施する． ・製品適合性の実証 ・品質マネジメントシステムの適合性の確実化 ・品質マネジメントシステムの有効性の継続的改善	8.1　一般 (1) 以下の事項に必要な，監視，測定，分析及び改善のプロセスを計画し，実施する．改善活動は，単に品質マネジメントシステムの改善だけでなく，==製品そのものの向上==も目指す． 　a)　品質マネジメントシステムに関して 　　①内部監査などを通じて，品質マネジメントシステムの適合性を実証する．

レベル3：TQM品質保証 （TQMへのセカンドステップ）	レベル4：TQM総合質経営
	④予防保全のための重点管理事項の決定と実行 k) 装置の安全性及び環境保全性が評価分析され，最適なものになっている． ①安全性の評価 ②環境影響の評価 ③これらを改善する装置，技術の探索 l) 独自の装置，技術が開発され，コストダウン，品質改善などに効果をあげている． ①省力化，無人化，高速化 ②測定精度，信頼性の向上 ③新しい評価技術，装置の研究開発
(4) ←	(4) ←
(5) ←	(5) ←
8. 測定，分析及び改善	**8. 測定，分析，改善及び革新**
8.1 一般 (1) ←	**8.1 一般**（参考：JIS Q 9005 の 10.1.1） (1) 以下の事項に必要な，監視，測定，分析，改善及び革新のプロセスを計画し，実施する．改善活動は，質マネジメントシステムの改善及び革新だけでなく，顧客に価値をもたらす製品・サービスの改善及び革新を目指す．
a) ← 　　① ←	a) 質マネジメントシステムに関して 　　①内部監査などを通じて，質マネジメントシステムの適合性を実証する．

レベル1：ISO-QMS	レベル2：TQMの基盤 （TQMへのファーストステップ）
	②発見された不適合には，適切な是正処置や予防処置が適宜実施され，その適合性を確実にする． ③効果的な品質マネジメントシステムを目指して改善点を掘り起こし，継続的改善を行う． ④品質に関連する，5.4.1で目標とした指標が把握・評価され，その結果を活かした品質マネジメントシステムの改善を行う． b) 製品品質に関して ①製品やプロセスを監視測定し，適合性の実証をする． ②発生した不適合に対する再発防止対策を確実に実施する． ③上記の情報を含み，品質情報を収集，分析し，評価をして品質重要テーマを取りあげ，その改善を行う．
■統計的手法を含む適用可能な方法とその使用の程度の決定も含める．	(2) これらの活動では，統計的手法を含む適用可能な方法とその使用の程度を明確にして計画し，実施する．
8.2 監視及び測定 8.2.1 顧客満足 ■顧客要求事項を組織が満たしているかどうかに関する顧客の受けとめ方についての情報を監視する． ・この情報の入手及び使用の方法を決める．	8.2 監視及び測定 8.2.1 顧客満足 (1) 顧客の評価を把握すべき項目や評価方法を決め，満足状況が把握され，その情報を活用する仕組みを整備し，その仕組みどおりに実施する．

レベル3：TQM 品質保証 （TQM へのセカンドステップ）	レベル4：TQM 総合質経営
② ←	② ←
③効果的かつ効率的な品質マネジメントシステムを目指して自己診断などで改善点を掘り起こし，継続的改善を行う．	③自己評価などで改善点を掘り起こし，質マネジメントシステムの改善及び革新を行う．
④ ←	④質に関連する指標を把握・評価し，その結果を活かした質マネジメントシステムの改善及び革新を行う．
b) ←	b) ←
① ←	① ←
② ←	② ←
③ ←	③上記の情報を含み，経営情報を収集，分析し，評価をして経営重要テーマを取りあげ，その改善及び革新を行う．
(2) QC七つ道具レベルにとどまらず，必要に応じて高度な統計的手法を活用する．必要な統計的手法を適用する場合，その実施と管理の手順を文書化し，維持する．統計的手法を組織的に教育・訓練するための体系を構築し，実施する．	(2) QC七つ道具レベルにとどまらず，必要に応じて高度な統計的手法又はその他の改善手法を活用する．必要な統計的手法又はその他の改善手法を適用する場合，その実施と管理の手順を文書化し，維持する．統計的手法及びその他の改善手法を組織的に教育・訓練するための体系を構築し，実施する．
8.2 監視及び測定	**8.2 監視及び測定**（参考：JIS Q 9005 の 8.8, 9.8, 9.11, 10.2, 11）
8.2.1 顧客満足 (1) 顧客満足の情報を収集し，活用するための効果的かつ効率的な方法を確立し，維持する．顧客満足の情報収集の方法には，次の事項を考慮する． ・アンケート調査，面談調査 ・クレーム情報（ISO 10002 参照）	**8.2.1 顧客満足**（参考：JIS Q 9005 の 11.2） (1) 顧客満足を監視及び測定するために，その影響要因を考慮して，評価指標を設定する．評価指標の例には，次の事項がある． ・インタビュー，アンケートなどによる顧客の評価 ・賞賛及び苦情 ・製品・サービスの実績（市場占有率，売上高，利益など） ・組織の業績（市場占有率，売上高，利益，格付けなど） ・顧客のロイヤルティ（再購入，組織の他製品・サービス購入，他の顧客への推薦

レベル1：ISO-QMS	レベル2：TQMの基盤 （TQMへのファーストステップ）
	(2) 情報を活用するにあたっては，顧客の視点から顧客の潜在ニーズを把握し，顧客をタイプ分けするなどして分析し，顧客に，すばらしいと評価され喜んでもらえる製品作りや，そのための品質マネジメントシステムの改善につなげる．
—	—

レベル3：TQM品質保証 （TQMへのセカンドステップ）	レベル4：TQM総合質経営
	など） ・組織のイメージ（新聞，雑誌などの製品・サービス比較記事，ブランドイメージなど）
(2) ←	(2) 組織は，顧客満足の監視及び測定の結果を次の事項を考慮して，分析する． 　a) 市場占有率などの結果に関する目標及び競合者との比較 　b) 評価指標の現在の水準及びその傾向の把握 　c) 顧客満足の影響因子，根本原因などの抽出
(3) 顧客満足情報の活用状況については，顧客に適宜フィードバックする． (4) 顧客満足に関する情報を分析し，どのような要因が関係しているかを明確にする．	(3) ← (4) 顧客満足の監視及び測定の分析結果を，新製品・新サービスの企画，及び製品・サービスの改善に反映させ，顧客満足の向上に努める．
8.2.a　組織の人々の満足 (1) 組織の人々の満足の監視及び測定 　人々の満足を監視及び測定するために，その影響要因を考慮して，評価指標を設定する． 　評価指標の例には，次の事項がある． 　・アンケート，面談などによる人々の評価 　・不平及び不満 　・人々の提言 　・出勤率，遅刻率，長期欠勤の程度 　・採用に対する応募傾向 　・退職率 (2) 組織の人々の満足の監視及び測定の結果の分析，及びその活用 　人々の満足の監視及び測定の結果を次の事項を考慮して，分析するとよい． 　a) 人々の満足の情報及びデータを活用して，評価指標の現在の水準と傾向を分析する． 　b) 人々の満足の影響因子，根本原因などを抽出する． 　人々の満足の監視及び測定の分析結果を製品・サービス及び品質マネジメントシステム	**8.2.a　組織の人々の満足**（参考：JIS Q 9005の11.3) (1) ← (2) ←

レベル1：ISO-QMS	レベル2：TQMの基盤 （TQMへのファーストステップ）
―	―
―	―

レベル3：TQM 品質保証 （TQM へのセカンドステップ）	レベル4：TQM 総合質経営
の改善に反映させ，人々の満足の向上に努める．	
8.2.b　供給者との共生関係 (1) 供給者との共生関係の監視及び測定 　供給者との共生関係の度合いを監視及び測定するために，その影響要因を考慮して，評価指標を設定する．評価指標の例には，次の事項がある． 　・供給者に対する支援（情報提供，人的支援，教育訓練，指導など） 　・発注量とその継続性 　・不平及び不満 　・供給者の経営状態 　・供給者の技術力，人材の力量の向上 　・目標達成率（コスト，サイクルタイムなど） 　・供給者からの提案数 (2) 供給者との共生関係の監視及び測定の結果の分析，及びその活用 　供給者との共生関係の度合いの監視及び測定の結果を，次の事項を考慮して，分析する． 　a) 供給者との共生関係の情報及びデータを活用して，評価指標の現在の水準と傾向を分析する． 　b) 供給者との共生関係の影響因子，根本原因などを抽出する． 　供給者との共生関係の監視及び測定の分析結果を，製品・サービス及び品質マネジメントシステムの改善に反映させ，供給者との共生関係の度合いの向上に努める．	**8.2.b　パートナーとの共生関係**（参考：JIS Q 9005 の 11.4） (1) パートナーとの共生関係の監視及び測定 　パートナーとの共生関係の度合いを監視及び測定するために，その影響要因を考慮して，評価指標を設定する．評価指標の例には，次の事項がある． 　・パートナーに対する支援（情報提供，人的支援，教育訓練，指導など） 　・← 　・← 　・パートナーの経営状態 　・パートナーの技術力，人材の力量の向上 　・← 　・パートナーからの提案数 (2) パートナーとの共生関係の監視及び測定の結果の分析，及びその活用 　パートナーとの共生関係の度合いの監視及び測定の結果を，次の事項を考慮して，分析する． 　a) パートナーとの共生関係の情報及びデータを活用して，評価指標の現在の水準と傾向を分析する． 　b) パートナーとの共生関係の影響因子，根本原因などを抽出する． 　パートナーとの共生関係の監視及び測定の分析結果を，製品・サービス及び質マネジメントシステムの改善に反映させ，パートナーとの共生関係の度合いの向上に努める．
—	**8.2.c　投資者・株主の信頼**（参考：JIS Q 9005 の 11.5） (1) 投資者・株主の信頼の監視及び測定 　投資者・株主の信頼の度合いを監視及び測定するために，その影響要因を考慮して評価指標を設定する．評価指標の例には，次の事項がある． 　・株主総会，投資者説明会（IR）などでの意見や不満 　・株価

レベル1：ISO-QMS	レベル2：TQMの基盤 （TQMへのファーストステップ）
—	—

レベル3：TQM品質保証 （TQMへのセカンドステップ）	レベル4：TQM総合質経営
	・外部機関による組織の評価結果 (2) 投資者・株主の信頼の監視及び測定の結果の分析，及びその活用 　投資者・株主の信頼の度合いの監視及び測定の結果を，次の事項を考慮して，分析する． 　　a) 投資者・株主の信頼の度合いの情報及びデータを活用して，評価指標の現在の水準と傾向を分析する． 　　b) 投資者・株主の信頼の度合いの影響因子，根本原因などを抽出する． 　投資者・株主の信頼の度合いの監視及び測定の分析結果を，製品・サービス及び質マネジメントシステムの改善に反映させ，投資者・株主の信頼の度合いの向上に努める．
―	**8.2.d　社会に対する影響** （参考：JIS Q 9005の11.6） (1) 社会に対する影響の監視及び測定 　顧客に提供する製品・サービスを通じて社会の発展に貢献するために，自らの活動が社会に与える現在及び将来の影響の度合いを把握し，社会の一員としての社会的な責任を果す．評価指標を明確にするにあたって次の事項を考慮し，社会に対する影響の度合いを評価する． 　・環境 　・安全 　・社会貢献（文化及び地域などへの貢献） 　・組織活動の透明性 　・法令遵守 　・雇用機会 　・納税 (2) 社会に対する影響の監視及び測定の結果の分析，及びその活用 　社会に対する影響の度合いの監視及び測定の結果を次の事項を考慮し，分析する． 　　a) 社会に対する影響の度合いの情報及びデータを活用して，評価指標の現在の水準と傾向を分析する． 　　b) 社会に対する影響の度合いの影響因子，根本原因などを抽出する． 　組織は，社会に対する影響の度合いの監視

レベル1：ISO-QMS	レベル2：TQMの基盤 （TQMへのファーストステップ）
8.2.2　内部監査 ■あらかじめ定められた間隔で内部監査を実施する． ・内部監査では次の事項を明確にする．	8.2.2　内部監査 (1)　あらかじめ定められた間隔で内部監査を実施する．内部監査では次の事項を明確にする．
a)　品質マネジメントシステムが，個別製品の実現の計画，ISO 9001 の要求事項，組織が決めた品質マネジメントシステム要求事項に適合しているか． b)　品質マネジメントシステムが効果的に実施され，維持されているか．	a)　品質マネジメントシステムが個別製品の実現計画，規格要求事項，組織が決めた品質マネジメントシステム要求事項に適合しているか． b)　品質マネジメントシステムが効果的に実施され，維持されているか． c)　目標とした指標の達成状況 d)　効率的な品質マネジメントシステムに向けての改善の余地
■監査対象のプロセス及び領域の状態と重要性，これまでの監査結果を考慮して監査プログラムを策定する． ・監査の基準，範囲，頻度，方法を規定する． ・監査員の選定及び監査の実施では，客観性と公平性を確保する． ・監査員は自らの仕事を監査しない．	(2)　監査対象のプロセス及び領域の状態と重要性，これまでの監査結果を考慮して監査プログラムを策定する． (3)　監査の基準，範囲，頻度，方法を設定する． (4)　監査員は以下の事項を考慮して選定し，実施する． ・客観性と公平性を確実にする． ・監査される活動の状況と重要性により予定を立て，監査対象の活動を実行する要員ではない者が監査を行う． ・監査員は要改善事項の抽出と助言が適切に行えるように教育が行われている．
■監査の計画と実施，結果の報告，記録の維持に関して"文書化された手順"とする．	(5)　監査の計画と実施，結果の報告，記録の維持に関して文書化する．目標達成状況の把握と，品質マネジメントシステムに関する適切な改善提案ができるような方法も含んで文

レベル3：TQM品質保証 （TQMへのセカンドステップ）	レベル4：TQM総合質経営
	及び測定の分析結果を，製品・サービス及び質マネジメントシステムの改善に反映させ，社会に対する影響の度合いの向上に努める．
8.2.2 内部監査 (1) 品質マネジメントシステムの有効性及び効率の改善を図るため，中期及び単年度事業計画を考慮した監査プログラムを策定し，内部監査を計画し，実施する手順をISO 19011を考慮して文書化し，維持する． 　監査の対象は，Q（品質），C（コスト），D（量・納期），S（安全）及びE（環境）のパフォーマンスも含める．	**8.2.2 内部監査** (参考：JIS Q 9005の10.2) (1) 組織は，質マネジメントシステムが，組織が定めた要求事項に適合し，効果的かつ効率的に実施され，維持されているかを評価する． 　監査の対象は，Q（品質），C（コスト），D（量・納期），S（安全），E（環境），M（モラール）及びI（情報）のパフォーマンスも含める．
(2) ←	(2) ←
(3) ←	(3) ←
(4) ← 　・ ← 　・ ← 　・内部監査では，内部監査員の力量向上を図る． 　・監査される組織のメンバーは，誰でも内部監査員になれる力量があり，交互に監査を実施する．	(4) ←
(5) ←	(5) ←

レベル1：ISO-QMS	レベル2：TQMの基盤 （TQMへのファーストステップ）
■被監査領域の管理者は，不適合とその原因除去のための処置を遅滞なく行う．	書化する． (6) 被監査領域の管理者は不適合及びその原因除去のために遅滞なく処置がとられることを確実にする．とられる是正処置は，効率も含めた品質マネジメントシステムの改善を目指したものを検討し，実施する．
・フォローアップ活動は，実施した処置の検証と検証結果の報告を含める．	(7) フォローアップにはとられた処置の検証，検証結果の報告を含める．ここでは改善効果も把握する． (8) 監査結果はマネジメントレビューのインプットになっていて，それが監査された部署の上位組織や企業全体の目標達成と，品質マネジメントシステムや製品の改善に結びついている．
—	—

レベル3：TQM品質保証 （TQMへのセカンドステップ）	レベル4：TQM総合質経営
(6) 監査で指摘された不備及び改善事項については責任者が遅滞なく是正処置及び予防処置をとる． 　a) 是正処置の実施内容が，どのような改善効果を及ぼすか明確に把握でき，改善効果がある． 　b) 市場の品質問題から信頼性・保全性の問題を抽出する． (7) ←	(6) ← (7) ←
(8) 組織は，内部監査の結果をマネジメントレビューへのインプットとし，品質マネジメントシステム及び製品・サービスの継続的改善に活用する．	(8) 組織は，内部監査の結果をマネジメントレビューへのインプットとし，質マネジメントシステム及び製品・サービスの継続的改善に活用する．
8.2.e　自己診断 (1) トップマネジメントは，品質マネジメントシステムを継続的に改善するために，品質方針に基づいて構築し，維持している品質マネジメントシステムの有効性及び効率がどのようなレベルにあるかを把握し，改善すべき品質マネジメントシステムの要素を明確にすることを確実にする． (2) 組織は，次の事項を考慮して自己診断を実施する． 　・自己診断を行うためのチェックリストを作成する． 　・チェックリストに基づき改善すべき品質マネジメントシステムの要素を抽出する．	**8.2.e　自己評価** (参考：JIS Q 9005 の 12.2) (1) トップマネジメントは，事業戦略及びこの規格の規定事項に従って確立した質マネジメントシステムの有効性及び効率，さらに組織の持続可能な成長の可能性を自己評価するためのプログラムを確立し，実施することを確実にする． (2) 組織は，次の事項を考慮して自己評価を実施する． 　・組織能力像を明確にする（JIS Q 9005 の 6.5.1 参照）． 　・質マネジメントシステムにどのような能力としてどの要素で実現されるかを明確にする． 　・その特定された要素を重点的に評価する． ＊自己評価を実施する指針として"JIS Q 9006"を使用することができる． 組織は，自己評価プログラムの策定にあたり，次の事項を考慮する． 　・目的及び範囲 　・自己評価者に必要な力量 　・時期及び手順を含む詳細な実施計画

レベル1：ISO-QMS	レベル2：TQMの基盤 （TQMへのファーストステップ）
8.2.3　プロセスの監視及び測定	8.2.3　プロセスの監視及び測定
■品質マネジメントシステムのプロセスを適切な方法で監視し，適用可能な場合には測定する．	(1)　品質マネジメントシステムのプロセスを適切な方法で監視し，適用可能な場合には測定する．監視，測定した結果を分析し，品質マネジメントシステムのプロセスの改善が行われている．
・プロセスが計画どおりの結果を出せることを実証する方法であること．	(2)　品質マネジメントシステムのプロセスが計画どおりの結果を出せることを実証する方法であること． 　a)　妥当な品質マネジメントシステムのプロセス設計に基づいて，目標レベル，評価の基準が明確化されている． 　b)　品質マネジメントシステムのプロセス設計では，製品品質のほかにC（コスト），D（量・納期）及びE（環境）への影響も評価されている． 　c)　重要な品質マネジメントシステムのプロセスはQC工程図で体系づけられている．
・計画した結果が達成できない場合は，修正及び是正処置を適宜とる．	(3)　計画した結果が出せない場合は，修正及び是正処置を適宜講じる． 　a)　出せない原因の究明がQC手法を活用して，効果的に行われ改善に活用されている．
8.2.4　製品の監視及び測定	8.2.4　製品の監視及び測定

レベル3：TQM品質保証 （TQMへのセカンドステップ）	レベル4：TQM総合質経営
(3) 組織は，自己診断の結果をマネジメントレビューのインプットとし，品質マネジメントシステムの改善に活用する．	(3) 組織は，自己評価の結果を戦略的マネジメントレビューへのインプットとし，質マネジメントシステムの改善及び革新に活用する． 　自己評価の結果は，組織内の関係者に周知し，組織の事業環境及び将来の方向性に対して共通認識をもてるように活用する．
8.2.3　プロセスの監視及び測定 (1) 品質マネジメントシステムのプロセスすべてを効果的かつ効率的に監視し，測定する手順を確立し，実施し，維持する．監視及び測定では，プロセスのQ（品質），C（コスト），D（量・納期），S（安全）及びE（環境）のパフォーマンスを評価する項目を設定する． (2) ←	**8.2.3　プロセスの監視及び測定**（参考：JIS Q 9005の8.8, 9.11） (1) 質マネジメントシステムのプロセスすべてを効果的かつ効率的に監視し，測定する手順を確立し，実施し，維持する．監視及び測定では，プロセスのQ（品質），C（コスト），D（量・納期），S（安全），E（環境）及びI（情報）のパフォーマンスを評価する項目を設定する． (2) 質マネジメントシステムのパフォーマンスに重要な影響のあるプロセスについて，次の事項を考慮して，そのプロセスの監視及び測定方法を明確にする． ・測定対象 ・測定項目 ・測定の正しさ ・目標値 ・処置限界及びそれを超えた場合の対応計画
(3) プロセスの目標を達成できていない場合には，適宜修正，是正処置又は予防処置を実施する． 　a) ←	(3) ←
(4) プロセスの有効性及び効率を継続的に改善する．	(4) プロセスの有効性及び効率を継続的に改善するために，それらのプロセスの監視及び測定結果を分析し，その結果を活用する．また，これら一連の活動の結果を，組織の人々に定期的に伝達する．
8.2.4　製品・サービスの検査及び試験	**8.2.4　製品・サービスの検査及び試験**（参考：JIS Q 9005の9.8）

レベル1：ISO-QMS	レベル2：TQMの基盤 （TQMへのファーストステップ）
■製品要求事項が満たされていることを検証するため，製品特性を監視し，測定する． ・監視及び測定は，個別製品の実現の計画に従って実施する．	(1) 製品要求事項が満たされていることを検証するため，製品特性を監視及び測定する． 　a) 監視測定すべき項目やその方法を有効に，かつ効果的・合理的に設計する． 　b) 監視及び測定は，個別製品の実現の計画に従って実施する． 　c) 測定結果は，QC手法を活用して分析され，前工程にフィードバックしたり，改善に活かす．特に，重要な製品特性については，継続して測定し，工程能力を把握する．
■合否判定基準適合の証拠を維持する． ・記録には，製品のリリースを許可した人を明記する． ■個別製品の実現計画すべてが完了するまでは，製品の出荷及びサービスの提供を行わない． ・当該の権限を有する者及び該当するときには顧客が承認したときはこの限りではない．	(2) 合否判定基準への適合の証拠を維持する． 　a) 記録には，製品の次工程への引渡し又は出荷を許可する要員を明記する． (3) 個別製品の実現の計画すべてが完了するまでは，製品の出荷及びサービスの提供を行わない（当該の権限をもつ者若しくは顧客が承認したときはこの限りではない．）．
8.3　不適合製品の管理	8.3　不適合製品の管理
■不適合製品の誤使用や引渡しを防ぐために，識別し管理する． ・不適合品の処理に関する管理と責任・権限を"文書化された手順"とする． ■不適合品は，次のいずれかの方法で処理する． 　a)　不適合除去の処置 　b)　特別採用による，その使用，次工程へ	(1) 不適合製品が誤って使用されたり，引き渡されないよう識別，管理を行い，その手順，責任・権限を文書化し，その仕組みにPDCAを回し，改善する．不適合の対象にはQ（品質）のほかにC（コスト），D（量・納期）を含める． (2) 以下の活動を通じて，不適合製品を処理する． 　a) 不適合が発見された場合の処置は手順化されており，どのような場合に不適合を除去してよいか基準を定めている． 　b) 正式な許可又は特別採用を申請する手

8. 測定, 分析及び改善　　　149

レベル3：TQM品質保証 （TQMへのセカンドステップ）	レベル4：TQM総合質経営
(1) 効果的かつ効率的な検査・試験の手順を文書化し，維持する． 　a）検査・試験の内容，結果について次のことが分析され，その結果に基づいて検査・試験の設計を行う． 　　①検査・試験の重要性の評価，②コスト分，③工程能力 　b）← 　c）検査・試験の設計においては次の事項を考慮する． 　　・検査・試験の抜き取り数の削減，項目の省略 　　・検査・試験のコストダウン 　　・対環境性，安全性 (2) ← (3) ←	(1) ← (2) ← (3) ←
8.3　不適合製品・サービスの管理 (1) 不適合製品・サービスの管理に関して，効果的かつ効率的な手順を文書化し，維持する． (2) ←	**8.3　不適合製品・サービスの管理** (参考：JIS Q 9005 の 9.8.2) (1) ← (2) ←

レベル1：ISO-QMS	レベル2：TQMの基盤 （TQMへのファーストステップ）
の引渡し又は出荷，あるいは合格判定の許可	順を定めている． ・正式な許可をできる者の能力を定め，認定している． ・正式な許可又は特別採用を申請する基準を明確に定めている． ・正式な許可又は顧客による特別採用の許可があったことを伝達する仕組みができている． ・正式な許可又は顧客による特別採用の許可がない限り，リリースできないことが要員に教育され徹底している．
c) 本来の意図された使用又は適用ができないような処置（廃棄を含む．）	c) 不適合であることを示す現物への表示，不適合製品を隔離する区画など識別する手順を定めている． ・不適合の表示や区画は明確に分かるものになっている． ・格付け変更を行う基準と責任・権限を定めている．格付け変更されたことが現品への表示，区画によって明確にしている． ・廃却を行う責任・権限を定めている．
■とられた処置の記録を維持する（不適合の性質，特別採用を含む．）．	(3) 不適合の性質及び検証の記録，特別採用を含む処置を記録し維持され，分析している．
■不適合品に修正を施した場合は再検証を行う．	(4) 不適合を修正する基準，修正の手順，修正した後の検証及び記録の基準を定めている．修正した後の検証の基準は合理的なものになっている．
■引渡し後又は使用開始後に不適合品が検出された場合は，その影響に対して適切な処置をとる．	(5) 引渡し又は使用後に不適合製品が検出された場合の影響の範囲，大きさ，評価，処置の手順を定めている． ・引渡し又は使用中の製品への影響は製造物責任の立場からの評価も実施している． (6) 不適合製品の識別，記録にコンピュータを活用し，人為ミスが起こりにくいシステムになっている．
8.4 データの分析 ■次のことのために，適切なデータを明らかにし，収集し，分析する（この中には，監	8.4 データの分析 8.4.1 品質情報の収集 　品質マネジメントシステムの評価・改善を行うために，以下の情報を計画的に収集す

レベル 3：TQM 品質保証 （TQM へのセカンドステップ）	レベル 4：TQM 総合質経営
      (3) ← (4) ← (5) ← (6) ←	 (3) ← (4) ← (5) ← (6) ←
8.4　データの分析 **8.4.1　品質情報の収集** 　品質マネジメントシステムのプロセスの監視及び測定に必要なデータ及びその他のデー	**8.4　データの分析**（参考：JIS Q 9005 の 8.7.2, 8.8, 9.11） **8.4.1　品質情報の収集** 　質マネジメントシステムのプロセスの監視及び測定に必要なデータ及びその他のデータ

レベル1：ISO-QMS	レベル2：TQMの基盤 （TQMへのファーストステップ）
視・測定の結果及びその他のデータも含む．）． ・品質マネジメントシステムの適切性及び有効性の実証 ・継続的改善の可能性の評価	る． (1) 品質マネジメントシステムに関する情報 　①内部監査結果の情報 　②品質方針，品質目標の達成度 　③その他の品質に関する各種指標（パフォーマンス）の達成度（例えばクレーム発生状況，出荷検査状況，工程不良率，受入達成状況など） 　④実施された是正処置，予防処置の情報 (2) 製品品質や製造・サービス提供のプロセスに関する情報 　①顧客や顧客へ渡るまでの段階での品質情報（クレーム情報など） 　②組織内における製品品質の適合性に関する情報（検査結果など） 　③組織内における実現プロセスの情報（工程異常など）
■データの分析によって，次の事項に関連する情報を提供する． a) 顧客満足 b) 製品要求事項への適合性 c) プロセスと製品の特性及び傾向 d) 供給者	8.4.2 品質情報の分析 (1) 品質マネジメントシステム改善のために得られた情報は，簡単な統計的手法などを活用して，できる限り，客観的かつ合理的な結論を引き出す．また，分析の結果として以下のような情報を提供する． 　①顧客満足 　②製品要求事項への適合性 　③プロセスと製品の特性及び傾向 　④供給者の品質に関する情報 (2) 発生した不適合情報に対しては以下に留意して分析する． 　①現場・現物主義で真の原因を追究する． 　②必要に応じて適切な統計的手法などを活用して分析し，効果的な対策を打てるようにする．
―	<u>8.4.3 統計的手法</u> 　データの分析にあたっては，品質マネジメ

レベル3：TQM品質保証 （TQMへのセカンドステップ）	レベル4：TQM総合質経営
タを収集し，分析する．収集にあたっては，効率的に収集できるように電子化を考慮する．	を収集し，分析する．収集にあたっては，電子化を考慮する．
(1) 品質マネジメントシステムに関する情報 　①内部・外部監査及び自己診断結果の情報 　② ← 　③ ← 　④ ← (2) 製品・サービスの品質や製造・サービス提供のプロセスに関する情報 　① ← 　②組織内及び供給者における製品・サービスの品質の適合性に関する情報（検査結果など） 　③組織内及び供給者における実現プロセスの情報（工程異常など） 　④販売結果からの情報	(1) 質マネジメントシステムに関する情報 　①内部・外部監査及び自己評価結果の情報 　②質方針，質目標の達成度 　③ ← 　④ ← (2) ← 　① ← 　②組織内及びパートナーにおける製品・サービスの品質の適合性に関する情報（検査結果など） 　③組織内及びパートナーにおける実現プロセスの情報（工程異常など） 　④顧客価値提供状況に関する情報
8.4.2　品質情報の分析 (1) 品質マネジメントシステム改善のために得られた情報は，必要に応じて高度な統計的手法などを活用してできる限り，客観的かつ合理的な結論を引き出す． 　①顧客満足，組織の人々の満足，供給者の満足 　②製品・サービス要求事項への適合性 　③ ← 　④ ← (2) ←	8.4.2　品質情報の分析 (1) 質マネジメントシステムの改善及び革新のために得られた情報は，必要に応じて高度な統計的手法又はその他の改善手法などを活用してできる限り，固有技術に基づいた客観的かつ合理的な結論を引き出す． 　①顧客及びその他の利害関係者の認識 　② ← 　③ ← 　④パートナーに関する情報 (2) ←
8.4.3　統計的手法 　データの分析にあたっては，品質マネジメ	8.4.3　統計的手法又はその他の改善手法 　データの分析にあたっては，質マネジメン

レベル1：ISO-QMS	レベル2：TQMの基盤 （TQMへのファーストステップ）
	ントシステムの改善を行うために，統計的手法などを活用し，事実に基づき，しかも効果的に解析を行う． (1) QC七つ道具レベルの手法を十分活用する． (2) 開発・設計，営業など全社の主要な部門においても同じように活用され始めている． (3) 工程能力及び製品特性の設定，管理，検証のための統計的手法を適切に選択し，実施する． (4) 管理責任者は品質工程能力及び製品特性の設定，管理，検証のために統計的手法の要否の判断や，適切な手法が選択できるように教育訓練を受けている． (5) 必要な統計的手法を適用する場合，その実施と管理の手順を文書化し，維持している．
8.5　改善 **8.5.1　継続的改善** ■次のことを通じて，品質マネジメントシステムの有効性を継続的に改善する． ・品質方針，品質目標 ・監査結果 ・データの分析 ・是正処置，予防処置 ・マネジメントレビュー	**8.5　改善** **8.5.1　継続的改善** (1) 以下の活動を通じて，品質マネジメントシステム及び製品品質を継続的に改善する． ①品質方針，品質目標達成の取組み ②監査で得られた情報に対する処置 ③データの分析 　・得られた分析結果から，品質マネジメントシステムの問題点を把握し，マネジメントレビューに提供して，計画的に品質マネジメントシステムの改善をする． 　・得られた製品に関する分析結果は，改善計画書などにして，計画的に改善を実施する（予防処置を含む．）． ④是正処置・予防処置の実施 ⑤マネジメントレビューの実施 (2) 改善活動は以下の点に留意して実施す

レベル3：TQM品質保証 （TQMへのセカンドステップ）	レベル4：TQM総合質経営
ントシステムの改善を行うために，<u>必要に応じて高度な統計的手法</u>などを活用し，事実に基づき，しかも効果的<u>かつ効率的</u>に解析を行う．<u>解析にあたっては市販ソフトを活用する．</u> (1) QC七つ道具又は<u>新QC七つ道具</u>レベルの手法を十分に活用する． (2) ← (3) ← (4) ← (5) ←	トシステムの改善<u>及び革新</u>を行うために，必要に応じて高度な統計的手法<u>又はその他の改善手法</u>などを活用し，事実に基づき，しかも効果的かつ効率的に解析を行う．解析にあたっては市販ソフトを活用する． (1) ← (2) ← (3) ← (4) ← (5) ←
8.5 改善 **8.5.1 継続的改善** (1) 以下の活動を通じて，品質マネジメントシステム及び製品<u>・サービス</u>を継続的に改善する． ① ← ②監査及び<u>自己診断</u>で得られた情報に対する処置 ③ ← ・ ← ・ 得られた製品<u>・サービス</u>に関する分析結果は，改善計画書などにして，計画的に改善を実施する（予防処置を含む．）． ④ ← ⑤ ← (2) <u>改善活動では，改善活動を効果的かつ効</u>	**8.5 <u>質マネジメントシステムの改善</u>**（参考：JIS Q 9005の10) **8.5.1 継続的改善**（参考：JIS Q 9005の10.1.1） (1) 以下の活動を通じて，<u>質マネジメントシステム</u>及び製品・サービスを継続的に改善する． ①<u>質方針，質目標達成</u>の取組み ②監査及び<u>自己評価</u>で得られた情報に対する処置 ③データの分析 ・ 得られた結果から，<u>質マネジメントシステム</u>の問題点を把握し，マネジメントレビュー<u>及び戦略的マネジメントレビュー</u>に提供して，計画的に<u>質マネジメントシステム</u>を継続的に改善する． ・ 得られた<u>質</u>に関する分析結果は，改善計画書などにして，計画的に改善を実施する（予防処置を含む．）． ④ ← ⑤ マネジメントレビュー<u>及び戦略的マネジメントレビュー</u>の実施 (2) ←

レベル1：ISO-QMS	レベル2：TQMの基盤 （TQMへのファーストステップ）
	る． ①管理のサイクルを意識して回す．効果的な改善のために，QC的問題解決手順（問題解決型QCストーリー）を有効に活用する． ②QC七つ道具などの簡単な統計手法の教育を行い，活用する． ③改善の成果を標準化し，水平展開も実施する．
8.5.2　是正処置 ■再発防止のため，不適合の原因を除去する処置をとる． ・是正処置は，不適合のもつ影響に見合うこと． ■次の事項の要求事項を規定して，"文書化された手順"を確立する． a) 不適合（顧客からの苦情を含む．）の内容確認 b) 不適合の原因の特定 c) 再発防止処置の必要性の評価 d) 必要な処置の決定と実施 e) 処置結果の記録 f) 是正処置で実施した活動のレビュー	**8.5.2　是正処置** (1) 再発防止のため，不適合の原因を除去する処置を講じている（是正処置は，発見された不適合のもつ影響に見合うものである．）． (2) 次の事項の要求事項を規定して，文書化された手順を確立している． a) 不適合（顧客からの苦情を含む．）の内容確認 b) 不適合の原因の特定 c) 再発防止処置の必要性の評価 d) 必要な処置の決定及び実施 e) 処置の結果の記録 f) 是正処置活動のレビュー (3) 是正処置は，以下の点に留意して実施する． ①フロー図などを活用し，経営資源を有効

レベル3：TQM品質保証 （TQMへのセカンドステップ）	レベル4：TQM総合質経営
率的に行うため，適切な改善手順を確立するとともに改善活動に必要な手法を適用する（JIS Q 9024 参照）． 　改善活動では明確な目標を定め，運営管理する． 　① ← 　② ← 　③ ← (3) 改善にあたっては，次の事項を考慮した改善活動の組織体制を確立し，それぞれの活動の目標，実施計画を運営管理する． 　a) プロジェクト活動 　b) チーム活動 　c) 小集団活動 　d) 提案活動	(3) ← 　a) ← 　b) ← 　c) ← 　d) ← 　e) ブレークスループロジェクト活動
8.5.2　是正処置 (1) 問題の再発防止のための活動を効果的かつ効率的に実施する． (2) 次の事項を考慮した手順を確立し，文書化し，維持する． 　a) 発生した問題の事象を明確にする． 　b) 真の原因を抽出する．また，原因がどのプロセスに関係するかを明確にする． 　c) ← 　d) 対策を実行し，その効果を適切な時期に把握し，問題がある場合には，原因，対策などを再検討する． 　e) ← 　f) ← 　g) 対策の標準化を行う． (3) ← 　① ←	**8.5.2　是正処置** (参考：JIS Q 9005 の 10.1.2) (1) 再発防止のため，時宜を得て，質マネジメントシステム及び製品・サービスに関する不適合又はその他の望ましくない状況の原因を除去する処置をとることを確実にする． (2) ← (3) ← 　① ←

レベル1：ISO-QMS	レベル2：TQMの基盤 （TQMへのファーストステップ）
	に活用し組織的かつ体系的に行う． ②QCストーリーに基づき効果的に実施する． ③統計的方法（QC七つ道具レベル）を活用する． ④是正処置では標準類を改訂し，水平展開もする．
8.5.3　予防処置 ■起こり得る不適合の発生防止のため，その原因を除去する処置を決める． ・予防処置は，起こり得る問題の影響に見合うこと． ■次の事項の要求事項を規定して，"文書化された手順"を確立する． a）起こり得る不適合とその原因の特定 b）不適合の発生を予防する処置の必要性の評価 c）必要な処置の決定と実施 d）処置結果の記録 e）予防処置で実施した活動のレビュー	**8.5.3　予防処置** (1) 起こり得る不適合が発生することを防止するため，その原因を除去する処置を決めている（予防処置は，起こり得る問題の影響に見合うものである．）． (2) 次の事項の要求事項を規定して，文書化された手順を確立する． a）起こり得る不適合及びその原因の特定 b）不適合の発生を予防するための処置の必要性の評価 c）必要な処置の決定及び実施 d）処置の結果の記録 e）講じた予防処置のレビュー (3) 予防処置は，以下の点に留意して実施する． ①フロー図などを活用し，経営資源を有効に活用し組織的かつ体系的に行う（データ分析を活用し，計画的に進める．）． ②QCストーリーに基づき効果的に実施する． ③統計的方法（QC七つ道具レベル）を活用する． ④予防処置では標準類を改訂し，水平展開もする．

レベル3：TQM品質保証 （TQMへのセカンドステップ）	レベル4：TQM総合質経営
② ← ③必要に応じて高度な統計的手法を活用する． ④ ←	② ← ③高度な統計的手法だけでなく，他の改善手法も活用する． ④ ←
8.5.3　予防処置 (1) 問題の未然防止のための活動を効果的かつ効率的に実施する． (2) 次の事項を考慮した手順を確立し，文書化し，維持する． 　a) 予防対象のプロセスを明確化する． 　b) プロセスの単位作業でどのような問題が発生するかを抽出する． 　c) 抽出した問題についてリスク評価を行い，予防処置が必要な単位作業を決定する． 　d) なぜ問題が発生するのかに関して，真の原因を抽出する．原因がどのプロセスに関係するか明確にする． 　e) 原因に対する対策を検討し，評価する． 　f) 対策を実行し，その効果を適切な時期に把握し，問題がある場合には，原因，対策などを再検討する． 　g) 対策の標準化を行う． 　h) 処置の結果の記録 (3) ← ① ← ② ← ③必要に応じてQFD（品質機能展開），FTA, FMEAなどの高度な統計的手法も活用する． ④ ←	**8.5.3　予防処置**（参考：JIS Q 9005 の 10.1.3） (1) 製品・サービス及び質マネジメントシステムに関する起こり得る不適合又はその他の望ましくない起こり得る状況が発生することを防止するために，その原因を除去する処置を決める． (2) ← (3) ← ① ← ② ← ③高度な統計的手法だけでなく，他の改善手法も活用する． ④ ←

関連する ISO・JIS 名称

ISO の場合，（ ）内は完全一致の翻訳規格（JIS）を示す．

ISO 10002:2004（JIS Q 10002:2005）	Quality management—Customer satisfaction—Guidelines for complaints handling in organizations（品質マネジメント—顧客満足—組織における苦情対応のための指針）
ISO 19011:2002（JIS Q 19011:2003）	Guidelines for quality and/or environmental management systems auditing（品質及び／又は環境マネジメントシステム監査のための指針）
JIS Q 9005:2005	質マネジメントシステム—持続可能な成長の指針
JIS Q 9006:2005	質マネジメントシステム—自己評価の指針
JIS Q 9024:2003	マネジメントシステムのパフォーマンス改善—継続的改善の手順及び技法の指針

第4章

TQM 総合質経営を目指して

TQM 9000発展表を有効に活用して，着実にTQM総合質経営へと歩を進め，持続可能な成長を遂げる超ISO企業になるためには，どのようなことを心掛けるべきなのだろうか．

第2章ではISO 9000からTQMへ向けてのステップアップの基本的考え方を紹介したが，この章では，レベル1 (ISO-QMS) からレベル2 (TQMの基盤)，レベル2からレベル3 (TQM品質保証)，レベル3からレベル4 (TQM総合質経営)，というそれぞれのステップアップに応じた特徴・ポイントや支援ツールなどを紹介する．

4.1 レベル1からレベル2にステップアップ

レベル1の企業では，現状の品質維持のため，ISO 9001に規定された最低限のQMS要求事項に対応し，品質マニュアルに定めたことをそのとおりに実施することに重きを置くという特徴をもつ．レベル2では，一歩進んで，品質を向上させるために，ISO 9001に従って自らが規定した事項を積極的に維持・改善し"守り"のレベルアップを図るとともに，一歩進めて"攻め"にも力点を置くことに取り組むところに特徴がある．このように"普通の企業（生きていける企業）"から，"そこそこの利益を上げる企業（実績があり，無敵とまではいわないが，比較的強い企業）"になるためには，何に着目し，どのように取組みを強化，充実するとよいのだろうか．

両者間の関係について，五つの側面で整理したものを次に示す（表2.1もあわせて参照されたい．）．

- ・目指す企業・組織像：生きていける存在　→そこそこ強い存在
- ・品質概念の拡大：製品品質　→仕事の質
- ・顧客概念の拡大：仕様への適合　→顧客満足
- ・管理概念の拡大：制御・統制　→PDCA
- ・経営科学としての体系化：手法適用　→QC七つ道具，QC的問題解決法を活用した，帰納的整理

第一に，顧客からの要求事項などとの"適合"度合いに着眼するのではなく，"お客様に喜んでいただける製品・サービスを提供する（顧客満足の獲得）"という目的を認識し，それを追求することが，レベル2へステップアップするための重要な基本思想となる．これまで，QMS要素に対する要求への対応に主眼を置き，パフォーマンス向上への積極的な取組みまでは手が回らなかったが，レベル2ではそれを追求する．"お客様に喜んでいただける製品・サービスの提供"という目的の達成のためには，当然，プロダクトアウトからマーケットインへの思考の転換が必要となる．

顧客満足を獲得するためには，狭義の"品質（製品品質）"から広義の"品質"へと近づくように，"製造品質"から"製品・サービスの品質"へと視点を移し，Q（品質）だけでなく，C（コスト），D（量・納期）の経営要素も考慮に入れた管理（経営要素管理）の実施，QFD（品質機能展開）やデザインレビューといった新製品開発における方法論の活用など，品質概念を拡大し，それに見合ったレベルの高い効率的な取組みが必要となる．例えば，顧客満足を追求するためには，製品適合力だけではなく，製品競争力を培う必要がある．

製品競争力をもつためには，製品の不良品数で制御・統制する（control）だけではなく，それに至る仕事の質，つまりプロセス全般を対象に，製品のQ, C, Dに基づいて管理する（manage, PDCAサイクルを回す）ことが肝要である．これは，"よい結果はよいプロセスから生まれる"という言葉で，実にうまく表現されている．あるミスが発生したときに，チェックを強化しろというアプローチも考えられるが，それでは一時的な解決にしかならず，ミスの原因を明らかにしてプロセスを改善することによって，発生率を減少させるほうが効果的，本質的である．その結果，仕事が効率的に進み，いずれは，製品競争力につながる技術等に経営資源の最適配分ができるようになる．したがって，レベル2へのステップアップにおいては，"プロセスの管理"に重点を置く．レベル3で全体最適化を目指すが，その前段として，経営全体の視点から各業務プロセスの最適化を図っていくのである．

レベル1の企業でも"改善"を行っているはずだが，それはQMSの目標からの乖離の直接的な原因となっているQMS要素の改善に主眼が置かれ，不適合処置，修正，限定的是正処理，限定的予防処置といった直接部署や担当者による対応にとどまり，深く広い再発防止や，類似の問題を内在している部門・活動への水平展開には及んでいない．

同じく原因追究（Why）を行うにしても，データでモノをいうために，レベル2では，目的に見合ったQC七つ道具やQC的問題解決法（QCストーリー）といった科学的で体系的なツールを選択・活用し，事実に基づく効果的な再発防止・改善を，必要な部門に広く展開させて，積極的に実施することが期待される．また，改善の際には，"効率"についても考慮するとよい（なお，"効率"を徹底的に追求するのは，レベル3である．）．

"そこそこの利益を上げている企業"として，お客様に喜んでいただける製品・サービスを提供するためには，プロセスの管理を重視し，全社で一丸となって，QMS要素の様々な改善活動を通じて，C, Dの側面も踏まえた品質を確保していく姿勢・活動が求められる．

4.2 レベル2からレベル3にステップアップ

品質を向上させるために，ISO 9001に従って自らが規定した事項を積極的に維持・改善し，攻めの経営に取り組み始めるようになったレベル2の企業は，さらにTQM総合質経営へと歩を進めるために，何を実施すべきなのか．"そこそこの利益を上げている企業"から"着実に利益を上げている企業（強い企業）"になるためには，"守り"のレベルを高め，それを自然に維持できるようにする一方で，新製品開発を重視し，緻密なマーケティング活動などで"攻め"のレベルを高める活動がポイントとなる．

・目指す企業・組織像：そこそこ強い存在　→強い存在
・品質概念の拡大：仕事の質　→QMSの質
・顧客概念の拡大：顧客満足　→（最終顧客・ユーザ，供給者を含む）顧客満足
・管理概念の拡大：PDCA　→管理・経営
・経営科学としての体系化：帰納的整理　→新QC七つ道具，信頼性手法など高度な手法を用いた帰納的整理

"お客様に喜んでいただける製品・サービスを提供する（顧客満足の獲得）"という目的はレベル2と同じであるが，"徹底的に"それを追求するところにレベル3の特徴がある．つまり，レベル2でほぼ固めた"守り"の体制に，"効率"，"合理性"を明確に追求してレベルア

ップを図るとともに，レベル3では顧客満足の獲得を目指して，"攻め"をより重視する．"徹底的"というからには，目的達成を目指すための手段にも着目し，その手段が適切か否か，目的と手段の関係を理解し，適切な手段を選択して行動に移すという行動形態がなくてはならない．また，品質については，Q, C, Dだけでなく，S（安全），E（環境）という経営要素を対象に加え，管理していく．

管理にあたっては，レベル2で"プロセスの管理"の徹底を図ったわけであるが，レベル3においては，プロセスの連鎖，システム全体へと視野を広げ，また，前述のとおり経営要素のQ, C, DにS（安全），E（環境）へと管理の対象範囲を広げ，管理・経営する（manage）ことが肝要となる．そのためには，全社一丸となった総合管理体制を構築する経営管理手法である方針管理は欠くことができない．したがって，トップマネジメントはビジョンを設定し，それを実現するための明確なポリシーを定め，組織の人々を指揮し，組織を適切な方向に導くようなリーダーシップを発揮する必要がある．

強い企業を目指すからには，顧客の範囲も，直接顧客，組織の人々だけでなく，最終顧客・ユーザ，供給者に拡大し，それぞれのニーズに見合った製品・サービスを企画し，製造・提供する必要がある．組織は，供給者と協働し，最適な知，技能，創造性などを得て，顧客価値を創造し顧客満足を得ることが重要である．

そのためには，顧客が何らかの価値を感じて満足をする状態を新たに作り出す（顧客価値創造）取組みが不可欠で，特に製品・サービスを顧客が購入するかどうかは，創造された価値が顧客のニーズ及び期待に応えているかどうかによって決まる．組織は，顧客価値を創造できるシステムを構築し，維持する必要があるため，新製品開発（企画・設計）を特に重視する．ユーザのニーズに鋭く反応するために，マーケティング，研究開発などは欠かせない活動であり，レベル3として重要なQMS要素となる．

もちろんレベルにかかわりなく，どのような企業でも多かれ少なかれマーケティング，研究開発などの機能が必要だが，レベル3では，製品・サービスの差別化を図るために，例えば，商品企画七つ道具を効果的に用いると同時に，差別化がもたらすリスクへの対応も事前に検討し，最適な策をとる．また，関連プロセスとの連携を図り，有機的なつながりを求める．

マーケティング，研究開発などの活動は，もちろんある専門部署で単独に実行してもその価値はあるが，レベル3では，ある部門だけの活動での結果だけでなく，必要に応じて，経営全体の視点から各業務プロセスの最適化を基礎として，組織目的を達成するために，部分の最適ではなく部分を包含した組織全体の最適を目指す．つまり，QMSとして最適化されているかどうかに重きを置くようにする．"仕事の質"から，それらの活動と相互に関連するプロセス，システムと効果的，効率的に連携し機能しているかという"QMS全体としての質"へと視点を発展させるのである．

QMSの最適化として，源流管理（上流での品質の作り込み，予測と予防など）の徹底，QMSに埋め込む固有技術のレベル向上，経営資源の最適配分，効率の追求，各プロセスの調和・連携，自己評価で把握したQMSの現状の分析結果に基づく徹底した改善とその水平展開，などを行う．場合によっては，現状打破をも考慮に入れて，QMSを柔軟に変化させる．

ビジネスで成功するための基礎として必要な，顧客が喜んで買うような製品・サービスの開発・設計，生産，販売のシステム，つまりは総合的な品質管理体制の構築において，その視野の広さと達成の方法論の充実度で，ハイレベルの取組みを行うことになる．"魅力的商品開

発",“総合的な品質競争力"を実現すべく，設計品質の工程での作り込み，新製品開発プロセスの源流管理，全部門の協力，技術スタッフの能力開発，開発プロセスの改善，課題達成型の改善・革新アプローチ，経営資源の最適化，情報技術の向上などを図っていく．

4.3 レベル3からレベル4にステップアップ

　レベル3で磐石な基盤を構築した企業は，どのような事業環境にあっても，存続できるといえるだろうか．ITや科学技術の飛躍的進歩など，想像もしない環境の変化が起こり得る昨今，"着実に利益を上げている企業（強い企業）"から"継続的に利益を上げることができる企業（優良企業，尊敬される企業）"へのレベル向上を目指すのがレベル4へのステップアップである．そのポイントは以下のとおりである．

- 目指す企業・組織像：強い存在　→どのような環境変化にあっても強い存在，尊敬される存在
- 品質概念の拡大：QMSの質　→経営システム（経営プロセス，経営リソース）の質
- 顧客概念の拡大：（最終顧客・ユーザ，供給者を含む）顧客満足
　→全ステークホルダー（社会，従業員，パートナー，投資者・株主など）との良好な関係
- 管理概念の拡大：管理・経営　→戦略・経営
- 経営科学としての体系化：帰納的整理　→戦略的体系化

　レベル3からレベル4へステップアップする際のキーワードは，"変化への対応"である．どのような事業環境の変化にあっても，その変化に適応して，常に競争力のある製品・サービスを提供し続けることができるか．この一点に，レベル4の特徴が凝縮される．あらゆる面で強くある必要はないため，自らの特徴，得意，苦手を考慮して，どんなタイプを目指すかを明確にしたうえで，自分が伸ばすべき能力を自覚し，それに向かって資源の最適な注入を行うなどの努力をすればよい．強みを継承・向上し，弱みを克服し，戦略性をもって，攻守ともに最高の状態にしておくことに力を注ぐ．

　ポイントは，次の三つにある．

① 顧客ニーズ及び経営環境の変化への的確かつ迅速な対応
② コアコンピタンスの自覚と保有
③ 士気・能力の高い人材の育成・確保

　バランスのよい攻守状態になったレベル3の企業は，レベル4へとステップアップするために，何から始めればよいだろうか．レベル4ともなれば，あらゆる事業環境の変化にも適応するために，事業環境を正しく認識し，必要に応じて自身を変えていくべきで，それには"学習"と"革新"が必須の能力となる．"革新"とは，既存のビジネスの枠組みを建設的に否定し，新しい枠組みを創出することであり，学習を通じて得られた知によって可能となる．むやみやたらに新しいビジネスに踏み出すということではないが，変化へ適応し持続するために，的確な分析に基づく結果であればそれを辞さないところにレベル4の特徴がある．

　変化への適応策を的確に判断するためには，自身の特徴を正しく理解したうえで，あるべき姿（組織能力像：競争優位の視点でのもつべき組織能力の全体像）を明確にするとよい．自社の競争優位要因，ビジネス成功上での重要な要因の明確化である．つまり，持続可能な成長を実現するために，どのような能力をもっていなければならないかを自覚して，自分で目指すべ

きQMS像を描き，戦略的に改善・改革を行っていく．

以上のおおまかな流れを次に示す．

(1) 製品・サービス，顧客，価値の認識
　・誰（顧客）に何（製品・サービス）を提供しているのか？
　・顧客は製品・サービスのどんな側面（価値）を買ってくれるのか？
(2) 必要能力の認識
　・その製品・サービスの提供に必要な技術（再現可能な方法論）は何か？
(3) 競争優位要因，ビジネス成功要因の認識
　・自分の特徴を考えると，どの勝ちパターンをねらうべきか？
　・(2) のうち，競争優位，ビジネス成功上で重要な要因は何か？
(4) 重点となる QMS 要素，重点活動の認識
　・(3) で特定された競争優位要因の観点から重要な QMS の要素，QMS の活動は何か？
(5) 上記の展開
　・具体的課題，展開，実行計画など
　・組織の能力向上（例えば品質概念，問題解決，システム指向，プロセス指向など）

　上記の (3) から (4)，(4) から (5) へ進むにあたっては，自己評価が有効である．描いたあるべき QMS 像と，現在の QMS とのギャップを，自己評価を通じて把握することによって，自社における QMS の各要素の重要度，改善・改革の必要性が認識できる．すなわち，自己評価は，現在の QMS の有効性・効率と成熟度を把握し，競争優位性を獲得・維持するために重要な QMS 要素は何かを認識するために行う．

　レベル 3 までは，受け身の姿勢であっても到達できるが，レベル 4 では"自律"が求められる．変化に対応できるためには，自己を取り巻く事業環境に対して正しい認識をもたなければならない．自己の強み・弱みなどの特徴を知り，どの強みを活かし，どの弱みを克服し，どのように自己を変革してくのかを自らが決め，主体的に行動しなければならない．これらは，自律的な思考形態・行動様式があってはじめて可能となり，特にトップ層の"自律"心なくして，レベル 4 への発展はなし得ない．

　自律的に変化に対応していくことをその中心テーマにしている JIS Q 9005 及び JIS Q 9006 は，有用な指針であり，積極的に活用するとよい．特に，"質マネジメントの 12 の原則"はレベル 4 にステップアップするにあたって，ポイントが端的に紹介されており，基本スタンスの理解などにも役立つ．表 4.1 にレベル 4 として特徴的な四つの原則を紹介する．これらの原則を強く意識し，"自律的"に考え，行動することができるならば，自社のあるべき姿を模索し，それに見合った，レベル 4 でいう競争優位のための質マネジメントシステム像へと改善・革新することが可能である．

　なお，組織は，顧客への価値あるアウトプットの提供に加えて，その他の利害関係者及び社会全体から組織としての社会的価値を認識されてこそ持続可能な成功を確保できるため，顧客概念を，全ステークホルダー（顧客，従業員，社会，パートナー，投資者・株主など）へと拡大することに注意しなければならない．組織を最も効果的かつ効率的に運営し，組織の目標を達成するためには，組織のすべての人々の参画によって，知，技能，創造性等の個人能力を最大限に発揮し"組織能力"にすることが重要である．

表 4.1　質マネジメントの原則　[JIS Q 9005（抜粋）]

- **コアコンピタンスの認識**（understanding core competence）
　コアコンピタンスとは，組織の持続的な競争優位を確保するための源泉となる技術，技能，ノウハウ，組織文化等で，顧客価値創造につながるその組織特有の総合力である．組織は，自らがもつべきコアコンピタンスを自覚して，環境変化に応じて自己を革新し，競争優位を維持すべきである．
- **組織及び個人の学習**（organizational and personal learning）
　組織が価値を創造し続けるためには，組織全体として環境，外部状況を知り，組織を変革していくことに加え，個人の学習を促し，個人の知を結集し，既成概念にとらわれない革新的な知に発展させ，組織で共有できる知とすることが重要である．
- **俊敏性**（agility）
　組織が変化の激しい経営環境で成功するには，俊敏性が必要である．そのためには，既成概念にとらわれない意思決定をし，刻々と変化するあらゆる機会を好機と捉えて事業の成功に結び付けることが重要である．
- **自律性**（autonomy）
　組織は，環境分析及び自己分析に基づき，価値基準を自ら定め，意思決定し主体的に行動することが重要である．

4.4　支援ツール

これまでにステップアップするにあたってのヒントを説明してきたが，より具体的，実践的な支援を目指し，超 ISO 企業研究会では表 4.2 に示す研究テーマを掲げ，支援ツールなどの研究・開発を行っている．

表 4.2　超 ISO 企業研究会の研究テーマとその進捗状況（2007 年 4 月現在）

	テーマ	進捗状況やその成果（支援ツール）など
A	超 ISO の基本概念	『超 ISO 企業実践シリーズ 1 ～ 3』（日本規格協会）
	TQM 9000 発展表	本書
	超 ISO の理解と実践の支援・促進策	『中小企業に役立つ人と組織を活かす ISO 9000』（日本規格協会） （そのほか研究中）
B	ファーストステップの実践ポイント	本書の付録に収録 ウェブサイトでも公開
	問題・課題タイプ別 TQM へのファーストステップ	『超 ISO 企業』（日科技連出版社） 『超 ISO 企業実践シリーズ 4 ～ 12』（日本規格協会） ウェブサイトで概略紹介
	目指す企業タイプ別 TQM へのファーストステップ	『超 ISO 企業』 ウェブサイトで概略紹介
C	セカンドステップの実践ポイント	（研究中）
	問題・課題タイプ別 TQM へのセカンドステップ	（研究中）
D	コアコンピタンスの明確化支援	（研究中）

テーマ A：一般（基本概念や，TQM 9000 発展表，超 ISO の理解と実践の支援・促進等）
テーマ B：ファーストステップ（レベル 1 からレベル 2 へ）
テーマ C：セカンドステップ（レベル 2 からレベル 3 へ）
テーマ D：TQM（レベル 4）

現在，レベル 2 からレベル 3 を目指したい組織（セカンドステップ）への支援ツールの開発を超 ISO 企業研究会で進めている．具体的には，セカンドステップのポイント解説，セカンドステップならではの経営課題とその解決にかかる具体的な指針などであり，近い将来にはウェブサイトや書籍といった形で披露したいと思っている．レベル 4 も同様である．

(1) ウェブサイト

次の事項について，現在ウェブサイト（http://www.tqm9000.jp/）で公開されており，参考になる．

① TQM 9000 への発展表：レベル 1（ISO 9001:2000）とレベル 2（TQM へのファーストステップ）の対照表
② TQM 9000 への発展のポイント解説：発展表中に示したガイドラインに従ってシステム構築をするための 31 のポイントを解説
③ 問題・課題タイプ別 TQM へのファーストステップ：ISO 9001 適用企業が抱える典型的な七つの問題・課題別に，TQM へのファーストステップとしての取組みの指針
④ 目指す企業タイプ別 TQM へのファーストステップ：目指す企業のタイプとして，開発力重視型，生産力重視型，販売・サービス力重視型の三つを取りあげ，各々に応じた TQM へのファーストステップとしての取組みの指針

なお，②の"TQM 9000 への発展のポイント解説"は，本書の付録に収録している．

(2) 参考図書

超 ISO 企業実践シリーズとして，超 ISO 企業としての基本的なテーマをシリーズ 1～3 で解説している．同シリーズ 4～12 では，ウェブサイトで公開している七つの問題・課題を拡大し，九つの課題についてそれぞれ 1 冊ずつの書籍の形式で帳票類や例を豊富に分かりやすく解説している．このシリーズでは，経営課題の改善ステップが詳述されており，これを参考にすることによって，経営体質の改善への第一歩を踏み出すことを期待している．

シリーズの構成は次のとおりである．

1. ISO を超える
2. ISO 9001 の基本概念と有効活用
3. TQM の基本的考え方
4. 経営課題　お客様クレームを減らしたい
5. 経営課題　QMS の有効性を継続的に改善したい
6. 経営課題　コスト低減を実現したい
7. 経営課題　設計・開発段階での品質問題を減らしたい
8. 経営課題　人を育てたい
9. 経営課題　製造段階での品質問題を減らしたい
10. 経営課題　QMS の効率を高めたい
11. 経営課題　顧客満足度を向上させたい
12. 経営課題　購買製品の品質を向上させたい

また，レベル 4 に関しては，JIS Q 9005 及び JIS Q 9006 はもちろん，『持続可能な成長を実現する質マネジメントシステム—JIS Q 9005/9006 ガイド［活用事例付き］』（日本規格協会）も参考になる．

その他，レベル 1 であれば ISO 9000，レベル 2 であれば ISO 9004，レベル 3 であれば TQC など，多くの関連図書や JIS があるので，適宜，参照されたい．

付　録

ファーストステップの実践ポイント

"ファーストステップの実践ポイント"は，レベル1からレベル2へ発展するにあたって，具体的な方法をポイント別に紹介するものである．分かりやすく，即戦力になるように，フロー図や帳票類の様式なども紹介する．

なお，既に超ISO企業研究会（TQM 9000）のウェブサイト（http://www.tqm9000.jp/）で公開しているので，極力大きな修正は加えず，忠実に収録することを心がけた．

1. 品質マネジメントシステム構築のポイント

ISO 9001:2000 では以下の事項が要求されています．

(1) 品質マネジメントシステムの確立・文書化

品質マネジメントシステム（QMS）は ISO 9001 に準拠して，確立し，品質マニュアルを頂点とした文書を作成します．

文書体系の概略は以下の図に示します．また，品質マネジメントシステムで用いる文書は"文書体系図"で明確にします．

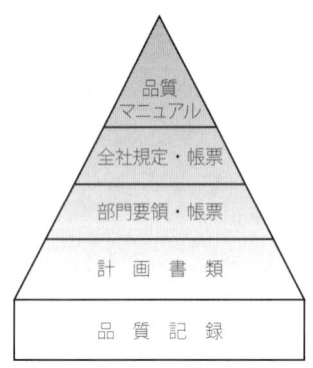

図　文書体系の概略

2000 年版の品質マネジメントシステムは，二つの PDCA を回すことになります．これを，"大きな PDCA"と"小さな PDCA"と名づけ，付図 1–1 にその概要を示します．

付図 1–1　方針展開の大きな PDCA と製品実現での小さな PDCA

また，付図 1–2 に示す"プロセス"の概念が導入され，付図 1–3 に示す"プロセスアプローチ"の概念が導入されています．

付図 1–2　プロセスの概念図
付図 1–3　プロセスアプローチの概念図

品質マネジメントシステム構築が効果的になるためには，以下の事項を追加します．

(2) 文書化

1次，2次文書は，電子化し，社内イントラネット上に掲載します．また，3次，4次文書などを含んでもよいでしょう．

(3) 必要なプロセス及びそれらの組織への適用の明確化

品質保証体系図，フロー図，ブロックダイアグラム，QC 工程表などで，プロセスと組織への適用を明確にします．品質マネジメントシステムの構築に Q（品質）だけでなく，C（コスト），D（量・納期）を追加します．

(4) プロセスの順序及び相互関係の明確化

品質保証体系図，フロー図，ブロックダイアグラム，QC 工程表などを PDCA サイクル，又は業務の流れに沿って作成します．

(5) プロセスの運用・管理を効果的にするための判断基準・方法の明確化

ISO 9001 で要求されているプロセス及び組織が必要としたプロセスを手順書化（QC 工程表など）し，検証，検査（合否判定基準を含む．），測定，監視の手順を明確にします．また，D（量・納期）として重要な進捗管理のチェックポイントも明確にします．

(6) プロセスの運用・監視の支援のための資源・情報の利用

プロセスの運用・監視の支援のための全社的な推進体制の構築を行います．また，資源（人，モノ，金）と情報を，事業計画書，品質計画書などで明確にします．

(7) プロセスの監視，測定，分析

"(5) プロセスの運用・管理を効果的にするための判断基準・方法の明確化"で明確にした検証，検査（合否判定基準を含む．），測定，監視の手順を含んだプロセスの手順書を確実に実施し，ISO 9001 の 8（測定，分析及び改善）に従って管理します．

この管理には，Q（品質）だけでなく，C（コスト），D（量・納期）も追加します．

(8) 計画どおりの結果の確保及び継続的改善の達成

方針展開プロセスで，計画どおりの結果が得られるように管理を行い，予防処置，是正処置などから継続的改善を達成するために必要な処置をとります．経営者は，マネジメントレビュー，内部監査結果などから計画の達成，継続的改善を確認します．未達成の計画については問題点の明確化を行い，次年度の課題とします．

(9) アウトソーシングしたプロセスの管理

要求事項に対する製品の適合性に影響を与えるプロセスをアウトソースすることを組織が決めた場合には，組織はアウトソースしたプロセスに関する管理を，購買情報などで確実にします．アウトソースしたプロセスの管理について，組織の品質マネジメントシステム中の品質保証体系図，フロー図，ブロックダイアグラム，QC 工程表で明確にします．

(10) 品質マネジメントシステムで構築すべきプロセス

①経営管理システムの構築（方針管理プロセス）

- 企業のあるべき姿及び次年度を含む企業の将来計画等の経営の方向を定めるシステム
- 当該年度の経営方針及び品質目標(定量的)を含む経営計画を策定し，全社に展開し，達成の状況を管理するシステム

② 顧客満足マネジメントシステムの構築（顧客要求管理プロセス）
- 顧客の要求事項を把握し，製品・サービスの企画・設計に反映させるシステム
- 提供した製品・サービスに対する顧客要求を把握し，品質マネジメントシステムの改善に反映させるシステム
- 顧客の苦情・クレームなどを把握するシステム

③ 人材育成マネジメントシステムの構築（教育訓練プロセス）
- 設計・製造・販売に必要な要員を確保し，教育・訓練するシステム
- 技能・固有技術・管理技術に関する力量の教育システム
- 従業員の能力・業績評価システム

④ 品質保証システムの構築(設計管理プロセス，製造管理プロセス)
- 製品・サービスを設計・製造し，顧客に提供し，アフターサービスするシステム
- 生産技術を維持・改善するシステム

⑤ 全社的品質管理（TQM）の推進体制の構築
- 内部監査の実施
- 品質会議の開催，マネジメントレビューの開催（トップの診断を含む．）
- QMSでの責任・権限の明確化

(11) 品質マネジメントシステムの実施・維持

品質マネジメントシステムの実施・維持は，管理責任者の責任・権限のもと，全社員が行う体制を構築します．

その実施・維持の確認は，内部監査で行い，マネジメントレビューに報告され，経営者が，品質マネジメントシステムが引き続き適切で，妥当で，かつ，有効であることを確認します．また，品質マネジメントシステムの実施・維持には，全社的な推進体制の構築を行うことが必要になります．

2. 文書管理のポイント

ISO 9001:2000では，"文書管理規定"を制定し，その中に以下の事項の記述が要求されています．
① 文書のレビュー，承認
② 文書の識別（変更，版数など）
③ 最新版管理・配付管理
④ 外部文書の識別と配付管理
⑤ 廃止文書の識別

文書管理を効果的に実施するために，以下の手順を追加します．

(1) 文書管理のシステム化

品質マニュアル，全社規定類を社内イントラネットを利用し，"文書管理システム"でシステム化し，効果的に機能させます．ここでは，全社規定類を対象としますが，部門の手順書，計画書類などを含んでもよいでしょう．

システム化された文書管理は，以下の機能をもたせます．
- 最新版管理と検索性のよさ
- 文書管理の不具合に対する再発防止のシステム化
- 廃止文書の体系的な管理

(2) 文書管理システムの構築

文書管理システムの構築には，以下の二つの方法があります．ただし，社内にイントラネットが構築されていることを前提とします．

a) 市販の文書管理システムの導入
　メリット：規格要求事項a)〜g)がシステムでカバーされている．
　デメリット：導入費用がかかる．システム変更が難しい．

b) 社内イントラネットで構築
　メリット：導入費用はあまりかからない．システム変更が容易．
　デメリット：規格要求事項a)〜g)をシステムでカバーするように構築しなければならない．

以下，ここでは社内イントラネットでの構築についてのポイントを解説します．

(3) 文書ファイルの形式

文書ファイルは，以下のファイル形式を用意します．
- htmlファイル（文字，表のみ）
- pdfファイル（図がある場合）
- doc（word），txt（テキスト形式），jtd（一太郎）ファイルなど（直接書き込み可能なファイルとして利用）

(4) 文書ファイルの構成

以下の文書管理台帳をメイン画面とし，そこからリンクを張った文書が閲覧できる構成とします．

イントラネット上のメイン画面（文書管理台帳）

文書名	版数	発行日	承認者
品質マニュアル	1.5	2001/2/1	経営者
品質方針書	1.0	2001/4/1	経営者
年度全社品質目標	1.0	2001/4/1	経営者
管理責任者任命書	1.0	2001/2/1	経営者
文書管理規定	2.0	2001/3/1	管理責任者
文書管理台帳	2.0	2001/3/1	管理責任者
品質記録管理規定	1.5	2001/2/1	管理責任者
方針展開規定	1.5	2001/2/1	管理責任者
⋮	⋮	⋮	⋮

(5) "文書管理規定"の記述内容
① 文書管理の目的を記述します．
② 品質マネジメントシステムで必要な文書を，付図2-1のような文書体系図で明確にします．

　　　　付図2-1　文書体系図

③ 法令・規制要求事項の入手方法を明確にします．
④ 付図2-2で文書の適切性をレビューし，承認する責任・権限を明確にします．

　　　　付図2-2　文書の作成・承認の責任・権限表

⑤ 内部監査時に管理文書が再レビューされていることの確認を明確にします．
⑥ 文書作成時の変更・改訂履歴の情報の利用方法（付図2-3の変更・改訂理由欄の設置など）を明確にします．

　　　　付図2-3　変更・改訂理由欄

⑦ 文書の識別方法を明確にします．例えば，文書名，版数，発行日などを用います．必要があれば，文書管理番号を用います．外部文書の識別方法を明確にします．
⑧ イントラネットでの管理，紙での管理について，各要領で記述すべき以下の項目を明確にします．
　・文書の承認手順
　・最新版の管理手順
　・配付管理手順
　・廃止文書の識別
　・文書の維持管理手順

(6) "文書管理規定（イントラネット対応）"の記述内容
① 文書の承認手順として，以下のような文書の承認方法があり，手順を明確にします．
　・原本への押印
　・電子メールに文書を添付し，承認依頼を行い，リプライで承認・未承認を確認
　・電子承認機能（ワークフロー）を利用
② 最新版の管理手順として，以下のような方法があり，手順を明確にします．
　・押印された原本と文書管理台帳
　・承認済みフォルダでの管理
③ 配付管理手順として，以下のような方法があり，手順を明確にします．
　・ウェブサイト上に1部配付を行う．
　・配付管理台帳にて配付先，版数を管理

　　　　付図2-4　配付管理台帳
　　　　付図2-5　外部文書配付管理台帳

④ 廃止文書として，以下のような方法があり，手順を明確にします．
　・廃止フォルダで管理
　・廃止文書を識別で明確にする．
⑤ 文書の維持管理手順として，以下のような手順を明確にします．
　・イントラネット上の文書のセキュリティ確保（読み込み専用）
　・サーバのバックアップ体制の確立
　・イントラネットから落とされた文書の管理手順（非管理文書の定義と使用制限）

3. 品質記録のとり方のポイント

ISO 9001:2000では，以下の事項が要求されています．

"品質記録管理規定"に，品質記録の識別，保管，保護，検索，保管機関，廃棄の手順を定め，記録を維持・管理します．

品質記録のとり方を効果的に実施するために，以下の事項を追加します．

社内イントラネットに品質記録一覧表を掲載し，記録作成に必要な帳票をクリックすると，その帳票がダウンロードできる機能を用意します．この機能を用いると品質記録の帳票がスピーディに検索でき，作成が可能となります．ここでは，全社様式の帳票を対象としますが，部門の様式などを含んでもよいでしょう．

品質記録をとる目的は，"要求事項への適合の証拠を示す，及び品質マネジメントシステムの効果的運用の証拠を示す"ことです．このため収集，保管などのコストを考慮し，とるべき品質記録，保管期間などを決めることが重要です．

　　　　付図3-1　品質記録一覧表

品質記録は，規格の8.4（データの分析）で要求されている以下の情報を提供します．
　・顧客満足

・製品要求事項への適合性
・プロセスと製品の特性及び傾向

品質記録のとり方には，以下の二つの方法があります．ただし，社内にイントラネットが構築されていることを前提とします．

　a) 記録収集管理システムが存在する場合
　　メリット：自動的に記録が収集され，データの分析が簡単にできる．
　　デメリット：システム導入費用がかかる．
　b) ダウンロードした全社様式帳票を紙又は電子媒体を用いて記録する場合
　　メリット：導入費用はあまりかからない．システム変更が容易である．
　　デメリット：記録の収集に時間を割かれ，データの分析に時間がかかる．

以下に，ダウンロードした全社様式を紙又は電子媒体を用いた記録の管理についてのポイントを解説します．

(1) 全社様式の帳票のファイル形式

全社様式の帳票のファイルは，社内イントラネットの"品質記録一覧表"から doc (word)，txt（テキスト形式），jtd（一太郎）ファイルなど直接書き込み可能なファイルとしてダウンロードし，用います．

(2) "品質記録管理規定"の記述内容

①品質記録管理の目的を記述します．
②品質マネジメントシステムで必要な記録を，"品質記録一覧表"で明確にします．
③品質記録の管理組織・責任者を，"品質記録一覧表"で明確にし周知徹底します．
④品質記録の保管場所，保管期間を"品質記録一覧表"で設定します．
⑤電子媒体での管理，紙での管理について，以下の項目を明確にします．
　・識別の手順
　・保管の手順
　・保護の手順
　・検索の手順
　・廃棄の手順

(3) 電子媒体での管理

①識別

品質記録の識別方法を明確にします．例えば，ファイル名（記録名，発行日）などを用います．必要があれば，記録管理番号を用います．さらに，品質記録は，フォルダ内に格納し，フォルダ名で識別します．

②保管の手順として，以下のような手順を明確にします．
　・保管責任者，保管場所を決め，管理します．
　・利用の手順を定めます．
　・イントラネット上の記録のセキュリティ確保（読み込み専用）を明確にします．
　・サーバのバックアップ体制を確立します．
③保護の手順として，以下のような手順を明確にします．
　・保管場所において，保管責任者が損傷・劣化しないように保護します．
④検索の手順として，以下のような手順を明確にします．
　・検索が容易になるように，記録は電子ファイル化します．
　・フォルダ名などで記録の見出しをつけ，検索が容易にできるようにします．
⑤廃棄の手順として，以下のような手順を明確にします．
　・廃棄する場合の承認者，機密保持扱いの要・不要を定めます．

(4) 紙での管理

①識別

品質記録の識別方法を明確にします．例えば，記録名，発行日などを用います．必要があれば，記録管理番号を用います．品質記録は，市販ファイルに格納し，ファイルの背表紙でも識別します．

②保管の手順として，以下のような手順を明確にします．
　・保管責任者，保管場所を決め，管理します．
　・利用の手順を定めます．
③保護の手順として，以下のような手順を明確にします．
　・保管場所において，保管責任者が損傷・劣化しないように保護します．
④検索の手順として，以下のような手順を明確にします．
　・検索が容易になるように，記録は市販ファイルにファイルします．
　・見出しを市販ファイルの背表紙につけます．
　・記録の間には見出しづけを必要に応じて行います．
⑤廃棄の手順として，以下のような手順を明確にします．
　・廃棄する場合の承認者，機密保持扱いの要・不要を定めます．

記録は次のように大きくは三つの目的があります．

①実行していることの証拠としての記録
②知識として蓄えておく
③他社の行動や活動に使用する(コミュニケーション)

記録は,この三つの目的に応じて役割を果たしているかどうかをよく確認して,ムダな記録はつけないように気をつけることが大事です.

このうち,TQMの第一歩として踏み出すために特に大事なのは,"知識"として,会社の財産になるように記録を活用可能にすることです.特に以下のような品質情報は,容易に検索可能な形で残していくようにしましょう.このためには,IT(情報技術)を活用した"品質情報検索システム"が構築されることが最も効果的な方法となります.

・設計の失敗事例
・不良の是正処置,予防処置の情報
・検査結果の情報
・顧客の要求事項に関する情報
・顧客からのクレームの情報
・工程情報(不良の発生状況,管理図などの発生状況など)
・主要な部材の受入検査状況

4. 品質方針・目標の設定と経営者のコミットメントのポイント

ISO 9001:2000では以下の事項が要求されています.

経営者は,品質方針を文書化し,発行します.年度の初めに前年度の結果,問題点並びに原因などを把握し,見直しを行い,必要があれば品質方針の再発行を行います.

全社品質目標を発行し,各部門で品質目標を設定させます.この品質目標の達成を"方針展開プロセス"に従って,管理します.

品質方針・目標の設定を効果的に実施するために,以下の事項を追加します.

(1) 品質方針

品質方針は,経営者の決意として,以下の事項を含むように決定します.

a) 経営理念,ビジョン等の組織(企業)の目的に沿った方針とし,さらに顧客満足の向上を目指すことを宣言します.
b) 法令・規制要求事項,顧客要求事項を満たすことの重要性を組織内に周知することの決意を示します.
c) 品質マネジメントシステムの有効性の継続的な改善を実施することの決意を示します.
d) 全社品質目標を設定し,組織内の関連する部門・階層で目標を展開させ,監視する決意を示します.
e) 品質方針を組織全体に伝達し,理解させることの決意を示します.
f) 品質マネジメントシステムの適切性の持続のためにマネジメントレビューを実施することの決意を示します.

品質方針は,文書化し,社内イントラネットに掲載し,組織全体に伝達し,理解させます.また,年初めの職員会合などで,この品質方針を組織全体に伝達し,理解させます.

特に品質マネジメントの8原則の中の"リーダーシップ"から,品質方針・目標の設定と経営者のコミットメントは重要となります.

(2) 経営戦略と品質方針

企業を永続させるうえで重要なことは,経営理念(企業理念)を掲げ,その企業のあるべき姿並びに到達したい目標として"経営ビジョン"を示すことです.この経営ビジョンは,自社の目指す将来の具体的な姿を,株主,社員,顧客,社会(利害関係者,ステークホルダーともいわれる.)などに対して表明したものとなります.ビジョンの役割は,"事業を通して実現したいこと"を明確にし,社員の行動規範のもとになります.このため,社員の意欲をかき立てる重要な役割をもちます.

この経営理念をもとに,Q(品質),C(コスト),D(量・納期)について,あるべき姿並びに到達したい目標としての"品質方針"を示します.品質方針は,顧客のニーズ及び期待,市場動向,競合状況,自社の能力などを分析した経営計画を考慮して策定します.

(3) 品質目標の設定と管理

1) 方針展開(目標展開)の基本

方針管理(目標展開)は,経営者はじめ全職員が力を結集して,企業・組織の体質改善・改革を実現し,健全な経営管理システムを維持・発展させていくための,TQMにおける重要な要素です.

方針管理(目標展開)という方法論を導入するにあたっては,企業・組織の規模,風土を活かしながら,その企業・組織にあった仕組みを構築し推進していくことが重要です.

方針管理(目標展開)における基本を以下に示します.

①全社品質目標を設定します.
②品質目標が各部門,各階層に展開され,そ

の実施状況を管理します．
③この品質目標には，Q（品質），C（コスト），D（量・納期）を含めます．
④品質目標を達成するためには，PDCAサイクルを確実に回すことが必須です．
⑤方針管理（目標展開）を実践していくシステム，手順を決定します．

2) 品質目標の設定

　経営者は，年度の初めに前年度の結果，問題点並びに原因等を把握し，当該年度の全社品質目標を策定し，文書化します．この全社品質目標をもとに，各部門で品質目標を展開します．品質目標は顧客のニーズ及び期待，市場動向，競合状況，自社の能力などを分析した経営計画を考慮して策定します．特に品質マネジメントの8原則の中の"顧客重視"から顧客のニーズ及び期待に沿った策定が望まれます．品質目標は文書管理の対象とし，社内イントラネットに掲載し，組織全体に伝達し，理解させます．

3) 品質目標の管理

　"方針管理プロセス"を決定し，管理を行います．

　ここで用いる，品質目標展開のための様式を以下に示します．

全 社 品 質 目 標：当該年度の，経営者が策定した全社の品質目標

部 門 目 標 展 開 表：全社品質目標に対して，部門長が自部門での重点目標，及びその方策を決定し，経営者が承認します．

部門品質目標管理表：全社品質目標及び部門の品質目標を記述し，部門内の各業務に対し，四半期ごとの目標及び施策を計画し実績を管理します．四半期ごとの評価及び問題点を，経営会議で報告し，経営者の承認を得ます．

業務品質目標管理表：全社品質目標，部門品質目標，業務品質目標を記述し，月ごとの業務の目標及び施策を計画し，実績を管理します．月ごとの評価及び問題点を，部門内会議で報告し，部門長の承認を得ます．

　部門長は月ごとの品質会議で，部門の目標達成状況及び問題点を管理責任者に報告します．

　品質目標のための会議は，内部コミュニケーションで決定した"内部会議一覧表"と整合をとります．

5. 責任・権限のポイント

　ISO 9001:2000では以下の事項が要求されています．

　経営者は，組織の責任と権限を，"組織図"，"システムチェックリスト"，"職務権限表"などで定め，明確にし，組織全体に周知します．

　　付図5-1　組織図
　　付図5-2　システム分担表

　責任・権限の周知を効果的にするためには，以下の事項を追加します．

①"組織図"，"システムチェックリスト"，"職務権限表"などは，社内イントラネット上に掲示し，組織全体に周知します．

②これらの"組織図"，"システムチェックリスト"，"職務権限表"などは，年度初めでの組織変更などがあった場合には，確実に変更します．

③経営者は，管理責任者の責任・権限を"管理責任者任命書"などで，明確にし，社内イントラネット上に掲示し，組織全体に周知します．

④管理責任者は，品質マネジメントシステム対象部門から内部コミュニケーションに従って，予防処置の実施についての情報の収集を行い，マネジメントレビューの情報源とします．

⑤仕事やコミュニケーションのスピードアップを図るため，社員がどのような責任・権限を与えられているのかを明確にします．

⑥社員の責任・権限が明確にされていると，その責任・権限を達成した喜びを体験でき，人の育成としての重要なツールとなります．

　責任・権限をどこまで明確にするかということはなかなか難しいことです．それは一概に決められることではなく，仕事の難易度とそこにいる

人々のレベルによって決められるべきでしょう．
　また，気をつけなければならないのは，むやみに責任・権限を複雑にしないことです．一つの業務の流れを，"業務フロー図"などで明確にして，そのときにその業務の流れをできるだけシンプルにして，承認などの権限もできるだけ委譲してスピード化することに視点を置いた改善も同時に進めるとよいでしょう．"業務フロー図"の例は，付図30-1を参考にしてください．

　　　　付図30-1　是正処置の基本フロー図の例

6. コミュニケーションのポイント

　ISO 9001:2000では以下の事項が要求されています．
　経営者は，組織内にコミュニケーションのための適切なプロセスを，"内部会議一覧表"，"会議出席者対応表"，"内部コミュニケーション管理規定"などを確立し，品質マネジメントシステムの有効性に関しての情報交換が行われることを確実にします．

　　　　付図6-1　内部会議一覧表
　　　　付図6-2　会議出席者対応表

　コミュニケーションを効果的にするには，以下の事項を"内部コミュニケーション管理規定"に追加します．

(1) 情報の展開

　　経営者は，品質マネジメントシステムに関する以下の情報を伝達する手順を明確にします．

　　　品質方針，品質目標，継続的改善，顧客重視，法令・規制要求事項の遵守，顧客要求事項の遵守

　　これらを，ITを用いた電子掲示板，社内報などに掲載し，組織全員に周知します．特に品質マネジメントの8原則の中の"人々の参画"から，内部コミュニケーションは重要となります．これらコミュニケーションには，人の育成につながるOJT的な要素が多く含まれていますので，効果的に実施することが重要です．

(2) 情報のフィードバック

　　品質マネジメントシステムに関する以下の情報について，積極的に組織からフィードバックさせます．

　　　品質目標達成状況，顧客満足度・クレームを含む顧客からのフィードバック，プロセスの実施状況，製品の適合性，予防処置の状況，是正処置の状況，QMS改善の提案

　　これらの情報は，マネジメントレビューのインプットとなりますので，情報の収集手順を確立します．

　　・職場での管理者主導の会議
　　・チームミーティング
　　・電子メール，従業員調査，提案制度

　　また，"方針展開プロセス"の内部コミュニケーションを用いて，月々に情報のフィードバックを行い，経営者に情報が届くことを確実にします．

(3) コミュニケーション手順のシステム化

　コミュニケーションの結果が情報システム化され，以下の機能をもたせ，効果的に運用します．

　a) 品質方針，品質目標，目標達成結果の検索性のよさ
　b) 不具合に対する再発防止のシステム化
　c) 情報の体系的なデータベース化

7. マネジメントレビュー実施のポイント

　マネジメントレビューのやり方の一つとして，例えば以下のようなやり方もあります．
　マネジメントレビューのためのインプットとして"マネジメントレビューチェックシート"を用いて明確にし，内部コミュニケーションで定めた内部会議一覧表に従って，経営者がレビューを実施し，マネジメントレビューからのアウトプットを"マネジメントレビューチェックシート"で明確にします．

　マネジメントレビューの結果として，以下の事項の結論を出します．

　a) 品質マネジメントシステムが適切，妥当，有効であること
　b) 品質マネジメントシステムの改善の機会を評価
　c) 品質マネジメントシステムの変更の必要性を評価
　d) 品質目標の達成状況を評価

　　　付図7-1　マネジメントレビューチェックシート
　　　付図7-2　部門別マネジメントレビュー報告書

　マネジメントレビューの記録は，品質記録管理規定に従って，維持管理します．
　マネジメントレビューをより効果的にするためには，以下の事項を追加するとよいでしょう．

(1) マネジメントレビューへのインプット
　①監査の結果
　　内部監査からの判断ポイント：
　　　・規格要求事項に適合しているか．
　　　・QMS要求事項に適合しているか（手順どおりに実施しているか．）．
　　　・製品実現の計画に適合しているか（計画書どおり実施しているか．）．
　　　・QMSが効果的に実施・維持されているか（予防処置，改善は実施されているか．）．
　　　・是正処置は実施され，真の原因について対策され，再発防止の効果はあったか．
　　　・不適合製品は発生していないか．
　　　・顧客からの苦情はないか．
　　外部監査からの判断ポイント：
　　　・規格要求事項に適合しているか．
　　　・QMS要求事項に適合しているか（手順どおりに実施しているか．）．
　　自己評価結果の実施：
　　　・ISO 9004の自己評価表を用いた評価結果
　　上記の監査結果を管理責任者がマネジメントレビュー前に分析します．
　②顧客からのフィードバック
　　規格要求の8.2.1（顧客満足）に従って，顧客満足度のデータを収集します．顧客クレームは月1回の品質会議において，重大クレームだけでなく軽微なクレームについてもデータを収集します．これらの収集した顧客関連データを管理責任者がマネジメントレビュー前に分析します．Q（品質）だけでなく，C（コスト），D（量・納期）に関するクレームも含めます．
　③プロセスの実施状況及び製品の適合性
　　月1回の品質会議において，各部門の不適合製品の管理状況及び出荷後のクレーム件数を報告させ，管理責任者がマネジメントレビュー前に分析します．Q（品質）だけでなく，C（コスト），D（量・納期）に関する不適合も含めます．
　④予防処置，是正処置，改善活動の状況と結果，品質目標の達成状況と結果
　　月1回の品質会議において，予防処置，是正処置，改善活動の状況と結果，品質目標の達成状況と結果を報告させ，管理責任者がマネジメントレビュー前に分析します．Q（品質）だけでなく，C（コスト），D（量・納期）に関する改善活動，目標の達成状況も含めます．
　⑤前回のマネジメントレビューの結果に対するフォローアップ
　　前回のマネジメントレビューのアウトプットに対するフォローアップを，管理責任者がマネジメントレビュー前に情報収集し分析します．
　⑥品質マネジメントシステムに影響を及ぼす可能性のある変更
　　管理責任者がマネジメントレビュー前に，社会状況，環境状況，法令・規制要求事項の変更などを考慮し，品質マネジメントシステムの変更が必要であるかを分析します．
　⑦改善の提案
　　月1回の品質会議において，以下の情報を踏まえた改善について各部門から報告させ，管理責任者が年2回のマネジメントレビュー前に集約します．Q（品質）だけでなく，C（コスト），D（量・納期）に関する改善も含めます．
　　市場関連情報，技術動向，研究開発，競合会社のパフォーマンス，供給者のパフォーマンス
　⑧マネジメントレビューへのインプット
　　マネジメントレビューへのインプットには年度での結果と傾向（経年変化）を含めて報告します．

(2) マネジメントレビューからのアウトプット
　マネジメントレビューからのアウトプットとしては，以下の情報を含みます．
　①品質マネジメントシステム及びそのプロセスの有効性の改善の決定，処置
　　Q（品質）だけでなく，C（コスト），D（量・納期）に関する品質マネジメントシステム及びそのプロセスの有効性の改善を決定します．
　②顧客要求事項への適合に必要な製品の改善の決定，処置
　　Q（品質）だけでなく，C（コスト），D（量・納期）に関する顧客要求事項への適合に必要な製品の改善を決定します．
　③資源の必要性の決定，処置
　　Q（品質）だけでなく，C（コスト），D（量・納期）に関する資源の必要性を決定します．

(3) マネジメントレビューの記録化
　レビューの結果を記録し，社内イントラネットなどで組織内に伝達し，経営者の決定・考え方を組織内に示します．

(4) マネジメントレビューのやり方
　ISOの要求事項には，マネジメントレビューでやらなければならないことは書いてあり

ますが，そのやり方には決まりがあるわけではありません．ですから，自社の実情に合った無理のない効果的な方法で行えばよいでしょう．例えば，社長などの経営者と幹部が定例的に行う会議体などを利用して行うのも一つの方法です．いずれにしても，経営者と幹部がコミュニケーションをとるよいチャンスでもあるので，年度や半期に一度，経営者が全体にわたって見直しをする習慣をつけると，これがTQMでいう"トップ診断"へと発展するベースになり得ます．まずは，マネジメントレビューを含む"トップ懇談会"とでもいうような仕組みをISOを利用して作るとよいのではないでしょうか．

8. 人的資源提供（教育・訓練）のポイント

人材育成マネジメントシステム（以下，教育訓練プロセスという．）を構築することになります．ISO 9001:2000では，以下の事項が要求されています．

(1) 規格要求事項
 a) 製品品質に影響がある仕事に従事する要員に必要な力量の明確化
 b) 力量がもてるような教育・訓練又はその他の処置
 c) 教育・訓練，その他の処置の有効性評価
 d) "自らの活動のもつ意味と重要性"，"品質目標達成への自らの貢献"の認識
 e) 教育，訓練，技能，経験の記録の維持

この要求事項に対応するためには，以下の手順が構築されています．
 a) 要員に必要な力量は，付図8-1の業務スキル表などで明確にします．
　　　付図8-1　業務スキル表
 b) 要員がどのような力量をもっているかを，付図8-2の個人スキル表などで明確にします．
　　　付図8-2　個人スキル表
 c) このギャップ分析から，年度の教育・訓練計画書を策定します．
 d) 年度の教育・訓練計画書に従って，教育・訓練を実施し，記録を管理します．
　　　付図8-3　教育・訓練歴
 e) 教育・訓練の有効性を評価します．
 f) "自らの活動のもつ意味と重要性"，"品質目標達成への自らの貢献"の認識については，既存社員の定期的再教育，新規採用者に対する導入教育，年度初めの方針・目標の周知，内部コミュニケーションでの徹底，方針カードの配付及び各要員による目標設定などで行われます．この活動は，品質マネジメントの8原則の"人々の参画"に対して重要なファクターとなります．

(2) PDCAサイクル
教育訓練プロセスをさらに効果的にするためには，教育訓練プロセスにPDCAサイクルを導入します．
 a) 業務スキル表は，戦略的・運営上の計画と目標とに関連した将来の需要と連動し，部門が対象とする以下の情報を考慮し，常に見直します．さらに，Q（品質）だけでなく，C（コスト），D（量・納期）に関する力量についても明確にします．
　　・固有技術（顧客ニーズと期待，市場動向，競合状況，新技術動向など）
　　・管理技術（リーダーシップ，プロジェクト管理，ツール，問題解決法，コミュニケーション技法など）
　　・資格（国家資格，社内資格，民間資格など）
 b) 個人スキル表は，イントラネットで構築したスキル管理システムで，教育・訓練歴，技能歴（国家資格，社内資格，民間資格等），経験歴などを管理・維持します．
 c) 教育・訓練計画は，前年度の教育・訓練の有効性評価からの反省を踏まえ，管理者・要員の継続的ニーズを考慮して作成します．さらに，OJTで何を教育すべきかが部門内で検討され，計画的にOJTが実施されていることが望ましいでしょう．
 d) 教育・訓練計画を実施します．
 e) 教育・訓練又は他の処置の有効性の評価
　　・従業員の能力・業績評価システムの導入，要員のスキル計画

(3) ファーストステップとしての教育
TQM 9000のファーストステップとしては，以下の教育を行うことが推奨されます．
　・統計的手法（QC七つ道具）
　・QC的問題解決手法
　・方針展開

9. インフラストラクチャー提供のポイント

(1) インフラストラクチャー
ISO 9001:2000の"インフラストラクチャー"は，次のような要求となっています．

製品要求事項への適合を達成するのに必要とされる以下のインフラストラクチャーを明確にし，提供し，維持・管理を行うことです．
　　a) 建物，作業場所，関連するユーティリティ（電気，ガス，水など）
　　b) ハードウェア，ソフトウェアを含む設備
　　c) 輸送，通信などの支援業務
　この要求に応えるために，建物，作業場所，関連するユーティリティ（電気，ガス，水など），ハードウェア及びソフトウェアを含む設備は，"設備投資計画書"，"品質計画書"などで明確にし，輸送，通信などの支援業務は"協力会社一覧表"などで明確にすることをお勧めします．インフラストラクチャーは"設備運営管理規定"などで維持管理を行います．

　このインフラストラクチャーをさらに効果的にするためには，Q（品質）だけでなく，C（コスト），D（量・納期）に関するインフラストラクチャーに対しての配慮も必要になるでしょう．さらに，ITを活用できるように，情報に関するインフラストラクチャーを整備し，明確にしてください．

　ITに関するインフラストラクチャーでは，以下の事項が重要になります．
　　a) 品質方針，品質目標，規定類などを掲載しているサーバ
　　b) 品質目標達成結果のデータベース化のためのサーバ
　　c) コンピュータなどの社内LAN構築の設備
　　d) データベース・情報処理に必要なグループウェア

(2) 作業環境
　ISO 9001:2000の"作業環境"は，次のような要求となっています．
　製品要求事項への適合を達成するために必要な作業環境を明確にし，運営管理を行うことです．
　ISO 9004:2000には，以下のような作業環境が例示されています．
　　　創造的な作業の方法，安全規則，安全の手引き，仕事場の位置，熱，湿気，光，気流，衛生，清浄，騒音，振動，汚染，磁気傷害
　作業環境は"設備運営管理規定"などで明確にし，運営管理を行います．
　ITに関する作業環境では，電子的な障害，視覚に関する障害などが重要になります．

10. 情報技術活用のポイント

(1) 情報システムの目的と機能
　情報システムは，一般事務職や管理者において，定常業務の効率化，省力化，コスト削減，品質改善を目的として導入されている企業が多くなってきています．

　これらの情報システムを，全社のイントラネットとして再構築又は新規に構築し，これまでに蓄積した情報を全社で共有することが情報技術活用の有効な手段となります．

　これには，コンピュータの高速化，高機能化，大容量化，価格の低下に伴って，導入がしやすい環境になっています．また，顧客のSCM（サプライチェーンマネジメント）導入に伴った電子メールやインターネットの導入要求が発生し，対応せざるを得ない環境になっています．

　全社にイントラネットがない状況では，情報が，上位の役職者から下位の役職者に順次書類や帳票で伝達され，いくつかの階層を通じて職員に伝達されていました．これには情報の伝達に時間がかかりすぎます．

　全社のイントラネットを用いると，社内ホームページに情報を掲載する，電子メールで直接複数の人たちに情報を送る，双方向のコミュニケーションが行えるなどの手段の利用が可能になり，情報伝達のスピードアップがなされます．

　さらに，グループウェアを導入することによって，"電子メール"，"電子掲示板"，"文書管理"，"ワークフロー"などの機能が使えるようになります．電子掲示板では，社員のスケジュール管理，電子会議室，目標進捗表などの情報交換が可能になります．文書管理では，従来の紙媒体での管理から，電子媒体での管理に移り，最新版管理，配付管理の廃止，キーワードでの検索，更新のスピードアップなどの機能の利用が可能になります．ワークフローでは，従来の紙媒体での業務の流れを電子化することで，社内伝票を直接コンピュータ画面上で入力し，上司に承認を依頼することが可能となり，定型業務のスピードアップがなされます．

(2) 情報システムの構築
　情報システムの構築には，経営者のリーダーシップが必要です．経営者は情報システム導入の目的の明確化と基本方針を決定します．次に導入プロジェクトを発足させ，導入

計画を策定させます．以下に導入手順を示しますが，最初から無理な導入計画は避け，段階的かつ計画的に進めるのがよいでしょう．
① イントラネットを構築（サーバを導入し，コンピュータを社内 LAN でつなぐ．）
② 電子メールを導入（情報の伝達，文書の制定・変更の通知，業務の指示，業務の報告）
③ 社内ホームページを開設（品質方針，全社品質目標，部門目標，品質マニュアル，全社標準である規定類・帳票類，協力会社一覧表，内部コミュニケーション予定表，会議出席者対応表，責任権限表，管理責任者任命書，マネジメントレビュー結果，内部監査報告書などの社内ホームページ掲載）
④ インターネットに接続（外部情報の取得，顧客との双方向の情報伝達）
⑤ グループウェアの導入（プロジェクト活動で作成された大量の文書の管理）
⑥ ワークフローの活用（品質計画書，教育・訓練計画書，内部品質監査計画書，社内伝票，勤怠管理などの電子承認）
⑦ 情報の収集，蓄積，検索，活用（ナレッジマネジメントシステム化）

11. 製品実現計画（品質計画書）作成のポイント

製品実現とは，製造業の場合は，"設計・開発，製造，検査，納入，サービス"の一連のプロセスを指しています．サービス業の場合は，設計・開発は別として，それ以降の製造，検査，納入，サービスが同時並行的に行われることが一般的でしょう．

(1) 製品実現の計画

"製品実現の計画"とは，実際に製品を作り出し，顧客に提供するための一連のプロセスを通じての"品質計画"のことであり，そのアウトプットとしては，"組織の計画の実行に適した様式"であるとされています．この"組織の計画の実行に適した様式"とは，例えば製造プロセスの全体を明確にした業務フロー（品質保証体系図），QC 工程表，作業指示書などが該当します．このような"品質計画"は，製品実現以外のプロセスと整合しており，規格要求事項 7.1（製品実現の計画）の a)～d) や，発表式に示した"(1) 量・納期を考慮"と (3) の"e) 組織の連携／役割の明記"を網羅する必要があります．

付図 17-1　QC 工程表の例

(2) 品質計画書

製品実現の計画のための文書の一つとして，規格要求事項 7.1 の参考 1 にある"品質計画書"があります．この"品質計画書"は，特定の製品，プロジェクト，又は契約を実現するにあたって必要とされるプロセス・資源を規定するもので，次のような製品等を対象に作るとよいと考えられます．

・新製品
・品質問題の多い製品
・向け先・用途の関係で特別な管理をしなければならない製品
・特別に顧客から要求された製品
・管理方法を大幅に変更した製品

この"品質計画書"の中では，その特定製品についての品質目標・要求事項，製造工程，各種標準・規格，異常処置，責任者等を記述しなければなりません．そのための特別な書式を作るより，製品仕様書，品質保証体系図，QC 工程表，作業指示書などを集めてセットにしたものをそれとする場合が多いようです．

このような関係を，図式化した例を以下の図に示します．

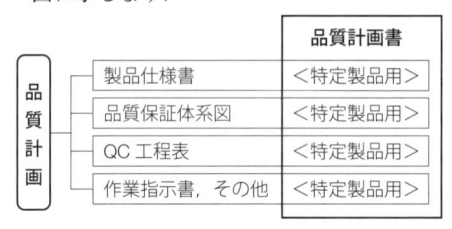

品質計画		品質計画書
	製品仕様書	＜特定製品用＞
	品質保証体系図	＜特定製品用＞
	QC 工程表	＜特定製品用＞
	作業指示書，その他	＜特定製品用＞

図　品質計画と品質計画書との関係（概念図）

12. 顧客関連プロセス運用管理のポイント

顧客の要求事項（仕様）については，1994 年版の ISO 9001 では，4.3（契約内容の確認）で記述されていましたが，2000 年版では，顧客に対する要求レベルがさらに拡大しています．また，次に発展していく方向は，顧客の満足をさらに高める方向が考えられます．

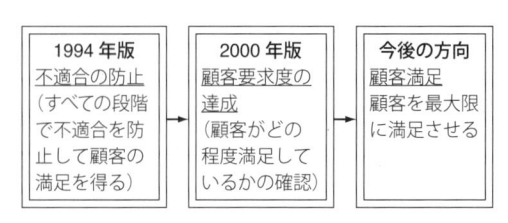

1994 年版	2000 年版	今後の方向
不適合の防止（すべての段階で不適合を防止して顧客の満足を得る）	顧客要求度の達成（顧客がどの程度満足しているかの確認）	顧客満足　顧客を最大限に満足させる

(1) 顧客の要求をはっきりさせる

製品仕様は，①開発型新製品と②顧客指定仕様による製品とでは前者がマーケティングなどの予測や推定によって仕様が決まりますが，後者の場合は顧客の要望によって，ほぼ決まってきます．いずれの場合にも，製品仕様に関して，顧客要求事項を製品仕様書として文書化しておく必要があります．この製品仕様書に記載する項目は，Q（品質），C（コスト），D（量・納期）に重点が置かれます．これが不明確ですと設計・開発を行うのに必要な設計仕様書があいまいになり，進めているうちに開発の遅れやトラブルのもととなり，最後には顧客に迷惑をかけることになります．

ISO では，このほかに，
a) 顧客は明示していないが製品本来の用途から推定される仕様
b) 製品に関する法令・規則で決められている事項
c) 企業が所有しているノウハウ

なども製品仕様の中に入れることを要求しています．

(2) 顧客が要求する製品仕様をレビューする

顧客からの注文に対して，受託してもよいかどうかを判断するために，契約する以前に社内で十分に検討しておく必要があります．レビューのポイントは下記の 1), 2) のとおりです．

1) 企業内・関連部門の確認

顧客要求に対して，注文を受ける部門だけでなく企業内の関係するすべての部門が，顧客の要求する内容を十分に理解することが大切です．

顧客からの要求事項をもれなく確認する方法として，仕様確認の手順書を作成しておくことが効果的です．一般的には"新製品開発体系図"の中に確認過程を記載しておきます．体系図に記載する内容：

①仕様確認のすべての業務を洗い出します．
②担当部門を特定します．
③業務と担当部門を関連づけて図式化します（体系図化）．
④会議体，帳票類，基準類，法令・規則を対応させます．
⑤体系図に沿って業務を進め，不都合があれば修正を加えます．

2) 顧客の注文に応える能力の確認

顧客からの注文に対して，企業のもっている資源（技術力，設備，人員，資金など）を使って，注文に応じる能力があるかどうかを確認します．安請け合いをして顧客注文に応えられない場合には，顧客の迷惑はもとより，企業にとっても大きな損失になりかねません．

能力確認の手法として，BMO 法（Bruce Merrifild & Ohe）が提案されています．
BMO 法：

企業が注文を受けてもよいか否かを適社度という尺度で判断します．

資金力，マーケット力，製造力，技術力，原材料入手力，マネジメント支援力の 6 項目からなっています．

顧客要求事項の確認によって変更が生じた場合には，変更部分を文書化します．

また，顧客との間で，互いに理解ができない部分に関しては，事前に協議を重ね，互いに疑義のない状態で契約します．

(3) 顧客とのコミュニケーション

顧客とのコミュニケーションを図るポイントとして，まず，次の 4 点を実施します．

①顧客を誰にするかを明確にします．

中間製品の販売などの場合，顧客が最終製品の消費者か，あるいは中間の加工業者か迷うことがあります．この場合，誰を顧客とするかを決めて諸活動を進めていく必要があります．

②顧客対応の窓口を設定します．

一般には，"お客様相談室"，"CS センター"などと呼ばれる"顧客と直接接する窓口"を設置します．

顧客対応のマネジメントに関しては，JIS Q 10002（品質マネジメント―顧客満足―組織における苦情対応のための指針）を参照してください．

③顧客満足を測る"ものさし"を設定して，レベル向上を図っていきます．

④顧客情報ルートを明確にします．

この情報ルートを通して，

・顧客からの質問や意見の交換
・クレームや苦情の受付とその対応
・顧客情報（市場情報）の企業内関係者へのフィードバック

などを実施していきます．

13. 設計・開発の計画からインプット・アウトプットのポイント

(1) 設計・開発の計画

製品の設計・開発においては，顧客の要求仕様などから試作，製品仕様の決定，量産に進めるための PDCA を回すため，計画が大切です．

この計画を明確にするためには，設計・開発の業務の流れをフロー図にしたものを"**設計・開発フロー図（製品開発体系図）**"というような呼び方で，規定（標準）の一部として定めるのがよいでしょう．この"設計・開発フロー図（製品開発体系図）"を作る場合には，以下の点に留意する必要があります．

　a) どの時点で何をするか，どのような文書を用いるか，どのような記録を作成するか，どの部門が関与するか．
　b) どの時点でレビュー（審査）・検証・妥当性確認をするか．

"設計・開発フロー図（製品開発体系図）"とは別に，いわゆる新製品については製品ごとに"**新製品開発計画書**"を作成するのが，よいでしょう．この計画書については，以下の点を考える必要があります．

① 設計・開発の際に必要となる（タイムスケジュールを含む．）各種の事項を明確にしておきます．
② 設計・開発にかかわる部門，担当者，責任者を決めます．
③ 例えば，構想，試作，量産などの段階を決め，各々に計画書を作成するのもよいでしょう．
④ 責任者によって承認され，また進行に応じて適宜改訂されるべきものです．

　付図 13-1　設計・開発フロー図（製品開発体系図）の例
　付図 13-2　新製品開発計画書の例

(2) 設計・開発のインプットとアウトプット

設計・開発のプロセスでは，設計・開発へのインプットと設計・開発からのアウトプットを明確にする必要があります．それらの例を次の表に示します．

ここで大事なのが，要求事項を確実にアウトプットに織り込むことです．そのためには，次のようなステップで進めていくことが，ここでのポイントとなります．

①要求事項をもれなく洗い出します．

表　設計・開発のインプットとアウトプットの例

インプット	外部から（要求仕様）	・顧客又は市場のニーズ ・関連する法令・規制
	内部から	・品質方針及び目標 ・過去の経験からのフィードバック情報（トラブル事例） ・現存するプロセス及び製品の記録，並びにデータ
	安全・環境特性※	※プロセス又は製品の安全・環境面で適切な機能 ・運用，設置方法 ・保管，取扱い及び引渡し方法 ・製品の廃棄に関する要求事項
アウトプット	―	・以下の仕様書 　製品仕様書（合否判定基準を含む．） 　プロセス仕様書 　材料仕様書（購買要求事項） 　試験仕様書・製品図面

（ISO 9004 の 7.3.2 を参考にして作成）

②洗い出された要求事項を，適切な品質特性に変換し，設計にインプットする項目を明らかにします．
③変換された品質特性を満足させるための設計概要をまとめます（"設計仕様書"を作成することもある．）．
④詳細設計をして，図面，工程図などのアウトプット文書を作成します．

この中で特に重要なのが，②のプロセスです．なぜならここで設計のレベルのほとんどが決まってしまうからです．この方法については，付図 13-3 を参照してください．

　付図 13-3　"要求品質→品質特性"変換の考え方（品質表：ガスライターの例）

なお，この図中で，それぞれの品質特性に具体的な数値が書き込まれたものは"設計仕様書"の一例といえるでしょう．

14. デザインレビュー・検証・妥当性確認のポイント

(1) デザインレビュー・検証・妥当性確認の違い

設計・開発における作業（プロセス）として，デザインレビュー（設計・開発のレビュー），検証及び妥当性確認の三つがありますが，その違いがどこにあるか分かりにくいかもしれません．その三つを比較した表を次に示します．

1) 同じように"**確認する**"という行為であっ

14. デザインレビュー・検証・妥当性確認のポイント

表 デザインレビュー・検証・妥当性確認の違い

	デザインレビュー	検証	妥当性確認
定義 (ISO 9000)	<レビュー>認定された目標を達成するための検討対象の適切性，妥当性，及び有効性を判定するために行われる活動．	客観的証拠を提示することによって，規定要求事項が満たされていることを確認すること．	客観的証拠を提示することによって，特定の意図された用途又は適用に関する要求事項が満たされていることを確認すること．
目的 (ISO 9001)	①設計・開発の結果が要求事項を満たしているか評価する． ②問題を明確にし，必要な処置を提案する．	設計・開発からのアウトプットが，設計・開発へのインプットで与えられている要求事項を満たしていることを確実にする．	結果として得られる製品が指定された用途又は意図された用途に応じた要求事項を満たし得ることを確実にする．
一言でいうと	道筋から外れていないか？	基準に合った結果か？	うまく機能するか？

ても，"検証"は，ある**基準に合っているか**どうかを問題にし，"妥当性確認"のほうは，そのような基準に関係なく製品が**実際の用途にあっているか**どうかを問題にしています．

2) "デザインレビュー"は，設計・開発の**一定の段階での評価・判定行為**であり，"検証"及び"妥当性確認"の結果やそれ以前の情報等を利用して評価・判定し，**必要な処置**を決めることであるともいえるでしょう．

3) この三つの目的は上表に示したように異なりますが，その間にはかなりの重複と相互関係があります．一つの活動が，この三つの要求事項すべてに関連することがあります．例えば，試作品の試験及びその結果の評価という一連の作業は，これら三つに大きく関係し，その作業の切り口によって，以下のように，三つのどれともみなすことができます．

① まず，試作品の特性を測って，仕様書の規格と合っているかどうかを確認することは，"検証"であり，
② その試作品をすぐに顧客の使用条件と同じテストをして確認することは，"妥当性確認"といえるし，
③ この試作品の特性測定結果及び顧客と同じ使用条件のテスト結果を踏まえて，設計・開発の最終段階での適切性等の判断を下すとすれば，それは"デザインレビュー"とみなすことができます．

4) デザインレビュー，検証及び妥当性の確認の間の関係を次の図に示します．

5) 設計・開発の一連のプロセスの中での設計・開発のデザインレビュー，検証及び妥当性確認等の流れをフロー図にしたものは，"設計・開発フロー図（製品開発体系図）"と

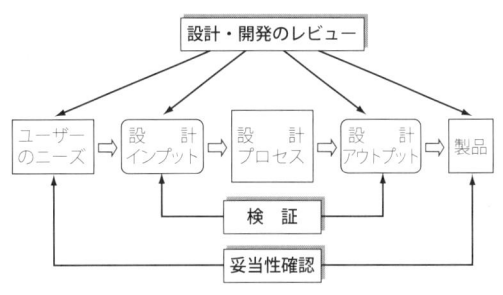

図 デザインレビュー，検証及び妥当性確認の関係（概念図）

呼ばれることが多いようです［ポイント13の(1)及び付図13-1参照］．

(2) デザインレビューの進め方

設計・開発のレビュー（デザインレビュー）は，設計・開発活動の一定の決められた段階で，設計・開発に関する各種情報を**多面的に評価**することによって，正確かつ満足のいく状態であるかを判断し，必要な処置を決めることです．

このため，**過去の経験，失敗（トラブル）に学んで分析**することや，関係者多数の英知を集積することが必要です．また，その結果を**次期の設計に活かす**ことも考えなければなりません．

デザインレビューを行う時点（段階）は，決めておく必要がありますが，あらゆる場合に一様に各段階で行う必要はなく，製品の設計・開発の程度に応じて，省略できる段階を決めておくことが効率的です．例えば，従来品の小改良程度の新製品の場合には，全部で4段階あるデザインレビューの二つを省略（ショートカット）して進めるように決めるなどです（付図13-1の注参照）．

また，ここでは"コスト"や"量・納期"などについてのレビューも加えることが必要

です．特に，"効率"を意識したデザインレビューを実施することも必要で，次のような項目もレビュー項目に入れておき，"コスト"についても設計の各段階で確認ができるようにしておくとさらによいでしょう．特にこの中でも"部材の標準化"は効果が期待できるところです．
- 製品の設計にムダはないか．
- 標準部材を使用しているか．
- 社内規格を満たしているか．
- 現有の資源を活用しているか．
- 加工性を検討したか．

(3) デザインレビュー・検証・妥当性確認の記録

設計・開発のレビュー，検証，妥当性確認のそれぞれについて，その結果と必要な処置を記録することが求められています．

これは，単に記録を残すのが目的ではなく，次期以降の設計・開発に役立たせるためにも行う必要がありますから，その**目的に添った書式**で記録をとるようにします．

　付図 14-1　デザインレビューの記録（設計審査会議事録）の書式例

15. 設計変更管理のポイント

設計・開発のプロセスで発生した種々の変更は，変更の内容を文書化し，記録を管理して次の製品開発に役立てます．

(1) 設計変更にあたって留意する点

設計変更にあたっては，次の点に留意します．
① 変更による影響を考慮します．
　設計変更によって，影響する項目は次のようなものです．
　　商品仕様，品質，コスト，納期，経営資源（人，材料，製造場所等）など
② 設計変更に対するレビュー，検証，妥当性の確認を行います．
　設計変更に対して，その効果や及ぼす影響などの検討が十分されないままで実行された場合には，社内又は市場で大きな混乱を起こすことが多くみられます．
③ 顧客及び社内関連部門への連絡の徹底を図ります．
　情報を正しく確実に関係部門に伝えるために"設計変更連絡書"を活用します．

　付図 15-1　設計変更連絡書

(2) 設計管理の文書類

ISO では，設計・開発における管理文書として次のものがあります．
① 顧客要求事項をレビューした結果の記録
　ポイント 12（顧客関連プロセス運用管理のポイント）を参照．
② 設計・開発のレビューの結果記録
③ 設計・開発の検証の結果記録
④ 設計・開発の妥当性確認の結果記録
　②～④はポイント 14（デザインレビュー・検証・妥当性確認のポイント）を参照．
⑤ 各レビューによって変更した場合の結果記録

(3) 文書管理のやり方

文書管理は次の段階を経て，レベルアップしていきます．
第 1 段階：設計・開発の変更に関する文書規定を作る．
　　文書規定に盛り込む内容：
　　　変更が発生した設計・開発のステップ，部門，変更日時，適応ロット，内容（変更の前，後），連絡先
第 2 段階：関係部門が記録文書を共同で活用する（情報の共有化）．
第 3 段階：記録文書のメンテナンスを確実に行い，そのノウハウを次期製品開発に活用する（情報の蓄積）．

　付図 15-2　情報の蓄積と共有化

16. 購買管理のポイント

ISO 9001:2000 の 7.4（購買）では，次のことを要求しています．
① 購買要求事項に購買製品が適合する適切な購買プロセスを確立，実施，維持すること．
　［注：確立，実施，維持は，7.4.1（購買プロセス）には規定されていませんが，4.1（一般要求事項）に QMS の一般要求事項として要求されている．］
② 供給者を評価し関連する記録を残すこと．
③ 購買（要求）情報を明確にし，伝達する前に妥当性を確認すること．
④ 検査等，検証活動を定め実施すること．
⑤ 供給先で検証を実施する場合は，検証，リリースの方法を購買情報で明確にすること．

1994 年版との大きな違いは，手順の文書化要求がないことです．しかし，購買製品は原材料や部品など，製品実現工程の上流に位置するだけに，万一不適合が見逃された場合の影響は大きく，必要な範囲で文書化する必要があります．

(1) 供給者との互恵関係を重視する

2000年版の特徴の一つである品質マネジメントの8原則に"供給者との互恵関係"がありますが,ほかの七つの原則に比べて,この互恵関係は規格条文には明示されていないようです.しかし,これは高い品質の購買製品を継続して入手するための基本原則であり,組織は購買管理の基本的な原則として,考慮すべきことです.

このためには供給者からみて,**信頼される購買者**であるべきですが,具体的には,次のようなことを適宜実行すべきです.

① 共存共栄の立場の原則を基本的なスタンスとして維持すること.
② 購買者が果たすべき/果たせる役割を確実に遵守すること.例えば,次のような役割がある.
  ・規格 7.4.2 の購買情報の適切な品質(購買要求事項,特に重点事項の明確化)維持,タイムリーな伝達
  ・必要に応じた技術的な助言,支援,教育など(特に使用者の立場から知り得る知識を活用して)
  ・購買製品の重要品質情報のモニター,不適合の未然予防につながる情報の提供
  ・不適合発生時の適切な対応として,真の原因追究の支援

(2) 購買プロセス–1:重点管理を行う

規格でも,管理の方式と程度は購買製品によって変えることが規定されています.また,手順の文書化も要求事項にありません.要は重点管理することです.このため,多数の購買製品を,品質の及ぼす影響の強さに応じてシステムを組めばよいことになります.具体的には,購買製品の品質への重要度と,管理のレベルを2元表にしていくつかのカテゴリーに分けます.

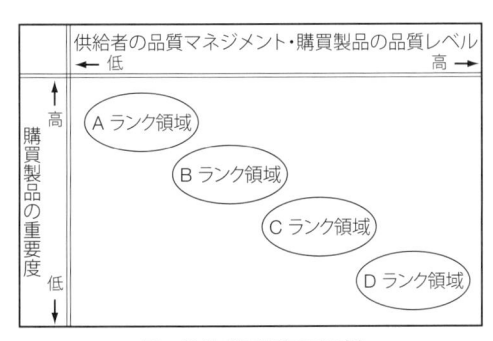

図 供給者の評価図の例

例:Aランク 受入検査の実施+定期的な品質監査
　 Bランク 受入検査の実施+品質記録の確認
　 Cランク 受け入れ時に成績書だけを確認
　 Dランク 受け入れ時の外観だけを確認

(3) 購買プロセス–2:有効な選定評価を行う

供給者を評価選定するに際して,それを有効にするいくつかのポイントがあります.

① 評価項目を明確に
　Q(品質)だけでなく,C(コスト),D(量・納期)までチェックすること.
② データに基づいて
　できる限り**データ解析**結果を判断の材料に利用すること.
　ここは組織のもつ**解析力の発揮のしどころ**です(サンプリングは? 測定誤差は? 分布形/時系列的な傾向は? 工程能力は? など).
③ 現場をよく観察して
　これも眼力の問われるところです.標準化の程度と質は? QC工程表はしっかりできているか? 標準の遵守状況は? 表面的な活動になっていないか? をしっかり見抜くこと.そのためには,まず自社の組織内を見て,検出力を高めるとよいでしょう.
④ マネジメントシステムも
　こちらからの要求事項が適切に周知されているか? 不適合管理は確実に行われているか? 過去の不適合経験は伝承されているか? 是正/予防は"**真の原因**"を追究しているか?

これらを購買製品の重要度に応じて,組み合わせて評価していくとよいでしょう.

この考え方は,規格の 8.2.2 の内部監査の考え方に近いものです.また,品質マネジメントの8原則でいえば,意思決定における事実に基づくアプローチの"事実"の質を高めたものといえます.

(4) 質の高い購買情報を発信する

購買情報,購入仕様書類の作成,発行にあたっては次の原則が大切です.

① 不適合の発生を**未然に防ぐ**ことを念頭に置いて作成すること.このためには,作成,承認にあたって予防の考え方をとり入れること.必要十分な情報は入っているか,供給者が間違えやすい情報/あい

まいな表現になっていないか，過去のどんなトラブルがあったか／その経験は活かされているか，など．
　②タイムリーに発行すること．供給者に必要なリードタイムを考慮すること．時に緊急に依頼することはやむを得ないが，それを定常化させないこと．

(5) 質の高い検証を行う
　検査，検証についてPDCAを回すための解析が必要です．すなわち，
　①購買製品の品質レベルをデータに基づいて把握すること．そこから供給者の工程の工程能力，安定状態を確認し必要な処置をとること．さらに，(4)で設定した購入仕様の適切性を判定すること．結果次第では，検査条件の緩和など，コストダウンにつなげることができます．
　②供給者にフィードバックすること．特に，不適合の潜在的な兆候が出たときにこれを早期に知らせることが大切です．このような活動は，不適合の未然防止のほかに，供給者に**よい意味の緊張感**を与え，一体感を作っていくことにつながります．

17．工程管理のポイント

　製造及びサービス提供の管理は，"品質を工程で作り込む"ための極めて重要な活動ですが，規格の要求は簡潔になっています．すなわち，次のとおりです．
　①製造及びサービス提供を計画し管理された状態で実行すること（7.5.1）
　②いわゆる特殊工程の管理（7.5.2）
　工程で品質を作り込むには，これらの活動を適切に管理することが非常に重要です．管理の手順は大きく分けて，次の6項目です．

(1) 工程管理体系の明確化
　製品にどのような特性が必要か，工程をどう設計し計画するか，作業をどのように定め手順化するか，それをどのように指示するか，運営管理，設備をどのように管理するか，変更をどのように管理するか，教育・訓練をどのように行いその結果を評価するか，作業環境をどのように決め管理するか，などを検討し，必要に応じて標準化・文書化します．

(2) 重要な作業の標準化，特に技術標準の作成
　品質に影響する作業を明確にし，その手順を標準化します．ここで標準化には"文書化"する場合と，やり方を決めるが文書化はしないで"要員の教育・訓練"による場合の二通りがあります．これを明確にし，後者の場合にはその教育・訓練を明確にして，確実に実行します．
　作業の手順を決めるときに，重要なのは"なぜそうするか"という根拠がしっかりしていることです．そのために，品質に重要な影響を与える作業に対して，その根拠を示す"技術標準"ができていることが大切です．"技術標準"がどれだけできているかが，製品実現の実力のレベルを示すといっても過言ではありません．
　なお手順書を作成するときは，原案を実際に作業する人たちにも参加してもらい，できるだけ一件一葉と簡潔にし，図や写真などを活用して分かりやすいものにしてください．また，新しい標準を制定したときには，職場でそのねらいや重要なことを，作業する人たちに説明し，しっかりと理解してもらうことが必要です．規格の6.2.2（力量，認識及び教育・訓練）を満たすためにも必要なことです．
　また重要な標準を定めた後には，適用後の結果を調べて，そのねらいとした結果が達成できているか，改める必要はないかなど，"標準化に対するPDCAをしっかり回す"ことも大切です．
　なお，営業や販売などの分野では，個々の顧客や商品による仕事の進め方に違いが大きく，その結果，従業員各人に経験が蓄積され，かつそれを文書化するのが工場に比べて進んでいない場合が多いようです．しかしこれは組織にとって大変な損失です．各人のもつ知識，経験を共有化して全員の力量をより早く，より高いものにしたいものです．そのためには，まず，例えば営業活動であれば，その基本的な流れをフロー図にし，それに加えて顧客による違い，留意事項などをを個別にノウハウ集，ポイント集などの形で文書化し，活用するとよいでしょう．これは，新人や転入者などへの教示としても活用できます．

(3) QC工程表の作成と活用
　QC工程表は，製品実現プロセス全体のレベルを示す大変重要なものです．すべての製品に対して作成する必要はありませんが，重要な製品に対してはぜひQC工程表を作成してください．

① QC工程表の作成

QC工程表の作成においては，管理項目・管理単位（例えばロットの大きさ）の目の細かさ，管理水準の幅（上限と下限），重点管理項目の識別（重要な特性に対しては管理図を作成する.），過去のトラブルの有無，異常時の処置など，活用できるQC工程表とするための情報を入れることが大切です．このQC工程表を見ることで，規格の要求する7.5.1（製造及びサービス提供の管理）の a)〜f) を確認することができます．

付図 17–1 QC工程表の作り方

② QC工程表の活用

QC工程表は，それを使って製品実現の工程がどれだけしっかりしているか，どこに弱点があるかを把握し，トラブルが発生する前にそこを補強してトラブルを予防するための道具です．管理者の方々は，作成されたQC工程表をもとに，自社の工程に対して必要十分な管理が行われているか，過去の経験が活かされているか，現状のままでよいかなどを確認し，必要であれば問題が発生する前に処置をとってください．また，不幸にしてトラブルが発生したときには，なぜそれが起こったか，どこが弱点であったかを追究する道具，すなわちPDCAを回す道具としても活用できます．

(4) 適切な設備の管理

品質に重要な影響を与える設備については，その新規受け入れ時の検証・承認，適切に運営するための保守・保全，変更するときの管理手順を明確にし，文書化することが望まれます．

保守・保全は，使用する部門が日常自主的に行う項目と，保守部門が管理する項目を明確にして，計画的に行います．これらの管理を効率的に，かつ，もれなく行うためにはチェックシートなどが大変に有効です．また，行ったチェック結果は，8.2.3の"プロセスの監視及び測定"におけるインプットとして活用できます．

(5) 変更管理と初期流動管理

重要な作業の手順は文書化などによって固定し維持しますが，改善や新製品・新技術の採用などのためにこれを変更することがあります．職場でしばしば経験するのは，"改善のために行った"つもりの変更が，事前の検討が不十分であったために，思わぬトラブ

ルを引き起こすこと，しかも実は社内にはそのことに対する知識があったというケースです．

このため，重要な変更に際しては組織の周知を集めて，それがマイナスに作用しないかを事前に確認する"変更管理"の仕組みが必要です．ここでは，その変更の影響に関して，最も知識をもつ社内の部門・人材が参加するような仕組みとすることが大切です．

新しいことを始めるにあたって，決めた手順が完全に適切でないことは現実にあり得ることです．そのような場合，初期流動管理として最初の一定の期間を定めて，管理を精密に行って，ねらいどおりの結果が出るか確認することも適宜行ってください．

(6) 特殊工程の管理

規格の7.5.2（製造及びサービス提供に関するプロセスの妥当性確認）は特殊工程に対する要求です．プロセスの結果がその後の検査やチェックでは検証できない工程に対して，通常と異なる管理，例えば作業条件のほかに，設備や作業する人の認定などを行うことで対応します．特殊工程の例としては，溶接や熱処理などを対象としている事例があります．

規格では7.5.2の a)〜e) までについて，"適用できるものを"実施することを要求しています．特に新製品，新技術の適用に際して注意が必要です．具体的には，

① 何が特殊工程であるかを明確にすること．

② 管理項目・水準，要員の認定・教育・訓練とその記録，設備の認定・管理・保全条件などを定めて標準化する明確にした工程に関する管理．

③ 妥当性に関する判定基準を明確にし，記録すること．

④ QC工程表などを活用して，弱点のないことを確認すること．

などが必要です．また，一度特殊工程として管理の手順を決めた後に，システムの変更，例えば新設備の採用などがあれば，再度その手順が適切であるかを見直すことも必要です（妥当性の再評価）．

18. 付帯サービスのポイント

1994年版と異なり 2000 年版では，付帯サービスは特に項目を設けて規定されていませんが，規

格の意図するように，顧客満足を確保し向上させるためには，組織として欠かせない重要な活動です．付帯サービスとは一般に次のようなことを指しますが，その一部は（　）内に示すように，規格のほかの項目と密接に関連しています．
　①製品に関する保証条件の明示，正常な稼働の保証（7.1：製品実現の計画）
　②製品にトラブルがあった場合の迅速な機能回復（8.3：不適合製品の管理）
　③必要な補修部品などの提供（7.1：製品実現の計画）
　④サービスに関連する要員の確保と訓練（6.2.2：力量，認識及び教育・訓練）
　⑤苦情，クレームなどへの適切な対応，是正（8.3：不適合製品の管理）
　⑥市場品質情報の収集と解析，対応（8.4：データの分析）
このような付帯サービスを実施するうえでのポイントは，次のとおりです．

(1) 基本事項
　付帯サービスの実施に関して考慮すべき基本事項は次の三つのステップであり，PDCAのサイクルを構成しています．
　①付帯サービス活動の内容の明確化と重みづけ
　②その実施手順の設定，重要な手順の文書化又は教育・訓練と付帯サービスの実行
　③実施結果のフォローと改善，特に顧客満足の把握と向上
これらのために，次のことを行います．

(2) 付帯サービスの内容の明確化
　付帯サービスを，それを実行する段階によって，ビフォアサービス，アフターサービスとに分けます．ビフォアサービスでは顧客に対し製品の提供前の選択，据付けなどに対する支援，アフターサービスでは提供後の製品が有効に使用されるための支援を行います．
　それぞれに対しどのような活動を行うか明確にし，手順を決めます．そして実行に必要な要員を決め，必要に応じて教育・訓練します．

(3) ビフォアサービス
　①製品の説明
　　顧客がその使用目的に合った製品，サービスを選択できるように，情報を提供します．例えば，カタログ，取扱説明書などを整備し，販売員などを教育することです．これによって，顧客に製品について適切な説明ができるようにします．このことは，製造物責任問題を予防するためにも重要なことです．
　②製品の据付け・点検
　　製品が適切に機能するために，どのような据付け，点検整備などが必要かを明確にし，それらに関する情報を据付け・取扱いマニュアル等の形で顧客に提供し，適切に説明されるようにします．
　③要員の訓練
　　必要に応じて，これらの情報を顧客に直接説明する要員の教育・訓練を行います．

(4) アフターサービス
　①技術支援
　　必要に応じて，保証した製品の機能が確実に発揮できるよう，顧客への情報の提供，技術者による支援を行います．
　②保守・保全
　　顧客が使用中のトラブルを最小限度にすべく，保守マニュアルの提供，必要に応じて保守員の派遣，巡回サービスなどを行います．このための保守要員の確保と教育・訓練も行います．必要に応じて，補給部品類を定めて，スピードをもった体制を維持します．
　③クレームに対する対応
　　付帯サービスに関する情報の収集と活用は，規格の8.3（不適合製品の管理），8.4（データの分析）によりますが，付帯サービス活動で得られた情報を社内の適切な部門に伝達する仕組みを構築することが大切です．
　　付帯サービス活動は，組織が顧客と直接接触できる場であり，顧客の組織や製品に対する受けとめ方を直接知ることができます．すなわち付帯サービスは，顧客満足を把握し改善の機会を探るための重要な情報を，積極的に収集・蓄積する活動でもあるのです．

19．識別・トレーサビリティのポイント

7.5.3（識別及びトレーサビリティ）では，次の3項目が要求されています．
　①製品の識別：それぞれの製品の管理単位を明確にし，適切な表示がされていること．
　②製品の状態の識別：8.2.4（製品の監視及び測定）に関連して，検査済み／未検査，適合／不適合，保留などの状態を明確にすること．
　③トレーサビリティ：製品の構成，履歴，所在を明確にすること．
すなわち，これら3項目に対して，適切な手順

を決めることが必要です．

(1) 識別の手順を工夫する

識別・トレーサビリティにかかわる実際の管理では，上記の各要求事項のそれぞれを満たすように，識別の手順を工夫することが望まれます．

原材料の識別で，例示します．

①原材料を管理する帳票例

以下の例に示すような原材料管理票を定めて，現物に貼り付けるなどすれば製品の識別のほかに，トレーサビリティも満たすことができます．また，製品の状態の識別にも応用できます．すなわち，

- トレーサビリティ：原材料を受け入れた以後の各工程でこの票の"銘柄"，"供給者ロット番号"を転記していくことで達成できます．
- 状態の識別：受入検査を行った後の合否判定結果を，この票の"受入確認"欄に記入することで，識別できます．

この票を使用して原材料を管理することを標準化すればよいでしょう．

表　原材料管理票の例

項　目	内　容
銘柄	
当社手配番号	
供給者名	
供給者ロット番号	
数量（単位）	
搬入日付	
受入確認	
特記事項	

②応用

原材料の種類，量によっては上記のように，供給者のロットごとに管理できない場合があります（例えば，電線製造用の樹脂を受け入れた後，サイロに貯蔵して，次工程で連続的に使用する場合）．このようなときには，次工程の作業記録とサイロへの投入記録を比較することで，おおよその範囲として原材料のトレーサビリティを定義することが実際的です．このことを決めて，標準化すればよいでしょう．

(2) 製品の状態の識別を行う

これは，8.3（不適合製品の管理）に関連しますが，要は不適合又は適合が確認される前の製品が使用されるのを防ぐことです．このために，現物への表示，保管場所の隔離など，目で見て分かりやすい形で識別できるよう，工夫することです．

(3) 識別・トレーサビリティを活用する

要求事項にとらわれず，組織が必要とする識別・トレーサビリティにかかわるプロセスを確立し，改善に使用可能なデータを収集するとよいでしょう．

(4) Q, C, Dへの適用を行う

必要に応じて，製品単位・ロット単位でQ（品質）だけでなく，C（コスト），D（量・納期）に関するトレーサビリティが必要な事項を抽出・明確化し，製品履歴として追跡・確認できる手順を確立し，記録を維持する仕組みの構築に取り組むことも重要です．

(5) コンピュータ化に取り組む

識別管理が確実かつ迅速に実施できるように，識別管理の情報をコンピュータによって維持したり，検査試験の状態の識別を自動化してコストダウンを図るなど，組織の必要性に応じてコンピュータを活用するとよいでしょう．

20. 顧客の所有物管理のポイント

7.5.4（顧客の所有物）では，知的所有権を含む顧客の所有物に注意を払い，管理（識別，検証，保護・防護）することを要求しています．また万一，紛失・損傷などが起こったとき，又は使用に適さないことが分かったときは，顧客に報告し，記録を維持することも要求しています．

もちろん企業としては，紛失・損傷などが起こらないように予防していくことが大切です．なお，顧客が指定し，組織が顧客から有償で購入して使用する製品（原材料，部品など）は対象外として，7.4（購買）によって管理してください．

また，防護とは，顧客の所有物が知的所有権などの場合に，その秘密事項が組織外に流出することを防ぐことなどが該当すると考えてください．

(1) 顧客の所有物を受けとり，使用するまでの手順を決めて文書化する

顧客の所有物を受けとり，使用するまでの手順を決めて文書化するとよいでしょう．

この場合，次の点を考慮してください．

①手順の中で，顧客への報告のフローを明確にする．この報告には，紛失・損傷など，組織の責任によるもののほか，組織に搬

入された後の受入検査などの確認行為で判明した不適合の報告も含めること．
②必要に応じて，トレーサビリティが確保できるような管理を行うこと．
③長期間保管する場合には，計画的に状態を確認すること．そのための帳票を定めること．

(2) 積極的に改善提案を行う

顧客の所有物の不適合に関しては，組織の自己責任による場合は，8.5.2（是正処置），8.5.3（予防処置）によって管理の改善を図るとともに，所有物そのものに問題が見つかった場合には，顧客に対して積極的に改善提案を行ってください．

(3) 顧客所有物に関する責任を明確にする

顧客の所有物に注意を払い，顧客の所有物の価値を保護するために，顧客の所有物に関係する責任を明確にするとよいでしょう．

(4) 顧客の所有物の識別，検証及び保護・防護を行う

提供された顧客の所有物の識別，検証，保護・防護を実施するために，具体的な手順（業務フロー等）を確立し，維持するとよいでしょう．

(5) 顧客の所有物の紛失，損傷の具体的手順を確立する

顧客の所有物を紛失，損傷した場合，顧客に報告し，記録を維持するために，具体的手順（様式を含む．）を確立し，維持するとよいでしょう．また，使用に適さないと分かったときも同様の処置がとれるように，具体的手順の確立とその維持が重要です．

付図20-1　顧客所有物が使用に適さないときの記録の例

(6) 顧客の所有物を管理する

顧客に所有権のあるものすべてが対象になります．JIS Q 9001の解説では，加工外注での支給素材から，開発環境提供，テスト機器，技術・知識までも含まれるとしています．また，知的所有権も対象とされ，"盗み見られた知識・情報"は物理的には何も変わっていないものの，"損傷"として取り扱うとしている点は注意を要します．

付図20-2　顧客所有物の管理台帳の例

(7) Q, C, D への適用を行う

必要に応じ，Q（品質）だけでなく，C（コスト），D（量・納期）に関連する顧客所有物を明確にし，管理するとよいでしょう．

21. 監視・測定機器管理のポイント

7.6（監視機器及び測定機器の管理）では，製品及びプロセスの検証と妥当性確認を行うための監視機器・測定機器に関する要求事項を規定しており，要求事項のポイントは次の内容です．

・実施すべき監視・測定の明確化，及び必要な監視機器・測定機器の明確化
・監視・測定の実施を確実にするプロセスの確立
・測定値の正当性を保証するために満たすべきこと［a)～e) の5項目］
・測定機器が要求事項に適合していないことが判明した場合の処置方法
・監視・測定にコンピュータソフトウェアを使う場合の確認及び実施事項

"監視"には，監視の結果によって実行される処置事項までは含んでいません．

"測定機器"は，"測定プロセスの実現に必要な，計器，ソフトウェア，測定標準，標準物質又は補助装置若しくはそれらの組合せ（ISO 9000 の 3.10.4）"を意味します．

(1) 監視・測定及び監視機器・測定機器を明確化し，重点管理する

製品が，定められた要求事項に対して適合しているかどうかを実証するために実施すべき監視・測定を明確にし，またそのために必要な監視機器・測定機器を明確にし，機器選定のコスト評価などを加味し，重要度を分析して重点管理することが重要です．

この際に大切なことは，顧客の要求事項，製品が本来具備すべき要求事項，法令・規制要求事項，組織が必要と判断した要求事項に照らし合わせて，上記項目を明確化することです．明確化された事項は，"QC工程表"などに確実に反映する必要があります．

明確化する事項は，監視・測定の目的，項目，場所，サンプリング方法，必要精度など，また監視・測定機器の正確さと精度，機器の識別方法などです．

付図21-1　測定機器リストの例

(2) 監視・測定プロセスを確立する

製品とプロセスの検証・妥当性確認に使用する方法や機器・道具（この道具にはチェックシートなどの帳票も入ります．），また調査，シミュレーション，その他の監視・測定の活動を含めて，効果的で効率的な測定・監視のプロセスを定めて実施します．

測定・監視のプロセスでは，機器・道具の状態を特定する方法を確立することも重要です．

また，プロセスのアウトプットの検証プロセスから生じる誤りを排除するためのプールフループなどの手段も十分に検討しましょう．

品質マネジメントの原則"意思決定への事実に基づくアプローチ"では，"効果的な意思決定は，データ及び情報の分析に基づいている"と記述されており，製品とプロセスの検証・妥当性確認の結果得たデータ及びそこから得た情報を，品質マネジメントシステムの継続的改善に役立てることが不可欠です．このためにも，効果的で効率的な監視・測定プロセスの確立が極めて重要になります．

　　　付図21-2　測定機器管理業務フロー図の例
　　　付図21-3　測定機器に関する標準類の例

(3) 測定の正当性を保証する

測定結果は，常に正当でなければなりません．測定の正当性を保証する場合には，次の事項を満たすとよいでしょう．

① 定められた間隔又は使用前における校正又は検証
  ・ 国際又は国家計量標準にトレース可能な計量標準に照らして実施
  ・ そのような標準が存在しない場合には，校正又は検証に用いた基準を記録
② 機器の調整，又は必要に応じての再調整
③ 校正の状態が明確にできる識別
④ 測定結果が無効になるような操作の防止
⑤ 取扱い，保守，保管において損傷・劣化しないような保護
⑥ 重要度の分析結果を反映した点検・校正の間隔
⑦ 適切な環境の維持
⑧ 機器に発生したトラブルの原因分析，再発防止処置

測定の正当性を保証する場合の手順を，監視・測定プロセスとして確立しておくことが重要です．

(4) 要求事項に対する不適合への処置を確実に行う

校正外れなど，測定機器が要求事項に適合していないことが判明した場合，次の処置をとることが必要です．

① 測定装置でそれまでに測定した結果の妥当性の評価と記録
② 機器及び影響を受けた製品に対する適切な処置
③ 校正及び検証の結果を品質マネジメントに関する記録として維持

測定機器が要求事項に適合していないことが判明した場合の手順を，監視・測定プロセスとして確立しておくことが重要です．

(5) コンピュータソフトウェアの管理手順を確立する

規定要求事項にかかわる監視・測定にコンピュータソフトウェアを使う場合には，次の事項の実施が必要です．

① コンピュータソフトウェアによって意図した監視・測定ができることの確認
② コンピュータソフトウェアを最初に使用するのに先立って確認の実施
③ 必要に応じた再確認

今後ますますコンピュータソフトウェアを活用した監視・測定が広く行われていくものと思われます．これらの監視・測定作業は目に見えにくいこともあり，過度の安心はせずに，監視・測定用のコンピュータソフトウェアについても，監視・測定機器と同様の管理手順を確立することが重要です．

22. TQMの顧客満足へ一歩踏み出すポイント

ISO 9001:2000では，顧客満足について，
① 顧客要求事項を満足しているかどうかに関して，顧客がどのように受けとめているかについての情報を監視する．
② この情報の入手及び使用の方法を決める．
ことを要求しています．

TQMへの発展を目指す場合に注意しなければならないのは，"顧客満足"という言葉そのものの意味合いの違いです．すなわち，ISO 9001で使われている意味は"まあまあかそれ以上"つまり最低合格点のイメージですが，TQMでは"お客様に喜んでもらう"，"すばらしいと評価してもらう"という意味合いで使われてきたという違いです．

したがって，ここでのテーマは"お客様に喜んでいただいているのだろうか"ということについてどのように把握し，いかにその情報を活かしていくか，ということになります．最初に大切な点はお客様が皆さんに"何を望んでいるか"をきちんと把握することにあります．ただし，これはそれほど難しく考えることはないでしょう．なぜな

ら，皆さんは必ず自分が"お客様"である場面をもっているからです．例えば，レストランに食事に行く場合，あなたは次のような"要求事項"をもつかもしれません．

- メニューが店の前にあって，頼みたい料理と予算が先に計算できる．
- 店に入ってから席につくまでの案内がスムーズである．
- 頼んでから料理が出てくるまでの時間が適度である．
- 温かい料理は温かく，冷たい料理は冷たい．
- 味付けが濃すぎも薄すぎもしない．
- 料理の素材を厳選して使っている．
- コップが半分くらいになると水を注ぎに来てくれる．
- 支払は現金，請求，クレジットカードから選べる．
- 新しいメニューを作り，何回行ってもあきない．
- 新しいメニューができるとメールで連絡してくれる．

これらの要求に対して，レストランが"うまくやって"，あなたが"すばらしいと評価"すれば，
- また食事に行く，何回も行く．
- 友人に"よいお店"として紹介する．

などの，"お客がお客を呼ぶ"という状態が実現するかもしれません．

再度強調したいのは，TQMの"顧客満足"はこのような状態をいっているのであって，"まあまあだね"ではないことです．

TQM顧客満足への発展の第1ステップではどのような活動をしていくかについて，以下に述べます．

(1) お客様の評価を把握すべき項目を決める

レストランの例のように，お客様はいろいろなことを"要求"しています．したがって，お客様の評価を体系化して把握する必要があります．それは例えば，以下のようなものです．

①事前のお客様への情報提供
- 製品やサービスの内容について，お客様に分かりやすく伝えているか．
- 注文の仕方について分かりやすく伝えているか．
- 納期（リードタイム）について正確に伝えているか．
- 価格について正確に伝えているか．
- お客様に適切な提案を行っているか．

②製品やサービスそのものについての情報
- 製品は要求を十分に満足しているか．
- 使い勝手は十分によいか．
- 寿命は十分にもつか．
- 今後の改善の要望はあるか．

③製品の提供に関する情報
- 注文の受付はスムーズであったか．
- 約束した納期は妥当なものか．
- 製品に対して価格は妥当であったか．

④事後のお客様との接点に関する情報
- アフターサービスはきめ細かく行われたか．
- 交換用の部品は簡単に入手できたか．
- クレーム対応は十分に迅速であったか．
- お客様との対応窓口は十分に分かりやすいか．

項目数が多くなりましたが，TQMへの発展の第1ステップとして，TQM 9000発展表の網かけ部分の情報を捉えることから入ってみることも，効果的と考えられます．"品質展開"という手法の活用も，項目の設定には役立つと思われます．

(2) お客様の評価を把握する方法を決める

お客様が実際にどのように受けとめているかを把握するためには，大きく分けて"こちらから情報を取りに行く"ものと"情報が入ってくるのを待っている"ものがあります．また，それぞれに具体的には，次のような方法が考えられます．

"こちらから情報を取りに行く"事例
①お客様に"直接"聴く
- (1)の項目に従ったアンケートやヒアリングを実施する

②間接的に把握する
- 新しいお客様の数
- 顧客による紹介の件数
- リピーターの率

"情報が入ってくるのを待っている"事例
- お客様からの苦情やおほめの言葉
- お客様相談窓口の開設

(3) 情報を分析して，その情報を使用する部署（プロセス）へフィードバックする

情報はただ集めても意味がありません．大切なことはその情報を活動に活かすということです．(2)で把握した情報をどこで活かすかの整理をしてフィードバックし，"何かを変える"ことが重要です．

例えば，アンケート調査で，"アフターサービス用のダイヤルに電話しても話中でなかなかつながらない"というような情報が入っ

てきた場合，サービス部門に伝えれば回線数を増やす（変化）かもしれません．一方，電話の件数を想定して回線数を決めた部門に伝えると，今後の電話件数の想定の仕方＝手順を変える（変化）かもしれません．

製品そのものの機能や性能にかかわる情報は，企画部門，設計部門，製造部門などに伝えられ，上記と同じような変化をもたらしていなければ意味がないと考えられます．

さて，これまでは，お客様に"まあまあだね"ではなく，"喜んでもらう"ための"顧客満足"を得るための情報収集の方法を述べてきました．しかし，この"まあまあだね"というレベルでさえ満足させないような事態が起きると，それがまさに"クレーム"となるわけです．この"クレーム"の情報に対しては，次のような特別な配慮が必要となります．

(1) クレーム情報は，会社にとって決して楽しいものではありませんが，これを放置しておくことによる経営への大きな影響や，この情報を活かすことによるメリットを考えると，非常に重要なものです．この重要さを社員全体に徹底することが大事です．

(2) クレーム情報が潜在化しないようにするためには，不特定多数のお客様を対象とするような製品では"お客様相談室"のような窓口を設定しておくことも重要です．また，クレーム情報は，必要事項がもれなく正確に把握される必要があります．そのために"クレーム処理票"の様式を決めて，受付時にこれに記載しておくなどの工夫をするとよいでしょう．

(3) クレーム情報は，以下の点に留意して分析をしておく必要があります．
①現品を克明に調査し，必要に応じて現場で実地調査を行う．
②原因は次のように多面的に究明をする．
・欠陥発生のメカニズムと管理上の問題点
・発生原因と流出原因
・関連標準との関係
・品質マネジメントシステム上の問題点

なお，"クレーム分析"の詳細については，『超ISO企業』（日科技連出版社）及び『超ISO企業実践シリーズ4 経営課題 お客様クレームを減らしたい』（日本規格協会）にも記載されています．

23. 内部監査実施のポイント

TQMの基本的な考え方の一つに，"よい製品はよいプロセスから生まれる"ということがあります．ISO 9001で要求している内部監査は，このプロセスの集まりであるシステムが"決められたとおりに動いていて"，"望んでいた効果が得られているか"に目を向けて，もし問題があれば是正処置でこれを"たたく"ために行う活動です．

さて，ここで気をつけなければいけないことは，第一に，"決められたとおりに動いているか"というチェックは"形式的"に行うことも可能で，望んでいた効果とは全く関係なしに結論が出せるということです．そして第二は，仮に，望んでいた効果が得られていても，それが効率的に，言葉を変えて表現すれば，手際よく，最短距離で達成されているか，ということとは，場合によっては一致しないということです．

(1) 内部監査では，システムと結果とを結びつけ，効率も見つめる

TQMで推奨する内部監査の第1ステップは，

①監査対象のプロセスを設定した目的，目標は明確か．
②プロセスは設定されたとおりに動いているか．
③その結果，目的，目標（とした指標）は達成されているか．
④達成のために"ムダ"なことは含まれていないか．

という四つの観点から事実を見つめることです．

例えば，デザインレビューの手順に設計部門だけでなく，生産技術部門や営業部門が参加することになっているとします．この手順は一体"何のために"設定されたのでしょう．

設計段階で，製造の容易さや生産性，市場での使われ方等を含めてきちんと検討するために二つの部門が参加し，十分に役割を果たしていれば，製造開始時にうまく作れない混乱や，市場ニーズとの食い違いから起きる設計変更の件数は"結果として"少なくなるはずです．逆に，両部門が参加しても立ち上がりの混乱や設計変更件数が参加しないときとなんら変わらない状況であれば，参加そのものが"ムダ"かもしれません．場合によっては，目的，目標そのものが明確に定められていないということが，明らかになるかもしれ

ません．

(2) 内部監査の目的を使い分ける

定期的な内部監査は，上記のとおり設定されたシステムの遵守状況とその効果，効率を見つめます．皆が決められたルールを守っていれば，"大きなリスク"は避けられるかもしれません．この場合，監査の目的はリスクの回避，又は発見といえます．一方，何らかの思わしくない結果，つまり，不良率や顧客クレームの増加，リピーターの減少などが起きた場合に，その"原因となっていそうな"プロセスを特定して実施する，いわば問題解決を目的とした内部監査も必要となる場合があります．

(3) 監査員に求められるスキル

上記のとおり，内部監査員には，原因となるプロセスやシステムと，結果となる目的，目標（指標）の達成状況を結びつけて見ることができるスキルが求められます．QC七つ道具の"特性要因図"に関する教育・訓練は，この点でよい効果をもつといえます．

さらに大切なことは，(1)で取りあげたように，効率を追求するために改善提案ができることです．ISO 9000認証取得活動の過程で，不幸にも"重すぎるシステム"を作ってしまった場合，内部監査員は効果がないシステムを"ムダ"だと指摘する"大胆さ"をもつべきですし，適合状態だからといってよしとせず，常によりよい方向を目指す"細心さ"をもつべきです．

このためには，前記の特性要因図だけではなく，工程フロー図やQC工程表などの"考え方"を含んだ品質管理全般の教育が効果的です．

(4) 内部監査時の改善提案と報告書

内部監査の手順を設定するにあたって，不適合を発見した場合の報告書式に加えて，監査員が改善提案を行う場合に使用する書式を用意すると便利です．

(5) 是正処置

内部監査で指摘される不適合は，典型的に"あるルールが決められたとおり動いていない"という形を取ります．ここでまず大事なことは"だからどうなんだ"という姿勢です．もちろん，監査員の指摘に逆らうことが目的ではありません．ルールそのものが効果や効率という観点で意味をもっていれば，指摘された不適合は何らかの"現実の問題"か"問題発生のリスク"に結びつくはずです．一方，

何の意味も見出せなければ，単にシステムを重くして効率を悪くしているだけかもしれません．指摘に対して"素直すぎる"ことは，無意味なシステムにさらに屋上屋を重ねる結果になりかねないことに注意してください．

是正処置を検討する場合，それで再発が防げるか，実際に行えるか，手際のよいやり方か，という視点をもつことも大切です．いくつかの案を作って比較することが必要な場合もあります．

(6) フォローアップ活動

フォローアップの最大の関心事は是正処置がうまくいっていて，同じ問題が発生していない，ということです．また，それまでの改善提案についても，どのように取り込まれ，結果としてどのような点がよくなったかを確認するとよいでしょう．

24．プロセスの監視・測定のポイント

ISO 9001:2000の"プロセスの監視及び測定"に関する要求事項は，

①"QMSのプロセス"を"適切な方法"で"監視する"，適用可能な場合は"測定する"こと

②プロセスが"計画したとおりの結果"を出せることを"実証する方法"であること

③計画した結果が達成できない場合は，"修正及び是正処置"を適宜講じること

です．

TQMへの発展を考える場合，ファーストステップとして大切にすべきことは，

①計画段階で"ねらい"を具体的に定める．

②同様に，"ねらい"の達成度合いをどのように監視，測定するかを定める．

③"ねらい"には製品品質に関することだけでなく，"コストや効率"，"納期"に関することを含める．

④これらのことがQC工程図のようなツールを使って体系化されている．

⑤ねらった結果とプロセスの関係を特性要因図のようなツールを使って，改善する．

ということがあげられます．

(1) プロセス設計を行い，目標レベルや評価基準を設定する

例えば，業務用のハンバーグを提供している場合，ハンバーグの大きさや焼き具合，色合いなどは製品設計で決定します．一方，そのハンバーグをどのように作るか，どうやっ

て焼くかを検討し決定することは，プロセス設計に当たります．成形されたハンバーグをオーブンで焼くようなケースでは，オーブンの温度設定や，一度に焼く個数，焼く時間などの設定を決定します．

　TQMへのファーストステップとしては，このプロセス設計を行うときに，製品品質（例えば，うまく焼けた状態や不良品の発生など）だけでなく，1時間当たりいくつ焼けばよいのか（効率や納期に関する指標）などを決定しておきます．同時に，プロセスを監視，測定する項目として温度，時間，個数の基準値と，監視のタイミングや具体的な方法等を設定します．

　QC工程図のようなツールに上記の内容を記述して，整理していくと管理の対象や方法が明確にできます．

(2) プロセスの監視，測定の結果を分析し，プロセスの改善を実施する

　プロセスの監視，測定で得られた情報と製品の監視，測定で得られた情報を組み合わせて見つめてみることが，分析に当たります．上記の例では，オーブンの温度設定（プロセス）とハンバーグの焼け具合（製品），あるいはその合否の程度は製品品質に関する"ねらい"を達成できているか，という視点で捉えることができます．

　さらに，TQMへの発展では，例えば，オーブンの温度設定と時間当たりの製品数量の関係に着目してみると，"温度を10度上げれば，加熱時間を5％削減できる"といった，コスト，効率，納期に関連する分析を行い，設定を変化させていくようなダイナミックな活動に結びつけていきます．

25．製品の監視・測定のポイント

　ISO 9001:2000の"製品の監視及び測定"は，1994年版の"検査・試験"の要求項目から"受入検査"が切り離され，細かな要求内容が姿を消しましたが，基本的な要求内容はそれほど変わっていないといえるでしょう．2000年版で要求しているのは，次の事項です．
　①製品要求事項が満足されていることを検証するために製品特性を監視・測定（検査）する．
　②合否を判定した"記録"を維持する．
　③計画されたすべての活動が完了するまでは出荷してはならない．

これは，検査の判定基準をきちんと決め，そのとおりに検査することによって品質保証を達成しようということで，検査基準，すなわち"計画"に間違いがないということが前提となっています．しかし，TQMの観点からいうと，この"計画"の作り方こそ重要であり，加えて"実施"の結果で得られた情報を活かすことが重要なのです．

(1) 監視・測定及び監視機器・測定機器を明確化し，重点管理する

　1) 顧客の要求事項を正しく把握して，適切な検査項目を決める

　"計画"が適切でなければ，いくら"実行"がうまくいってもその効果は十分なものとはなりません．検査においてもその検査項目が，顧客の要求事項を反映していなかったら，いくらやっても気休めにすぎません．それだけでなく，せっかくの努力の結果がムダになってしまうこともあります．

　ある部品メーカが，外観の小さなきずをこれまでと同じように厳しい検査をしていたところ，その製品は実際には，ケースの中に入ってしまい見えないところで使われていたため，それほど厳しい品質を要求しておらずに，多大なムダを発生させていた例もあります．供給する製品の使用目的や使用方法を十分に理解しておくことがいかに重要かということです．顧客がその仕様を提示してきた場合でも，それを鵜呑みにせず，顧客とのコミュニケーションを十分にとり，検査項目を適切に決めることは，ぜひ必要なことです．

　不特定の顧客を対象とした自社開発型の企業などの場合は，お客様ははっきりと検査項目を明示してくれません．この場合は，企業自らが決めなければなりません．そのためには，顧客の要求事項を品質特性（値）に変換することがまず必要です．TQMではこれを行うための方法として"品質展開"という手法があります．この手法を使うかどうかは別としても，このような考え方でまずは検査項目となるべき"品質特性"を明確にする必要があります．

　　付図25-1　"要求品質→品質特性"変換の考え方（品質表：ガスライターの例）

　2) 効率的な検査方法を設計する

　下請企業でよく見受けられるのが，発注企業の受入検査規格や提示された仕様をそのまま，自社の最終検査に使用して検査を実施している方法です．間違いのない方法ですが，これは必ずしも効率的ではありません．なぜ

かというと，最終検査で不合格が発生すると，そのロスが非常に大きくなってしまうからです．どの段階でどんな検査をするかという問題は大事なことです．

また，検査規格に載っている検査項目を全部やりきれずに，その一部をカットしていることもあります．必要のない検査は当然やることはないのですが，製造工程の作業方法や管理方法をにらみ合わせ，合理的に設計したいものです．そのためには，要求されている事項は，部材の調達から始まって，製造の各工程を経て出荷までのプロセス全体を見通して，検査をすることが本当に必要かということも含めて，最も効果的な検査方法を設計するとよいでしょう．

これを行うためには，例示するような表を使って，顧客から提示された要求仕様を，
①設計で保証されている．
②製造工程中で保証する．
③部品や原材料の検査で保証する．
④工程内の検査で保証する．
⑤最終検査で保証する．

検査方法の種類	特　徴
①全数検査	膨大な作業量を要するために極力避けたい方法ですが，非常に重要な特性で一品たりとも混入を許さないような場合はこれを採用します．自動試験機などによって，これを効率的に行う工夫も必要です．
②抜取検査	最も一般的な方法ですが，大別すると計数検査と計量検査があります．計量値で検査できるものは，少ないサンプルで多くの情報を得ることができるので，これを効果的に使うことです．また，いずれの場合でも，以下の事項についての十分な検討が必要です． ・サンプリング方法：ランダム，層別，系統，集落，2段などのサンプリング方法があります．検査ロットを明確にしておくこと． ・品質水準：顧客と生産者の合意が基本です． ・抜取検査方式：抜取数と合否判定基準を明確にします．
③無試験検査	製品の品質情報や技術情報に基づいて，サンプルの試験をせずに合否の判定をする方法です．
④間接検査	受入検査で供給側のロットごとの検査成績を必要に応じて確認することによって，受入側の試験を省略して合否を判定する方法です．

というように，付図25-2のような表を利用して，層別してから検査方法を決めるようにするとよいでしょう．

付図25-2　要求仕様（品質特性）の層別方法

3) 合理的な検査方式を設計する

どこで，どのような品質特性を検査するのかを決めると同時に，検査の方法もどのようなものにすると最も効果的なのかを考えて，一番よい方法を決める必要があります．検査の方法には，大きくは次の三つがあります．これらの方法を効果的に組み合わせるとよいでしょう．

ここで，"全数検査"は"抜取検査"に，"抜取検査"は"無試験検査"や"間接検査"に移行することを目標にして，日々改善に取り組んでいくことが大事です．

(2) 検査の情報を活用する

もう一つ重要なことが，検査の情報を前工程にフィードバックするということです．検査とは，"試験（測定）をして，その結果をあらかじめ定めた基準と比較して合否の判定を下すこと"です．しかし，同じ検査をするならば，ただ合否の判定という1回きりの業務でなく，その結果が企業にとって何倍も役に立つようにしなければ，もったいないことです．まずは，重要工程についての情報を，以下のように収集・分析して，その工程に提供することから始めるとよいでしょう．

①ヒストグラムや管理図で工程能力を把握する．
②折れ線グラフや管理図（グラフ）で時系列的な傾向を探る．
③層別ヒストグラムや層別散布図等で，機械別，業者別，型別などの違いを探る．

26. 不適合製品管理のポイント

不適合管理とは，不適合な製品・サービスが誤ってリリース（後工程に進行）し使用されたり，顧客に引き渡されたりしないようにするという重要な活動で，規格が4.2.1（一般）で要求する"文書化された手順"を要求している六つの項目の一つであり，また，4.2.4（記録の管理）に規定される記録の管理の対象にもなっています．ここで，製品には，完成品だけでなく原材料，部品や半製品も含まれます．

不適合管理では，以下のことが大切です．

26. 不適合製品管理のポイント

(1) 不適合の判定基準及び責任・権限の明確化

　顧客の要求事項，法規制，社内の製品規格などから，受入検査，工程内検査，最終検査などそれぞれの段階での適合・不適合の判定基準を明確に決めて，検査規格などの形で文書化します．

　そして，そのような不適合が発見されたときの処置を誰がどのように行うか，責任・権限や手順などを明確にし，文書化してください．これにはフロー図を使うと便利です．最終的に誰が決定するかは，不適合の与える影響の大きさによって，分けられるべきです．

　　付図26-1　不適合管理のフロー

(2) 不適合製品の識別

　誤って使用されたり，引き渡されないためには，まず不適合製品を正常な製品と区別できるようにすることが必要です．一般に，現物に不適合を示すタグやラベルをつけたり，不適合製品だけを特定の場所に保管するなどの処置をとります．タグや不適合製品の保管場所の表示は，例えば大きく，赤色を使うなど目立つものにして，関係者に分かりやすくしてください．

(3) 不適合製品の処置の決定

　不適合製品の処置には，次のものがあります．

①手直し：これは不適合を取り除き，要求事項に適合させることです．

②修理：これは，意図した用途には使えるように不適合部に何らかの処置をとることで，この場合，修理した後どのような再検証，例えば再検査などをどうするかなどを明確にしておくことが必要です．修理は時間に追われて行うことが多いものですが，うっかり再検証をしないで後工程にリリースすることがないよう，仕組みをしっかり作っておきましょう．

　修理は，正常な場合と異なる手順，例えば手作業で行われる場合がありますので，再検査の条件をどのように決めるか，通常の場合と同じでよいか，より厳しいものにするかなど，慎重な検討が必要です．

③特別採用：顧客の要求事項の一部を満たさない場合に，顧客の承認を事前に得たうえでリリースすることで，その承認を誰がどのように申請し確認するかを明確にすることが必要です．特別採用は，その不適合が，顧客の使用に実用上問題ないと判断される軽い内容の場合に限るべきです．

④再格付け，廃却：この場合，誰がそれを行うべきか明確にし，確実に再格付けや廃棄処分が行われるようにしてください．

(4) 不適合の影響の評価と処置

　規格は，製品を（顧客に）引き渡した後で不適合が発生したときに，その影響を評価し必要に応じて処置をとることを要求しています．不適合の影響を評価するには，まずその真の原因を追究し，それがいつから発生しているか，したがってどの製品の範囲に影響が及んでいるかを明確にすることが必要です．

　7.5.3で要求されている識別及びトレーサビリティがこのときに活きてきます．この活動は，製造物責任問題への対応などに関連する重要なものです．(1)で述べた手順には，ここまでも含めることが必要です．

(5) 不適合情報の活用

　不適合は，品質マネジメントシステムがもつ何らかの欠陥の結果として発生します．それだけに，不適合が発生したときに，その原因を追究しそれを除去し，さらに潜在的な欠陥があればそれも未然に発生を防ぐことが大切です．原因の追究では，QCストーリーに則り，事実(データ)に基づくことが大切です．これらは，8.5.2（是正処置），8.5.3（予防処置）において規定され，付図29-1でも説明されていますので参照してください．

　また，それらの活動を有効なものにするためには，どのような不適合が，いつ，どの製品で，どの工程で発生しているか，データを収集し解析することが必要で，これも8.4（データの分析）に規定されています．データの収集では，コンピュータを活用して，もれなくスピーディに行えるようにすることも重要です．

　不適合は発生しないに越したことはありませんが，発生した場合はシステムの弱点を顕在化させ強化させる機会でもありますので，そこから多くの情報を取り出して活用し，システムの改善に結びつけたいものです．

(6) クレーム品の処理

　"不適合製品"の一つとして，お客様のところで発見された"クレーム品"があります．これについての処理は，上記の処理だけでなく，以下の点についても留意しておく必要があります．

・お客様に対するスピーディな処理（交換，手直しなど）

・同一製品についての処置（流通経路にあ

るもの，工場にあるもの，倉庫にあるものなど）
- 同様な製品についての処置（クレーム品と同一の部品，機構，原理などをもった製品への処置）
- お客様への情報の公開の必要性

なお，"クレーム品の処理"の詳細については，『超ISO企業』（日科技連出版社）及び『超ISO企業実践シリーズ4 経営課題 お客様クレームを減らしたい』（日本規格協会）にも記載されています．

27. 品質情報収集・分析のポイント

ISO 9001:2000 では，"品質マネジメントシステム"の適切性や有効性の実証，そして有効性の継続的改善に結びつくようなデータを明らかにして，収集し分析することを要求しています．TQMへの発展の第1ステップで考えなければならないことは，この要求に加えて，"製品"そのものの改善や，品質マネジメントシステムの"効率"の改善に目を向けることです．さらに，Q（品質）だけでなく，C（コスト）やD（量・納期）にも目を向ける必要があります．

これは例えば，乗用車のユーザが低燃費志向にシフトしてきているという"データ"を把握して，低燃費エンジンの開発や部材の軽量化に結びつけることであったり，棚卸資産回転率という"データ"を利用して，全社的な在庫の削減を行う，ということを意味します．

(1) "有効性"と"効率"の違いについて

ある会社が"お客様に不良品を出荷しない"という目的をもっていて，これに対応するシステムとして人海戦術的な全数検査を実施しているとします．この結果，確かに不良品が顧客の手に渡ってしまうことは防げているとしたら，このシステムは"有効＝目的に対して役に立っている"といえます．一方，検査員の人件費，不良品の処理費用，さらに検査要員や原材料，設備を売れるものを作ることに割り付けたときの機会利益のことを考えた場合，このシステムは"効率的＝目的に最短距離で到達する"とはとてもいえません．このやり方ではお客様は喜ぶかもしれませんが，会社はつぶれてしまうかもしれません．TQMが"効率"を大事にするのはこの点からです．

(2) 収集・分析すべき"データ"

上記のような視点から，どのような"データ"を収集・分析するべきかについて，以下に記述します．

① 品質マネジメントシステムの有効性に関するデータの例
- 品質目標の達成度
- 製品不良率
- 顧客の苦情
- 監査での不適合件数
- 是正処置実施後の再発件数あるいは再発率

② 製品に関するデータの例
- 製品不良率
- 顧客の苦情
- 製品別売上げ

③ 品質マネジメントシステムの効率に関するデータの例
- 製品不良率
- 工程能力
- 設計開発リードタイム
- 製造リードタイム
- 監査時の改善提案
- 苦情処理費用と製品別売上げ
- 生産量とスペース
- 在庫量又は率
- 労働生産性や資本生産性のような会計指標

これらのデータを"誰が"，"いつ"，"どのように"収集し，分析するかを決めておくことも大切です．特に，データを分析しきれないほど集めても意味はありませんから，第1ステップでは上記の例から"できる範囲"で計画するとよいでしょう．

(3) 分析について

データの収集，分析は，その結果を"利用し"，該当するプロセスに反映して，そこの"何かが変わる"ために行う活動であることに留意してください．したがって，分析にあたっては推移グラフや，特性要因図，パレート図のようなQC七つ道具レベルの手法を活用してください．

こうした分析を行う要員には，品質管理全般の教育が必要となるでしょう．

28. 統計的手法活用のポイント

統計的手法は，プロセスがもつ多くの情報の中から問題点を顕在化させ，真の原因を突きとめる

という問題解決活動から，より高い目標の達成・新しい技術の開発を目指す課題達成活動などの幅広い分野で活用できる極めて有効な手法であり，積極的に活用することが望まれます．

規格では，統計的手法に対して簡単にしか要求していません．8.1（一般）に"…統計的手法を含め，適用可能な方法…を含めること"とあるだけです．しかし，8.4（データの分析）や 8.5（継続的改善）などの要求事項を効果的に達成するには，統計的手法の活用が不可欠といっても過言ではありません．

統計的手法は非常に幅が広くそれぞれに特徴があり，組織のもつ多様な問題や課題に対して，適切に選択して活用することが必要です．すなわち，組織はどのようなときにどのような統計的手法を活用するか，決めなければなりません．

(1) 目的の明確化と適切なデータの選定

QC の基本は，"事実に基づいて管理する"ことです．事実をつかむにはまずデータが必要です．統計的手法は，そのデータの中から意味のある情報を科学的に，効率よく引き出すための道具です．

まず，なぜそのデータをとるのか，目的を明確にすることです．データをとる目的には解析用，管理用，検査用，実験用などがあり，それぞれに合ったデータの種類，サンプリングの方法があります．例えば，工程の管理用であれば工程の安定状態が把握できること，そのためには工程を代表する特性値を適切な間隔，例えば毎日，シフト交代ごと，ロット切り替えごとなど，目的に応じてサンプリングすることが必要です．

(2) サンプルと母集団

統計的手法は，データから明快な結論を出してくれます．私たちは，その結論と固有技術を組み合わせて決断し，工程（母集団）に対して行動します．したがって，データをとる場合，サンプルと母集団の関係を明確にすることが必要です．もとのデータがどのような母集団を代表しているのかをしっかり把握すること，新しいデータを取るときは目的とする（行動の対象となる）母集団からサンプル取りすること，が必要です．

(3) 統計的手法-1: QC 七つ道具

統計的手法の基本となる手法であり，多くの問題は QC 七つ道具を活用することで解決の手がかりが得られるといわれています．その中でも，計量値（長さ，重さ，強さなどの"測るデータ"）に対しては，ヒストグラムと管理図が重要です．

よく知られているように，ヒストグラムを活用すれば"分布のおおよその形，中心位置，ばらつきの大きさ，規格との関係"が，管理図では"時系列的な推移，工程の安定状態，異常の特徴"など，数字を見ただけでは見逃される重要な情報を，目で見える形で明快に示されます．

ただ，ここで注意しなければならないのは，これらの手法を正しく使うことです．いくつかの例をあげます．

例 1： ヒストグラムでは，柱の幅，柱の数を適切に選ぶこと，特に柱の幅を測定単位（データの最小のきざみ）の整数倍にすることです．これを誤りますと，本来滑らかな分布をしているデータから"歯抜け型"などの異常なヒストグラムが得られ，誤った判断を下すことになりかねません．

付図 28-1　ヒストグラムの作り方の例

例 2： 管理図では，群の作り方が重要です．群のもつばらつきを小さくしすぎた場合，例えば同じサンプルで測定を繰り返したデータで群を構成した場合には，$X\text{-}R$ 管理図に異常が多発し，見かけ上工程が安定状態にないという判断をしてしまいます．

また，管理図を有効に活用するには，単にデータをプロットするだけでなく，そのデータに影響し得る要因系の情報を管理図上に記入して，点の動きと対比することが大切です．

付図 28-2　管理図の作り方の例

(4) 統計的手法-2：検定・推定，実験計画法，多変量解析

検定・推定及び実験計画法は，少ないデータから効率的に情報を取り出す手法，多変量解析は，工場の操業データやアンケートなど複雑な多数のデータから目的とする特性に関連する情報を取り出す手法です．それぞれに特徴がありますが，その概略は次のとおりです．

①検定・推定

工程の母分散（ばらつき）や母平均がどのような値か，従来と変わっていないか，変わっているとすればどのくらい変わっているか，二つの工程の間に差はないかなどを，少ない数のデータで検討する手法です．

必要なデータの数は，数個から20個前後です．工程から得られたデータの解析，実験結果の解析のいずれにも適用できます．

②実験計画法

品質に影響し得ると考えられる要因が，本等に効果があるのか，あるとすればどの程度か，二つの要因の間に交互作用がないかなどを，比較的少ない実験回数で結論を出す手法です．検討したい要因の数によって，1元配置から直交表まで多様な方法があります．

実験計画法は，要因と水準を巧妙に組み合わせたもので，その名のとおりある目的に対して計画的に実験を組んで効果的に解析する場合に使われる，極めて有効な手法です．

③多変量解析

工場でとれる操業データは，実験計画法で得られるデータのように，要因の組み合わせが制御されていませんが，その代わり多数のデータがあるのが普通です．多変量解析は，このようなときに有効な手法で，目的とする特性値やそれに影響する要因の性質によって，重回帰分析などいくつかの手法があり，工場に限らず営業活動におけるアンケートの解析など，多様な分野で活用されています．

なお，実際，多変量解析の計算は大変複雑で，コンピュータで行います．最近は，日本科学技術研究所のQCASなど，コンピュータで十分対応できる便利な統計解析ソフトが市販されており，活用されるとよいでしょう．

(5) 固有技術と統計的手法

組織がその競争力を高めるには，その組織のもつべき固有技術のレベルが高いこと，その基盤として個々の従業員が担当する分野での固有技術を常に研鑽し，高めていくことが必要です．

統計的手法は，固有技術を改善し改革していくときに，より早く再現性ある結論を得るための強力な武器であり，それだけ従業員の力量をより早く，より高くすることにつながります．すなわち，統計的手法，あるいはQC的なアプローチ（QCストーリー）は品質管理の担当者だけでなく，組織の全従業員に共通する汎用技術なのです（外国商社に勤める人たちにとっての英語のようなものです．）．

このため，組織としてQC的なアプローチや統計的手法に関して，どのような教育が従業員に必要かを明確にし，入社後の早い段階から基本的な知識を教育していくことが必要です．また，統計的手法は，実際に適用すること，また学習したことを教えることで，より確実に身につきます．専門家による社外教育に加えて，社内講師による勉強会・教育を行ってください．教えることで，実はよく理解できていなかったことが分かり，それをきっかけとして，理解を深めていくことをしばしば体験するものです．

(6) その他

統計的手法は明快に結論を出してくれますが，先に述べましたように，データが適切でなければ，あるいは手法の使い方が適切でなければ，誤った判断をしてしまいます．これについては，多くのテキストが日本規格協会や日本科学技術連盟から発行されていますので，参照してください．

また，基本的な習慣として，データがとれたらまず生データをグラフにして特徴をよく見ることによって，そのデータの素性はどうか，異常なものがまぎれ込んでいないか，このまま統計的手法にかけて判断してよいか，などを考えることを，ぜひ心がけていただきたいと思います．

29. 効果的な改善実施のポイント

(1) "改善"の対象を"製品"まで広げる

ISO 9001:2000の"継続的改善"は，次のような要求となっています．

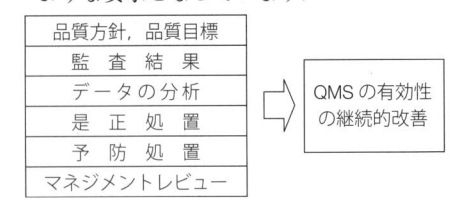

品質方針，品質目標
監査結果
データの分析
是正処置
予防処置
マネジメントレビュー

⇒ QMSの有効性の継続的改善

ISOでは，このように"改善"の対象を"品質マネジメントシステムの有効性"に限定していますが，これをさらに効果的にするには，"システム"だけでなく，"製品"の改善（品質向上）を目指すことが必要です．

企業の競争力は，製品の競争力そのものです．ISOでは，"顧客の満足"をそれほど高いレベルに設定していません．しかしこれに甘んじることなく，現状よりももっとよい，他社よりも高いレベルの品質を目指した改善

を明確に意識して進めていくことが重要です．

また，改善の手段として六つの事項を並列してあげていますが，これらを"改善の流れ"として明確に意識して活動を進めていくことが必要です．ISOの要求事項をベースにした"改善"の流れを整理し，その目的として"製品の改善"を追加して図示しました．

付図 29-0 ISO をベースにした"改善"の流れ

この図からも，改善活動には，次のようなものがあることが分かります．

①品質方針・品質目標を定め，この達成に向かって進める改善活動（品質方針，品質目標）
②"顧客満足"を適切に捉え，この情報を"データ分析"して取り組むべきテーマを明確にして行う改善活動（顧客満足）
③内部監査を主体にして，システム上の問題点を明らかにして，これを改善していく活動（内部監査）
④マネジメントレビューを活用し，システムや製品の改善テーマを明確にして，これに取り組んでいく活動（マネジメントレビュー）
⑤社内で得られる品質情報や，供給先の品質や評価の情報を収集して，この"データ分析"をして取り組むべきテーマを明確にして行う改善活動（予防処置）
⑥顧客からの苦情や，発見された不適合に対して，完全な再発防止対策を図ることでシステムや製品の改善を図っていく活動（是正処置）

これらの活動を効果的に行っていくための，それぞれに共通する基本的な事項は，次のとおりです．

(2) QCストーリーを活用して"管理のサイクル"を回す

ISOでいう"継続的改善"とは，"顧客の満足に向けて絶えまない活動"といえますが，やはりこの改善の考え方は，下図のような，

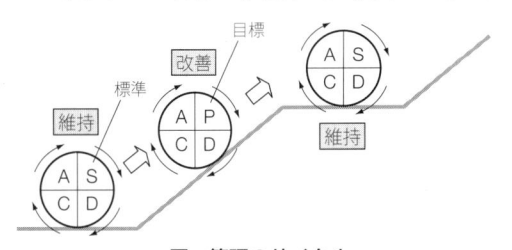

図　管理のサイクル

"維持"と"改善"の階段を一歩一歩着実に上がってレベルをアップしていく活動でありたいものです．

そのためのポイントとなるのが，"PDCAの管理のサイクル"を確実に回す取組み方です．ここで，"維持"のための管理は，標準を文書できちんと決め，これに従って実行して，標準どおりに実行しているかどうかをチェックして，ギャップがあればこれを是正する活動（この場合はPDCAサイクルの代わりにSDCAサイクルということがあります．）であり，まさにこれまでの1994年版のISOシステムそのものです．

2000年版の規格では，これに"改善"のサイクルも加わったわけですが，このような管理のサイクルを明確にはしていません．私たちは，この改善のためのPDCAの管理サイクルをしっかりと意識して回して，システムや仕事のやり方，そして製品の品質を着実に上げていくことが大事です．これを効果的に行うのが，"QCストーリー"といわれる問題解決の手順です．この手順を，是正処置，予防処置は当然のことながら，さらには品質方針・目標を達成する活動など，あらゆる場面で活用していくように心がけましょう．

付図 29-1 QC的問題解決の手順

(3) QC七つ道具などのQC手法を活用する

QC的問題解決手順の中で特に大事なのが，"現状の把握"と"解析"です．事実に基づいてしっかりと現状を把握し，問題の原因と結果の因果関係をできるだけ定量的につかまえることなしには，真の改善は達成されません．高度な手法はともかく，まずは基本的なQC七つ道具を完全にマスターして，これを活用することが近道です．

そのためには，まず"教育"が必要です．そして管理者が，これを率先して使うことから始まります．詳しいことは，ポイントの28（統計的手法活用のポイント）を参照してください．

付図 29-2 QC七つ道具

(4) 改善の成果を標準化し，水平展開もする

せっかく苦労して行った"改善"も，うっかりして再び坂道を転げ落ちて"もとの木阿弥"になってしまっては大変です．こうならないように，しっかりと"歯止め"をかけておく必要があるわけですが，まずは"標準化"をしておきましょう．このような活動を繰り返して，会社のレベルがどんどん上がってい

くわけであり，この"標準化"はまさに会社の財産といえるでしょう．

また，効果をより大きくしていくための有効な活動は"水平展開"です．一つの改善で得られた情報は，必ず，その結果を同じように活用できるところはないだろうかと考えるくせをつけることが大事です．

そのためには，ポイントの30（是正処置実施のポイント）や31（予防処置実施のポイント）で紹介するように，レポートの様式で歯止めをかけておくことも有効な手段です．

水平展開は，以下の点に着眼して考えるとよいでしょう．

① 同じような構造の機械はないか．
② 同じような作業方法をしているものはないか．
③ 同じような材料を使っているものはないか．
④ 同じような設計をしている製品はないか．

(5) "効率"を意識した改善を進めよう

ISOの"継続的改善"は，"システム"を対象としたものであることは最初に述べたとおりですが，もう一つの特徴はその"有効性"に関しての改善です．つまり，"効率"が少しくらい悪くても"効果"が上がればよいのです．しかし，これに甘んじてあまり考えもせずに形だけの処置を打っていくと，いつのまにか重いシステムにどんどんなっていってしまうから注意が必要です．

内部監査などで発見された"不適合"は，システムのやりにくさを発見するチャンスです．"もっとやりやすい方法はないか"という視点で考えて，"効率"をアップする改善にも取り組みましょう．また，認証を取得するときには，理解不足や審査対応のために重くなってしまいがちなので，取得した後に一度は，システムのスリム化の改善のために，組織的な取組みをするとよいでしょう．

30. 是正処置実施のポイント

ISOでは"是正処置"について，以下の事項を規定しています．

① 不適合（顧客からの苦情を含む．）の内容確認
② 不適合の原因の特定
③ 不適合の再発防止を確実にするための処置の必要性の評価
④ 必要な処置の決定及び実施
⑤ とった処置の結果の記録
⑥ 是正処置において実施した活動のレビュー

不適合が発生したら，真の原因を追究し，原因に対する効果的な対策を考え，再発防止の対策を確実に打っていくこと，これをしっかりとやることが，品質管理の基本中の基本です．

ところがこれが，なかなかできないのです．ISOは，この基本を徹底するのに大変有効ですが，これをさらに効果的にするためには，以下のようなことに留意することです．なお，ここでは，製品や，製品の実現プロセスに関する是正処置に絞って説明します．

(1) フロー図を活用して，組織の力を集めて体系的に実施する

不適合が発生すると，誰が受け付けて，誰が是正処置の指示をして，誰が解析をして，誰がその検証をするのが一番効果的なのでしょうか，いい換えると，会社のもてる力を一番発揮できる人は誰なのでしょうか．情報はどのように流れると，一番スムーズに流れていくのでしょうか．是正処置の流れをフロー図に整理してみましょう．フロー図で滞りなく流れるようでないと，ましてや実際の業務の中で，うまくいくはずがありません．

線があっちへ行ったり，こっちへ行ったり複雑な流れになっていないかも，ここでは大事なチェックポイントです．責任と権限を重複させずに，シンプルな仕組みにするのもこの際にやっておくとよいでしょう．

この流れの中で"キー"となるのは，是正処置の要否の決定者です．発生した不適合すべてに対して，完全な再発防止対策が図れることに越したことはないのですが，限りある時間の中で，すべての不適合に対応できない場合もあります．そんなとき，その問題の大きさを冷静にジャッジできる人がこれをやることが重要です．

また，進捗を管理する人も決めておくとよいでしょう．いったんやると決めた不適合の是正処置は，やり遂げなければ次第に形骸化してきます．

以上の事柄を考慮した，基本的な是正処置の例を次に示します．これを参考に，あなたの会社のフロー図を作ってみてください．

付図30-1 是正処置の基本フロー図の例

(2) 報告書様式を工夫して"QC的問題解決手順"を確実に実行する

フロー図を作ったら，次は，その書式のと

おりに流れる報告書様式の設計です．ここでは，"不適合品処理のための報告書"と，"再発防止対策書"の報告様式は別にしたほうがよいでしょう．それは，せっかく高い代償を払って得られたこの情報は，会社のこれからの財産としなければもったいないからです．"再発防止対策書"は，会社の財産ですから，確実に記録し，大切に保管しておきましょう．

この様式は，問題解決のための"QC的問題解決手順"を基本にします．是正処置を効果的に行うためには，改善のための"管理のサイクル"をしっかりと回すことが大事です．これを確実に実行するために考えられた"QC的問題解決手順"を基本にして，報告書の書式を作っておけば安心です．

不適合品処理のための報告書の例として"不合格発生処置報告書"を，是正処置としての再発防止対策書の例を次に紹介しておきます．

付図30-2 不合格発生処置報告書の例
付図30-3 再発防止対策書の例

(3) 統計的手法の活用

QC的問題解決手順の中で特に大事なのが，"現状の把握"と"解析"です．事実に基づいてしっかりと現状を把握し，問題の原因と結果の因果関係をできるだけ定量的につかまえることなしには，真の改善は達成されません．高度な手法はともかく，まずは基本的なQC七つ道具を完全にマスターして，これを活用することが近道です．

是正処置を効果的に行うためには，この簡単な統計的手法をうまく活用することがポイントです．多くの問題は，高度な手法を使わなくても，"QC七つ道具"の適切な活用で大きな効果があります．この活用の方法は，ポイントの28（統計的手法活用のポイント）を参照してください．

(4) 再発防止対策は標準化し，水平展開もする

せっかく苦労して原因を探り当て，その再発防止の対策を打って"改善"を達成しても，うっかりして再び坂道を転げ落ちて"もとの木阿弥"になってしまってはがっかりしてしまいます．こうならないように，しっかりと"歯止め"をかけておく必要があるわけですが，まずは"標準化"をしておきましょう．このような活動を繰り返して，会社のレベルがどんどん上がっていくわけであり，この"標準化"はまさに会社の財産といえるでしょう．

また，効果をより大きくしていくための有効な活動は"水平展開"です．一つの改善で得られた情報は，必ず，その結果を同じように活用できるところはないだろうかと考えるくせをつけることが大事です．

水平展開は，以下の点に着眼して考えるとよいでしょう．

① 同じような構造の機械はないか．
② 同じような作業方法をしているものはないか．
③ 同じような材料を使っているものはないか．
④ 同じような設計をしている製品はないか．

31. 予防処置実施のポイント

ISOでは"予防処置"について，以下の事項を規定しています．

① 起こり得る不適合及びその原因の特定
② 不適合の発生を予防するための処置の必要性の評価
③ 必要な処置の決定及び実施
④ とった処置の結果の記録
⑤ 予防処置において実施した活動のレビュー

不適合を"未然に予防する"ということは，TQMの重要な考え方の一つです．ISOにもこの要求事項はありますが，その手段については何も触れていません．実際の審査にあたっても，なかなかこの実施例ができずに困っている企業が多いのではないでしょうか．"予防処置"を効果的に実施するには，以下のようなことに留意しましょう．なお，ここでは，製品や，製品の実現プロセスに関する是正処置に絞って説明します．

(1) フロー図を活用して，組織の力を集めて体系的に実施する

予防処置は組織のもつ力を集めて，計画的に，体系的に実施することで大きな効果につながります．是正処置の場合と同様に，まずはフロー図を作って，その流れを整理してみましょう．

予防処置は，大きくは二つのやり方を考えるとよいでしょう．

一つは，顕在化した不適合をきっかけとして，組織内の多くの人の知識と経験を集めて，"起こり得る不適合やその原因"を考えて，手を打つことです．具体的には，毎月あるいは毎週とかの周期で，品質問題をテーマとして打合せを行う場を設定し，この中で，発生した不適合について組織内の関係する人たち

で，今一度検討してみることです．その中で，予防処置を決定して実施していくのです．"是正処置"をとったときに同時に検討する"水平展開"は，そのうちの代表的な例でしょう．

もう一つは，ある一定の時期（半年とか1年間とか）で収集した品質データを分析して，その結果をもとに品質向上（予防処置）のテーマを決めて，これを実施していくことです．テーマによっては，"重要品質問題"として登録し，チームを組んで解決していくことも織り交ぜるとさらに効果的になるでしょう．また，テーマの大きさによって，"品質向上計画書"を作成していくことも必要です．特に大きなテーマは，品質方針・目標の管理活動の中で取り組んでいくとよいでしょう．

以上の事柄を考慮した，基本的な予防処置の例を次に示します．これを参考に，あなたの会社のフロー図を作ってみてください．

　　付図31-1　予防処置の基本フロー図の例

(2) 報告書様式を工夫して"QC的問題解決手順"を確実に実行する

フロー図を作ったら，次は，その書式のとおりに流れる報告書様式の設計です．組織内の知識と経験の集約した，この"予防処置（品質向上）"は会社の貴重な財産ですから，確実に記録し，大切に保管しておきましょう．

この様式は，問題解決のための"QC的問題解決手順"を基本にします．予防処置を効果的に行うためには，改善のための"管理のサイクル"をしっかりと回すことが大事です．これを確実に実行するために考えられた"QC的問題解決手順"を基本にして，報告書の書式を作っておけば安心です．

このような予防処置の一環として実施される"品質向上報告書"の例を，次に示します．

　　付図31-2　品質向上報告書の例

(3) データ分析と統計的手法の活用

QC的問題解決手順の中で特に大事なのが，"現状の把握"と"解析"です．事実に基づいてしっかりと現状を把握し，問題の原因と結果の因果関係をできるだけ定量的につかまえることなしには，真の改善は達成されません．高度な手法はともかく，まずは基本的なQC七つ道具を完全にマスターして，これを活用することが近道です．

予防処置を効果的に行うためには，この簡単な統計的手法をうまく活用することがポイントです．多くの問題は，高度な手法を使わなくても，"QC七つ道具"の適切な活用で大きな効果があります．この活用の方法は，ポイントの28（統計的手法活用のポイント）を参照してください．

以上のことは，是正処置の場合と同じですが，予防処置の場合は特に，7.4のデータの分析とのつながりが重要です．予防処置としての"品質向上"のテーマは，以下のような情報を計画的に収集し，適切な手法で分析して，真に効果的なテーマを取りあげることからスタートします．

　①顧客からの情報（クレーム，苦情，顧客満足）
　②検査の結果情報（受入検査，工程内検査，最終検査）
　③工程情報（工程異常，工程チェック情報）
　④設計情報（設計審査，設計検証，妥当性確認，初期流動品質）

また，これらの情報を分析するには，以下の手法を活用することが効果的です．

　①推移グラフで傾向を探る．
　②パレート図で重点を探る．
　③ヒストグラムで工程能力を把握する．
　④管理図でロット間のばらつきを確認する．

(4) 対策は標準化し，水平展開もする

せっかく苦労して"品質向上"を達成しても，うっかりして再び坂道を転げ落ちて"もとの木阿弥"になってしまってはがっかりしてしまいます．こうならないように，しっかりと"歯止め"をかけておく必要があるわけですが，まずは"標準化"をしておきましょう．このような活動を繰り返して，会社のレベルがどんどん上がっていくわけであり，この"標準化"はまさに会社の財産といえるでしょう．

また，効果をより大きくしていくための有効な活動は"水平展開"です．一つの改善で得られた情報は，必ず，その結果を同じように活用できるところはないだろうかと考えるくせをつけることが大事です．

水平展開は，以下の点に着眼して考えるとよいでしょう．

　①同じような構造の機械はないか．
　②同じような作業方法をしているものはないか．
　③同じような材料を使っているものはないか．
　④同じような設計をしている製品はないか．

付　図　　205

付図 1-1　方針展開の大きな PDCA と製品実現での小さな PDCA

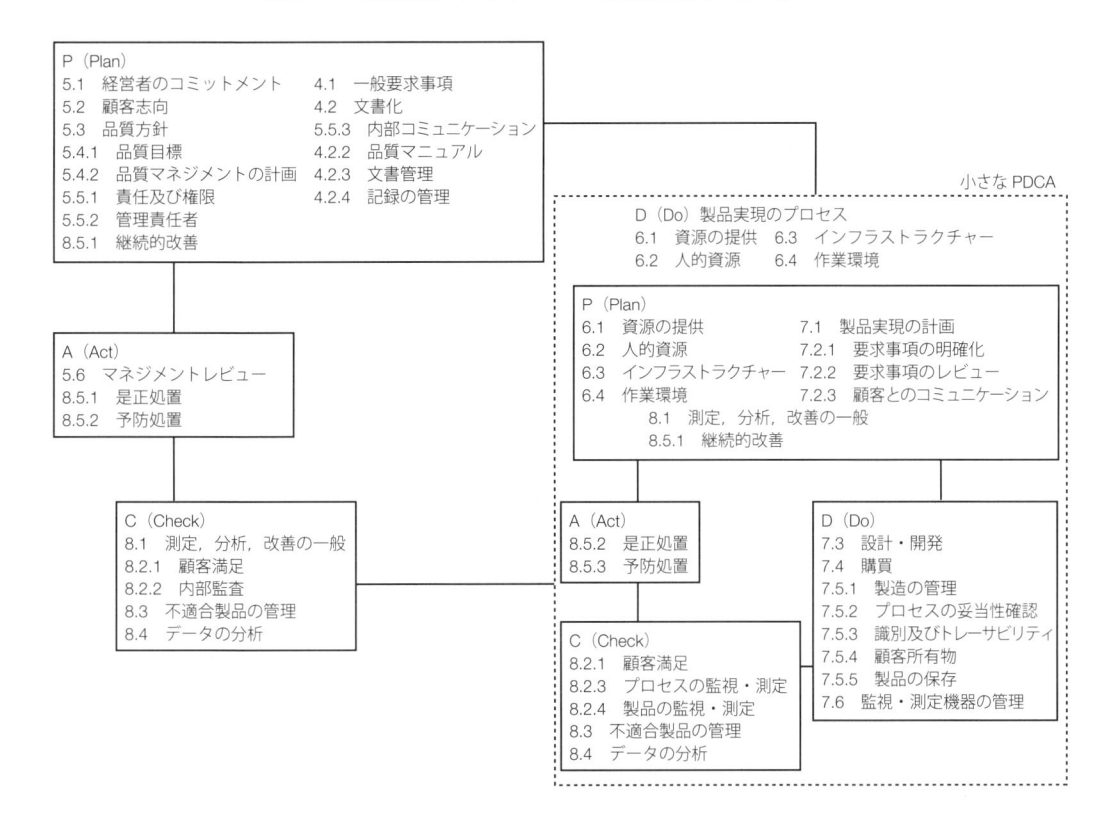

```
P（Plan）
5.1  経営者のコミットメント      4.1   一般要求事項
5.2  顧客志向                    4.2   文書化
5.3  品質方針                    5.5.3 内部コミュニケーション
5.4.1 品質目標                   4.2.2 品質マニュアル
5.4.2 品質マネジメントの計画     4.2.3 文書管理
5.5.1 責任及び権限               4.2.4 記録の管理
5.5.2 管理責任者
8.5.1 継続的改善
```

```
                                 小さな PDCA
  D（Do）製品実現のプロセス
    6.1 資源の提供   6.3 インフラストラクチャー
    6.2 人的資源     6.4 作業環境
```

```
A（Act）
5.6   マネジメントレビュー
8.5.1 是正処置
8.5.2 予防処置
```

```
P（Plan）
6.1 資源の提供              7.1   製品実現の計画
6.2 人的資源                7.2.1 要求事項の明確化
6.3 インフラストラクチャー  7.2.2 要求事項のレビュー
6.4 作業環境                7.2.3 顧客とのコミュニケーション
   8.1   測定，分析，改善の一般
   8.5.1 継続的改善
```

```
C（Check）
8.1   測定，分析，改善の一般
8.2.1 顧客満足
8.2.2 内部監査
8.3   不適合製品の管理
8.4   データの分析
```

```
A（Act）
8.5.2 是正処置
8.5.3 予防処置
```

```
D（Do）
7.3   設計・開発
7.4   購買
7.5.1 製造の管理
7.5.2 プロセスの妥当性確認
7.5.3 識別及びトレーサビリティ
7.5.4 顧客所有物
7.5.5 製品の保存
7.6   監視・測定機器の管理
```

```
C（Check）
8.2.1 顧客満足
8.2.3 プロセスの監視・測定
8.2.4 製品の監視・測定
8.3   不適合製品の管理
8.4   データの分析
```

付図 1-2　プロセスの概念図

```
プロセス
インプットをアウトプットに変換する，相互に関連する
又は相互に作用する一連の活動．
```

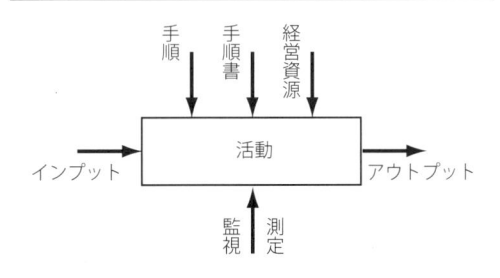

手順　手順書　経営資源
↓　　↓　　↓
インプット →【活動】→ アウトプット
↑　↑
監視　測定

付図 1-3　プロセスアプローチの概念図

> プロセスアプローチ
> 組織内で用いられるプロセス及びそのプロセス間の相互作用を体系的に明確にし，運営管理すること．

r：検証，c：管理

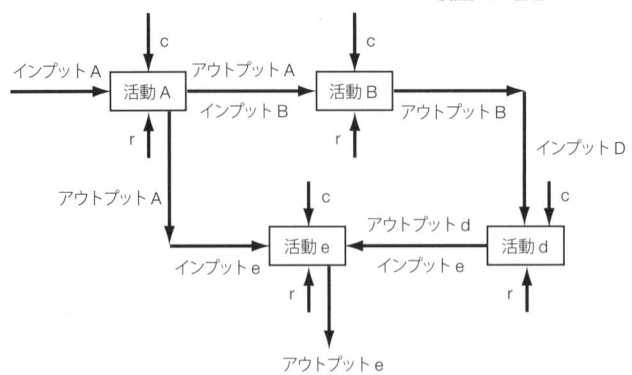

```
インプットA → [活動A] ─アウトプットA→ [活動B] ─アウトプットB→
              ↑c       インプットB    ↑c                    │
              r                       r                    │インプットD
              ↓                                             ↓
         アウトプットA                                    ┌──┐  c
              └──インプットe→ [活動e] ←アウトプットd─ [活動d]
                               ↑c   インプットe    ↑r
                               r
                               ↓
                          アウトプットe
```

付図 2-1　文書体系図

	全社規定類	部門手順書・帳票	品質記録
品質マニュアル	文書管理規定	文書管理台帳 配付文書管理台帳 文書体系図	
	品質記録管理規定	品質記録一覧表	
	方針展開規定	品質方針書 年度全社品質目標 管理責任者任命書 部門目標展開表 部門品質目標管理表 マネジメントレビューチェックシート 部門別ＭＲ報告書 組織図 システムチェックリスト 職務権限表 不適合予防の責任・権限	マネジメントレビュー記録
	内部コミュニケーション管理規定	内部会議一覧表 出席者対応表	会合記録
	教育・訓練管理規定	年度教育・訓練計画書 業務スキル表 個人スキル表	教育・訓練記録
	製品実現管理規定	品質計画書	
	顧客要求管理規定		顧客要求レビュー記録
	設計開発管理規定	開発計画書	DR記録 検証記録 妥当性確認記録 設計変更記録
	購買管理規定	協力会社一覧表 協力会社評価表	受入検査記録
	製造管理規定		工程内検査記録 特殊工程記録
	設備運営管理規定	インフラ一覧表 設備投資計画書	
	識別トレーサビリティ管理規定		製品識別の記録
	顧客所有物管理規定		損傷劣化の記録
	監視・測定機器管理規定		校正・点検記録
	内部監査規定	年度監査計画書 個別監査計画書	監査記録
	不適合製品管理規定		不適合製品記録
	是正処置規定		是正処置記録
	予防処置規定		予防処置記録
	⋮	⋮	⋮

付図 2-2　文書の作成・承認の責任・権限表

文書名	承認者	レビュー方法
品質マニュアル	経営者	経営者が査閲，承認
全社規定類	管理責任者	回覧方針で査閲
全社様式類	管理責任者	回覧方針で査閲
部門要領類	部門長	部門会議で査閲
部門様式類	部門長	部門会議で査閲
計画書類	部長	部長が査閲，承認

付図 2-3　変更・改訂理由欄

版数	制定・改訂日	制定・改訂の理由	承認欄

付図 2-4　配付管理台帳

文書名	版数	発行日	配付先
品質マニュアル	1.5	2001/2/1	
文書管理規定	2.0	2001/3/1	
品質記録管理規定	1.5	2001/2/1	
方針展開規定	1.5	2001/2/1	
⋮	⋮	⋮	

付図 2-5　外部文書配付管理台帳

文書名	版数	発行日	入手先	配付先
JIS Q 9000	1.0	2000/12/27	日本規格協会	
JIS Q 9001	1.0	2000/12/27	日本規格協会	
JIS Q 9004	1.0	2000/12/27	日本規格協会	
⋮	⋮	⋮	⋮	

付図3-1 品質記録一覧表

品質記録名	管理者	保管場所	保管期間	廃棄日	収集部門
マネジメントレビューの記録（5.6.1）					
教育・訓練・技能・経験の記録（6.2.2）					
製品要求事項のレビュー・処置の記録（7.2.2）					
設計・開発へのインプット（7.3.2） 設計・開発のレビュー・処置の記録（7.3.4） 設計・開発の検証・処置の記録（7.3.5） 設計・開発の妥当性確認・処置の記録（7.3.6） 設計・開発の変更レビュー・処置の記録（7.3.7）					
供給者の評価・処置の記録（7.4.1） 受入検査・検証記録					
プロセスの妥当性確認の記録（7.5.2） 製品が要求事項を満たしている記録（7.1） 工程内検査試験記録製品の監視／測定の記録（8.2.4）					
トレーサビリティのための製品固有の識別の記録（7.5.3）					
顧客所有物の紛失・損傷の記録（7.5.4）					
監視・測定機器の検証の基準記録（7.6） 過去の妥当性確認の記録（7.6） 監視・測定機器の校正，検証の記録（7.6）					
内部監査の記録（8.2.2）					
不適合製品の処置記録（特別採用を含む）（8.3）					
是正処置の結果の記録（8.5.2）					
予防処置の結果の記録（8.5.3）					

付図5-1 組織図

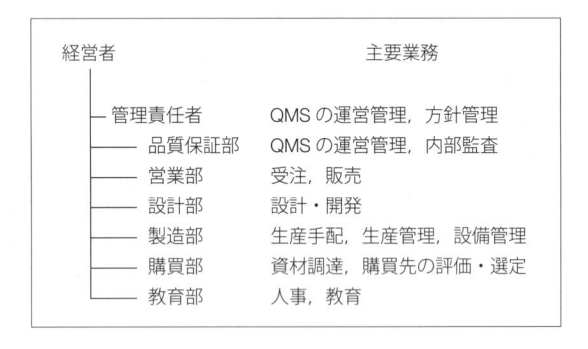

```
経営者                    主要業務
  ├─ 管理責任者      QMSの運営管理，方針管理
  ├─ 品質保証部      QMSの運営管理，内部監査
  ├─ 営業部          受注，販売
  ├─ 設計部          設計・開発
  ├─ 製造部          生産手配，生産管理，設備管理
  ├─ 購買部          資材調達，購買先の評価・選定
  └─ 教育部          人事，教育
```

付図 5-2　システム分担表

要求事項		経営者	管理責任者	品質保証部	営業部門	設計部門	製造部門	購買部門	教育部門
4.	品質マネジメントシステム	—	—	—	—	—	—	—	—
4.1	一般要求事項	◎	◎	○	○	○	○	○	○
4.2	文書化に関する要求事項		◎						
4.2.1	一般		◎						
4.2.2	品質マニュアル		◎	○					
4.2.3	文書管理		◎	○	○	○	○	○	○
4.2.4	記録の管理		◎	○	○	○	○	○	○
5.	経営者の責任	—	—	—	—	—	—	—	—
5.1	経営者のコミットメント	◎	○						
5.2	顧客重視	◎	○						
5.3	品質方針	◎	○						
5.4	計画	◎	○						
5.4.1	品質目標	◎	◎	○	○	○	○	○	○
5.4.2	品質マネジメントシステムの計画	◎	◎						
5.5	責任，権限及びコミュニケーション	◎	○						
5.5.1	責任及び権限	◎	○						
5.5.2	管理責任者	◎	○						
5.5.3	内部コミュニケーション	◎	○						
5.6	マネジメントレビュー	◎	◎	○	○	○	○	○	○
6.	資源の運用管理	—	—	—	—	—	—	—	—
6.1	資源の提供	◎	◎	◎	◎	◎	◎	◎	◎
6.2	人的資源	◎	◎	◎	◎	◎	◎	◎	◎
6.3	インフラストラクチャー		◎		○	○	◎	○	
6.4	作業環境		◎			○	◎	○	
7.	製品実現	—	—	—	—	—	—	—	—
7.1	製品実現の計画		○			◎	◎		
7.2	顧客関連のプロセス		○		◎	◎	◎		
7.3	設計・開発		○		○	◎	○		
7.4	購買		○				◎	◎	
7.5	製造及びサービス提供		○			○	◎	○	
8.	測定，分析及び改善	—	—	—	—	—	—	—	—
8.1	一般		◎						
8.2	監視及び測定		◎						
8.2.1	顧客満足		◎		◎				
8.2.2	内部監査	○	◎	◎	○	○	○	○	○
8.2.3	プロセスの監視及び測定		◎	◎	◎	◎	◎	◎	◎
8.2.4	製品の監視及び測定		◎		○		◎		
8.3	不適合製品の管理		◎				◎		
8.4	データの分析		○	◎	○	○	○	○	○
8.5	改善		◎	○	○	○	○	○	○
8.5.1	継続的改善		◎	○	○	○	○	○	○
8.5.2	是正処置		◎	○	○	○	○	○	○
8.5.3	予防処置		◎	○	○	○	○	○	○

◎主管部門，○：関連部門，—：要求事項なし

付図 6-1　内部会議一覧表

会議名	開催時期	インプット	アウトプット
マネジメントレビュー	9月，3月	品質目標達成状況 顧客からのフィードバック プロセスの実施状況 製品の適合性 予防処置の状況 是正処置の状況 改善の提案 監査結果 前回のフォローアップ	QMS及びプロセスの有効性の改善 顧客要求事項への適合に必要な製品の改善 資源の必要性
経営会議	四半期ごと	品質目標達成状況 顧客の苦情 不適合製品の発生状況	目標未達に対する処置 是正処置の決定
品質会議	毎月	品質目標達成状況 顧客の苦情 不適合製品の発生状況	目標未達に対する処置 是正処置の決定
部門内会議	毎月	品質目標達成状況 顧客の苦情 不適合製品の発生状況	目標未達に対する処置 是正処置の決定
課内会議	月2回	品質目標達成状況 不適合製品の発生状況	目標未達に対する処置 是正処置の決定
チームミーティング	随時	品質目標達成状況 不適合製品の発生状況	目標未達に対する処置 是正処置の決定

付図 6-2　会議出席者対応表

会議名	経営者	管理責任者	設計部		製造部		営業部		教育部	購買部
			部長	課長	部長	課長	部長	課長	部長	部長
マネジメントレビュー	◎	◎							○	
経営会議	○	◎							○	
品質会議		◎							○	
部内会議			◎	○	◎	○	◎	○	◎	
チームミーティング			◎		◎		◎			◎
︙										

◎：必須，○：必須（ただし，代理人でも可）

付図7-1　マネジメントレビューチェックシート

開始日時	年　　月　　日（　）　　：　～　　：　　　　場所
出席者	
配付資料	1. 2.

チェック項目	記入欄
マネジメントレビューへのインプット	
1. 監査結果	
1.1　内部監査結果	
1.2　外部監査結果	
1.3　自己評価結果	
2. 顧客からのフィードバック	
2.1　顧客満足の程度	
2.2　顧客クレーム件数	
3. プロセスの実施状況	
4. 製品適合性	
4.1　不適合品の発生	
4.2　出荷後の不具合の発生	
5. 予防処置件数	
6. 是正処置件数	
7. 改善活動状況	
8. 品質目標の達成状況	
9. 前回の指摘のフォローアップ	
10. QMSの変更の必要性	
10.1　社会状況	
10.2　環境状況	
10.3　法令・規制	
11. 改善のための提案	
11.1　市場関連情報	
11.2　技術動向	
11.3　研究開発	
11.4　競合会社のパフォーマンス	
11.5　供給者のパフォーマンス	
マネジメントレビューからのアウトプット	
1. QMSの有効性の改善テーマ	
2. プロセスの有効性の改善テーマ	
3. 製品の改善テーマ	
4. 経営資源の必要性	
マネジメントレビューの結論	
1. QMSが妥当で有効か	
2. QMSの改善の機会の評価	
3. 品質方針の変更の必要性の評価	
4. 品質目標の変更の必要性の評価	
5. QMSの変更の必要性の評価	

付図 7-2　部門別マネジメントレビュー報告書

部　門　名	
報　告　者	
報　告　日	年　　　月　　　日

チェック項目	記　入　欄
マネジメントレビューへのインプット	
1. 監査結果	
1.1　内部監査結果	
1.2　外部監査結果	指摘：無・有（　　　件　　　　　　）
1.3　自己評価結果	指摘：無・有（　　　件　　　　　　）
2. 顧客からのフィードバック	
2.1　顧客満足の程度	
2.2　顧客クレーム件数	無・有（　　　件　　　　　　）
3. プロセスの実施状況	
4. 製品適合性	
4.1　不適合品の発生	無・有（　　　件　　　　　　）
4.2　出荷後の不具合の発生	無・有（　　　件　　　　　　）
5. 予防処置件数	無・有（　　　件　　　　　　）
6. 是正処置件数	無・有（　　　件　　　　　　）
7. 改善活動状況	無・有（　　　件　　　　　　）
8. 品質目標の達成状況 　　Q（品質） 　　C（コスト） 　　D（量・納期）	目標：　　　　　　達成率　　　％ 目標：　　　　　　達成率　　　％ 目標：　　　　　　達成率　　　％
9. 前回の指摘のフォローアップ	無・有（　　　件　　　　　　）
10. QMSの変更の必要性	無・有（　　　件　　　　　　）
10.1　社会状況	無・有（　　　件　　　　　　）
10.2　環境状況	無・有（　　　件　　　　　　）
10.3　法令・規制	無・有（　　　件　　　　　　）
11. 改善のための提案	無・有（　　　件　　　　　　）
11.1　市場関連情報	無・有（　　　件　　　　　　）
11.2　技術動向	無・有（　　　件　　　　　　）
11.3　研究開発	無・有（　　　件　　　　　　）
11.4　競合会社のパフォーマンス	無・有（　　　件　　　　　　）
11.5　供給者のパフォーマンス	無・有（　　　件　　　　　　）

付　図

付図 8-1　業務スキル表

	一般職	係長	課長	部長	…
リーダーシップ					
プロジェクト管理					
ツール利用					
問題解決法					
コミュニケーション技術					
固有技術					

付図 8-2　個人スキル表

	リーダーシップ	プロジェクト管理	ツール利用	問題解決法	コミュニケーション技術	固有技術	国家資格	社内資格	…
日本太郎	—	—	○	○	◎	○	—	●	
⋮									

—：未指導，○：標準作業のみ，◎：習熟済み，●：指導可能

付図 8-3　教育・訓練歴

氏名：日本太郎　　入社年月日：1990 年度　　社歴：17 年　　現在所属：

年月日	所属歴	教育・訓練歴	資格歴	その他
1990/4/1				
⋮				

付図 13-1　設計・開発フロー図（製品開発体系図）の例

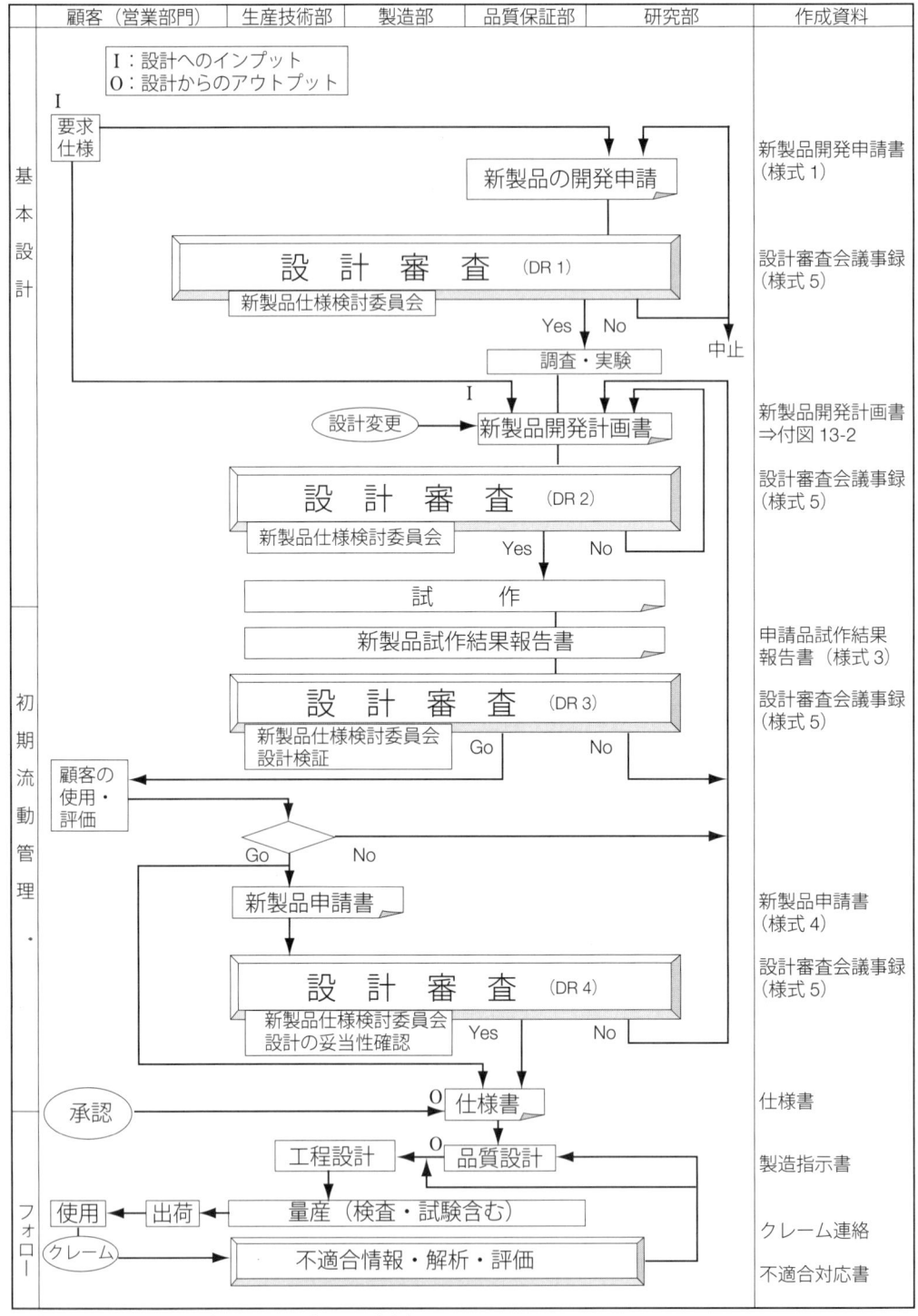

区分	顧客（営業部門）	生産技術部	製造部	品質保証部	研究部	作成資料
基本設計	I：設計へのインプット O：設計からのアウトプット I 要求仕様			新製品の開発申請 → 設計審査（DR 1）新製品仕様検討委員会　Yes/No　中止 調査・実験 設計変更 → I 新製品開発計画書 設計審査（DR 2）新製品仕様検討委員会　Yes/No			新製品開発申請書（様式1） 設計審査会議事録（様式5） 新製品開発計画書⇒付図 13-2 設計審査会議事録（様式5）
初期流動管理・フォロー	顧客の使用・評価 承認 使用　クレーム	工程設計 出荷	試作 新製品試作結果報告書 設計審査（DR 3）新製品仕様検討委員会 設計検証　Go/No Go/No 新製品申請書 設計審査（DR 4）新製品仕様検討委員会 設計の妥当性確認　Yes/No O 仕様書 O 品質設計 量産（検査・試験含む） 不適合情報・解析・評価			申請品試作結果報告書（様式3） 設計審査会議事録（様式5） 新製品申請書（様式4） 設計審査会議事録（様式5） 仕様書 製造指示書 クレーム連絡 不適合対応書

（注）従来製品の改良の場合は，DR 1 及び DR 4 は省略する．

付　図　　　　　　　　　　　　　215

付図 13-2　新製品開発計画書の例

No.	製品名			承認	審査	起案
承認後配付先 ①事業部長 ②生技部長 ③製造部長 ④品保部長 ⑤研究部長	品名		質別			
	寸法					
	顧客名 流通名			顧客での用途・加工法		
1	開発／改良の 目的・背景					
2	要求仕様 （梱包・輸送 法的規制等を含む）					
3	開発計画	開発項目と課題 開発スケジュール：開始時期： 　　　　　　　　　試作時期： 　　　　　　　　　出荷予定： 開発責任者及び実施部門：				
4	開発効果と コスト	開発費用： 予測売上：				
5	営業・製造体制	営業販売体制： 製造体制（外注を含む）：				
6	製品規格	規格値： 試験・検査の方法：				
7	製造工程					
8	安全性と 不適合予防	PL リスク： 環境保全： 不適合予防：				
9	特許及び 関連情報					
10	その他					
11	承認	可　：　否		コメント		承認者
No.1, 2, 4 は"設計へのインプット"に該当する．						

付図 13-3 "要求品質→品質特性"変換の考え方（品質表：ガスライターの例）

要求品質展開 一次	二次	三次	携帯性 寸法	携帯性 形状	携帯性 重量	機構操作性 Gトルク	機構操作性 開閉レバー弾力	機構操作性 調節レバー弾力	機構操作性 レバー大きさ	炎の特性 火力	炎の特性 耐風性	炎の特性 耐水性	炎の特性 炎の長さ	炎の特性 炎の幅	ガス 発火点	ガス ガス成分	本体材料 熱伝導率	本体材料 材質	本体材料 表面処理成分
操作しやすい	片手で着火できる	本体が掌に入る	◎	◎															
		持ったときの安定感	◎	◎	◎													◎	
		軽い力で着火	○	○	△	◎	◎		○									○	
	炎がよい	炎の大きさが適度					△	△		△			◎	◎	○				
		炎の大きさが一定						△			△	◎	◎	◎		△			
		火力が十分								◎					○				
	火が消えにくい	風が吹いても消えない					○				△	◎	○	○		△			
		雨でも消えにくい					○					△	◎	○	○	△			
	炎を調整しやすい	適度の力で調節できる					◎	◎											
		調節量がわかる																	
	携帯しやすい	ポケットに入る	◎																
		ポケットで重くない			○														
		ポケットでふくらまない			○				○										
安全である	やけどをしない	炎が出過ぎない						◎					◎	△					
		炎が指にかからない										△	◎	△					
		本体が熱くならない															◎	◎	
		炎がきちんと消える																	

◎：関係が深い， ○：関係がある， △：やや関係がある

付　図　　　　　217

付図 14-1　デザインレビューの記録（設計審査会議事録）の書式例

設計審査会議事録　(DR 1, DR 2, DR 3, DR 4)　　　年　　月　　日

配付先	件名		課 G
①事業部長 ②生技部長 ③製造部長 ④品保部長 ⑤研究部長	日時　　年　月　日 場所 出席者		作成者

	問題点	処置	期限	担当
審議内容				

次期以降の設計に反映が必要な事項

審査結果	□ 審査修了 □ 継続審査（次回　　月　　日） □ その他（　　　　　）	承認者コメント	承認者印

審査資料リスト

付図 15-1　設計変更連絡書

設　計　変　更　連　絡　書

| 製品名 | | 変更区分 | 1. 顧客要望　2. 品質向上　3. コスト低減 | 設計確認 | 開発確認 | 発行者 |
| 部品名 | | | 4. 納期短縮　5. 法規　　　6. その他 | | | |

No.　　　　発行日

設計変更理由

| 設　計　変　更　前 | 設　計　変　更　後 |
| 部品番号：　　　　図面番号： | 部品番号：　　　　図面番号： |

変更内容

変更確認	互換性確認
出荷済み製品の対応	在庫部品の処置
配付先	備考：

付図 15-2　情報の蓄積と共有化

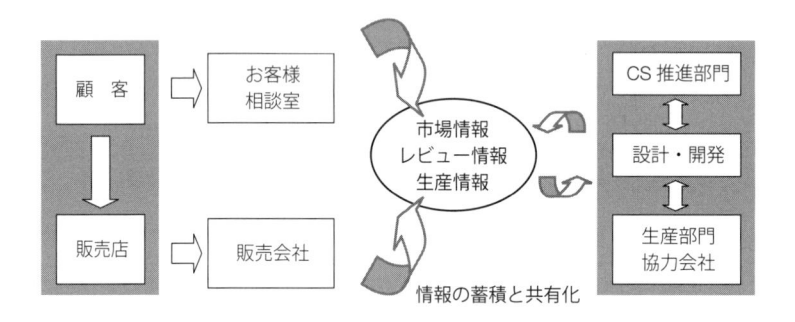

顧客 → お客様相談室
↓
販売店 → 販売会社

市場情報
レビュー情報
生産情報

CS推進部門
⇕
設計・開発
⇕
生産部門
協力会社

情報の蓄積と共有化

付図 17-1　QC工程表の作り方

QC工程表		工場	第三工場		改訂5		改訂2					承認	審査	記案		標準番号
		品種	高圧ケーブル		改訂4		改訂1	2001.10.25	中間検査サンプリング変更			印	印	印		QCX-PDV-0125-1
		品番	6600V 30mm² PDP		改訂3		制定	2001.02.15	新規測定							
	工程					管理条件				責任部門		異常時の処理				
フロー図	工程要素	機械・設備名	重要度	管理項目	管理水準	サンプリング	資材課	製造技術課	品保課	測定器・測定方法	記録方法	責任者	処置方法	関連標準類		参考事項（過去のトラブル経験等）
JIS Z 8206に準拠した記号で、工程の流れ、工程間の関連を示してして記入されている。	使用する設備・治工具・測定器などが具体的に記入されている	特に重要な工程かなどで識別されている（内部監査・経営者の見直し等での着眼点に活用されている）	安全・品質などを確保するうえで水準を維持するうえでその工程の管理すべき項目を記入する	各管理項目に対し、管理すべき水準を明確にする。ねらい値の他、上限・下限も記入されている	管理する頻度が具体的に示されている。ロットの定義が明確になっている	各管理項目の責任部門が明確にされている			各管理項目をどのようにチェックして測定するかが明確になっている。特に外観の判定基準が限度見本などで定められている	チェック・測定した結果をどのように記録するかが明確になっている。特に記入の欄に管理項目重要度と指定した重要管理項目は、管理図等で重点管理されている	異常が発生したときに処置を指示する責任者が明確になっている	異常に対してどのような処置をとるかが明確にされている	左記の各項目の詳細を規定する標準書・手順書などが明確にされている両者の内容は整合がとれている・QC工程表と現場作業の対比は監査におけるよのポイントである（標準書等）		過去に経験したトラブルなど、注意事項があれば、それが簡潔に示されている（内部監査・経営者の見直し・経営者の着眼点となる）
番号																
1	銅素線受入検査	受け入れヤード		導電率	100以上 (20℃, %)	素線鋳造口ットごと		○		成績書確認（鋳造工場にてダブルブリッチ恒温室内測定）	素線受け入れ／チェックシート	作業者	返品	検査標準：XC 036		
2		受け入れヤード		伸び	30以上 (室温, %)	素線鋳造口ットごと		○		成績書確認（鋳造工場にてテンシロン機恒温室内測定）	素線受け入れ／チェックシート	作業者	返品	検査標準：XC 036		
3		撚り合せ機	○	外径	±0.03 2.3 (mm)	直開始ごと			○	1/1000 マイクロメータ	チェックシート	作業者	返品	撚り合せ作業標準：SC 056		外径過大
4		撚り合せ機		表面外観	有害なきずがないこと	直開始ごと		○		素線外観限度見本 BC 006	チェックシート 管理図	作業者	返品	撚り合せ作業標準：SC 056		
5		撚り合せ機		ボビン巻姿	有害な乱れのないこと	取り付けごと、全ボビン		○		目視	異常時のみチェックシート	作業者	返品	撚り合せ作業標準：SC 056		

付図 20-1　顧客所有物が使用に適さないときの記録の例

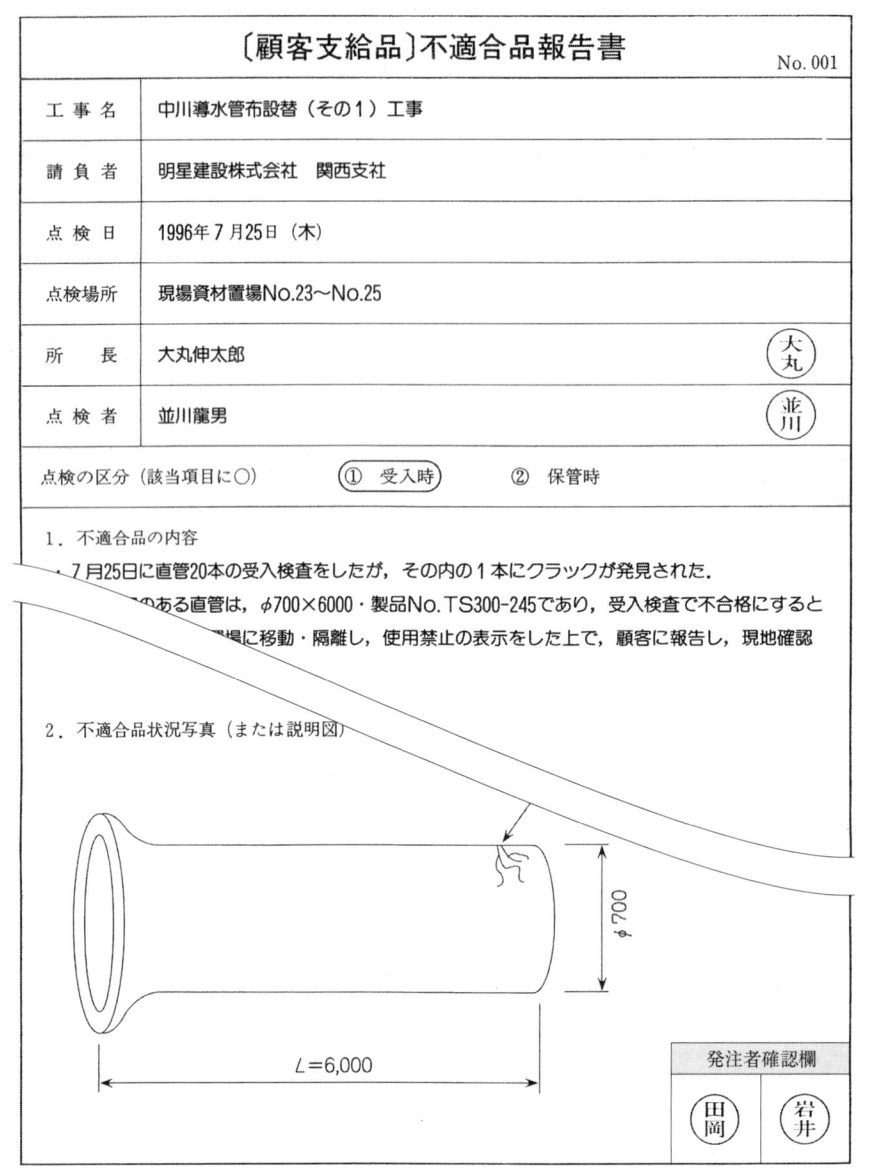

〔顧客支給品〕不適合品報告書　　No.001

工事名	中川導水管布設替（その1）工事
請負者	明星建設株式会社　関西支社
点検日	1996年7月25日（木）
点検場所	現場資材置場No.23～No.25
所　長	大丸伸太郎　　㊞大丸
点検者	並川龍男　　㊞並川

点検の区分（該当項目に○）　　①　受入時　　②　保管時

1．不適合品の内容
・7月25日に直管20本の受入検査をしたが，その内の1本にクラックが発見された．
・〔クラックの〕ある直管は，φ700×6000・製品No.TS300-245であり，受入検査で不合格にすると〔ともに〕〔資材置〕場に移動・隔離し，使用禁止の表示をした上で，顧客に報告し，現地確認〔を依頼した．〕

2．不適合品状況写真（または説明図）

φ700
L＝6,000

発注者確認欄　㊞田岡　㊞岩井

出典　細谷克也編著（1997）：ISO 9000's 審査登録シリーズ8　実践！建設業の品質システム・ノウハウ集（上），p.348，日科技連出版社

付図 20-2 顧客所有物の管理台帳の例

顧客支給品台帳

大野南　作業所　　　　　　　　　　　　　　　　　　　　　　　　　　No. 7
中川導水管布設替（その1）工事

No.	品名・品目	数量	受入日	検査確認者印	不良の有無・発生時期 有 / 無	受入	施工	不良の内容	所長印
1	DIS(CS) 直管 φ700×6,000	10 本	1996年3月29日	並川	有・無				大 '96.3.29 丸
2	DS 押輪 φ700	10 個	1996年3月29日	並川	有・無				大 '96.3.29 丸
3	割輪　〃	10 〃	1996年3月29日	並川	有・無				大 '96.3.29 丸
4	ロックリング　〃	10 〃	1996年3月29日	並川	有・無				大 '96.3.29 丸
			1996年3月29日	並川	有・無				大 '96.3.29 丸
									大 '96.3.29 丸
			年　月　日						
			年　月　日		有・無				
			年　月　日		有・無				
			年　月　日		有・無				
			年　月　日		有・無				
			年　月　日		有・無				

制定　1995年12月1日
改訂　1996年2月13日

出典　細谷克也編著(1997)：ISO 9000's 審査登録シリーズ 8　実践！建設業の品質システム・ノウハウ集（上），p.347，日科技連出版社

付図 21-1 測定機器リストの例

①分類	②機器名	③ランク A	B	C	D	④検査校正後の使用有効期限	⑤校正先 校正委託先	メーカ	⑥検査・校正を確認するラベル・帳票類 検定証ラベル	検査または合格証ラベル	修理完了明細書	検査成績表	検査合格書	使用前点検
測量機	トランシット	●				1年	●		●	○		●		●
	セオドライト	●				1年	●		●	○		●		●
	チルチングレベル	●				1年	●		●	○		●		●
	オートレベル	●				1年	●		●	○		●		●
	光波距離計	●				1年	●		●	○		●		●
	電子レベル	●				1年	●		●	○		●		●
土質用試験器	CBR試験装置		●			2年		●		○	●または●			
	圧縮試験器		●											
	コーンペネトロメーター		●											
	貫入試験器		●											
	透水試験器		●											
	ベーン剪断試験機													
	平板載荷試験器													
	赤外線水分計													
コンクリート試験器	ワシントン型エアーメーター		●											
	圧縮試験機		●											
	スランプ試験器													
コンクリート測定器	シュミットハンマー（ロック）	●												
	〃 （コンクリート）	●												
	塩分濃度計	●												
水質測定器	濁度計													
	pH/ORPメーター													
試験器 アスファルト	温度計													
	アスファルト透水試験器													
	ベンゲルマンビーム													
その他の測定器	騒音計													
	振動計													

制定：1969年9月1日　関西支社　土木部

⑦点検の有無と種類			⑧点検記録表	⑨測定機器管理台帳記載の必要の有無		⑩備考欄
1回/月または定期的な点検	1回/月または定期的な外観点検	納入前点検		当支社保有	協力会社持込み	
			測量用光学機器日常点検表	有	有	1. ランク Aランク：(1)検査・校正を必要とし、検査・校正後の使用有効期間が1年間のもの、(2)使用前の日常点検を必要とし、点検記録を残す。 Bランク：(1)検査・校正を必要とし、検査・校正後の使用有効期間が2年間のもの、(2)1回/月、または定期的な点検を必要とし、点検記録を残す。 Cランク：(1)検査・校正を必要とし、検査・校正後の使用有効期間が2～3年間のもの、(2)1回/月、または定期的な外観点検を必要とし、点検記録を残す。 Dランク：検査・校正を必要としないもので、管理委託取引先による、納入前の点検を必要とし、点検記録を残す。 2. ⑤の校正先とは、管理委託取引先を通じて、校正委託先またはメーカーに校正を委託するもの。 3. ⑥の検査・校正を確認するラベル帳票類 (1)○印は測定機器本体またはケースに貼り付けてあるかを確認。 (2)●印は校正委託先またはメーカーから提出される検査・校正を確認する品質記録。 (3)品質記録の保管は、工事完了・引渡しまで保管し、原本は土木部で保管する。 4. ⑧の点検記録表の保管は、工事完了引渡しまで作業所で保管する。 5. ⑨の測定機器管理台帳の記載の必要の有無 (1)当社保有とは当社店保有の測定機器をいう。 (2)協力会社持込みとは外注品・協力会社持込み機器をいう。 (3)協力会社・外注品の持込み機器の管理台帳の記載はAランク・Bランク、Cランクの測定機器について記載する。 (4)外注品とは、測定および測量業務を外注し、その業務に使用する測定機器。 6. 協力会社が持ち込んで使用する測定機器および外注品で使用する測定機器でAランク、Bランクのもので、検査・校正後の使用有効期間および点検はこの「測定機器リスト」の基準に従う。 7. 「測定機器リスト」に記載のない測定機器を使用する場合は、この「測定機器リスト」の基準に準じて、検査・校正および点検をランクを決めて管理を行う。
				有	有	
				有	有	
				有	有	
				有	有	
				有	有	
●			作業所が測定機器の種類によって作成する点検表	有	有	
●				有	有	
●				有	有	
●				有	有	
●				有	有	
●				有	有	
●				有	有	
		●	測定機器納入前点検表	無	無	
		●		無	無	
		●		無	無	
●			作業所が測定機器の種類によって作成する点検表	有	有	
●				有	有	
		●	納入前点検表	無	無	
●			作業所が測定機器の種類によって作成する点検表	有	有	
●				有	有	
	●		測定機器点検表	有	有	
	●			有	有	
		●	測定機器納入前点検表	無	無	
		●		無	無	
		●		無	無	
	●		測定機器点検表	有	有	
	●			有	有	

出典　細谷克也編著(1997)：ISO 9000's 審査登録シリーズ9　実践！建設業の品質システム・ノウハウ集（下）, pp.432-433, 日科技連出版社

付図 21-2 測定機器管理業務フロー図の例

測定機器管理業務フロー図

制 定：1995年12月11日　改訂2：1996年2月13日　改訂4：1996年7月1日
改訂1：1996年1月8日　改訂3：1996年3月21日　改訂5：1996年9月1日

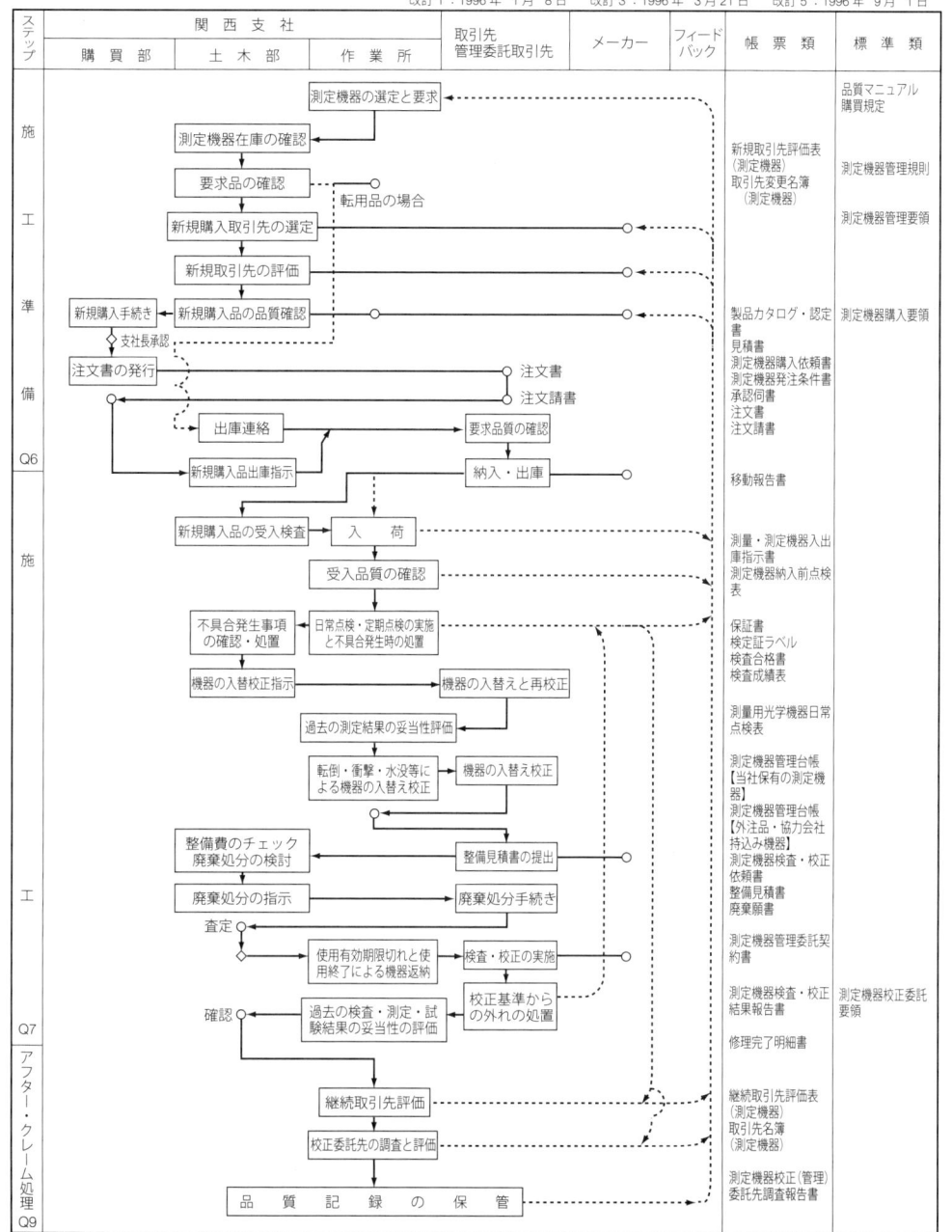

ステップ	関西支社			取引先管理委託取引先	メーカー	フィードバック	帳票類	標準類
	購買部	土木部	作業所					

施工準備 Q6
- 測定機器の選定と要求
- 測定機器在庫の確認
- 要求品の確認（転用品の場合）
- 新規購入取引先の選定
- 新規取引先の評価
- 新規購入手続き／新規購入品の品質確認（支社長承認）
- 注文書の発行／注文書／注文請書
- 出庫連絡／要求品質の確認
- 新規購入品出庫指示／納入・出庫

施工
- 新規購入品の受入検査／入荷
- 受入品質の確認
- 不具合発生事項の確認・処置／日常点検・定期点検の実施と不具合発生時の処置
- 機器の入替校正指示／機器の入替えと再校正
- 過去の測定結果の妥当性評価
- 転倒・衝撃・水没等による機器の入替え校正／機器の入替え校正

工 査定
- 整備費のチェック 廃棄処分の検討／整備見積書の提出
- 廃棄処分の指示／廃棄処分手続き
- 使用有効期限切れと使用終了による機器返納／検査・校正の実施
- 校正基準からの外れの処置
- 過去の検査・測定・試験結果の妥当性の評価

Q7 確認

アフター・クレーム処理 Q9
- 継続取引先評価
- 校正委託先の調査と評価
- 品質記録の保管

帳票類：
新規取引先評価表（測定機器）
取引先変更名簿（測定機器）
製品カタログ・認定書
見積書
測定機器購入依頼書
測定機器発注条件書
承認伺書
注文書
注文請書
移動報告書
測量・測定機器入出庫指示書
測定機器納入前点検表
保証書
検定証ラベル
検査合格書
検査成績表
測量用光学機器日常点検表
測定機器管理台帳【当社保有の測定機器】
測定機器管理台帳【外注品・協力会社持込み機器】
測定機器検査・校正依頼書
整備見積書
廃棄願書
測定機器管理委託契約書
測定機器検査・校正結果報告書
修理完了明細書
継続取引先評価表（測定機器）
取引先名簿（測定機器）
測定機器校正（管理）委託先調査報告書

標準類：
品質マニュアル
購買規定
測定機器管理規則
測定機器管理要領
測定機器購入要領
測定機器校正委託要領

出典　細谷克也編著(1997)：ISO 9000's 審査登録シリーズ9　実践！建設業の品質システム・ノウハウ集（下），pp.430-431，日科技連出版社

付図21-3 測定機器に関する標準類の例

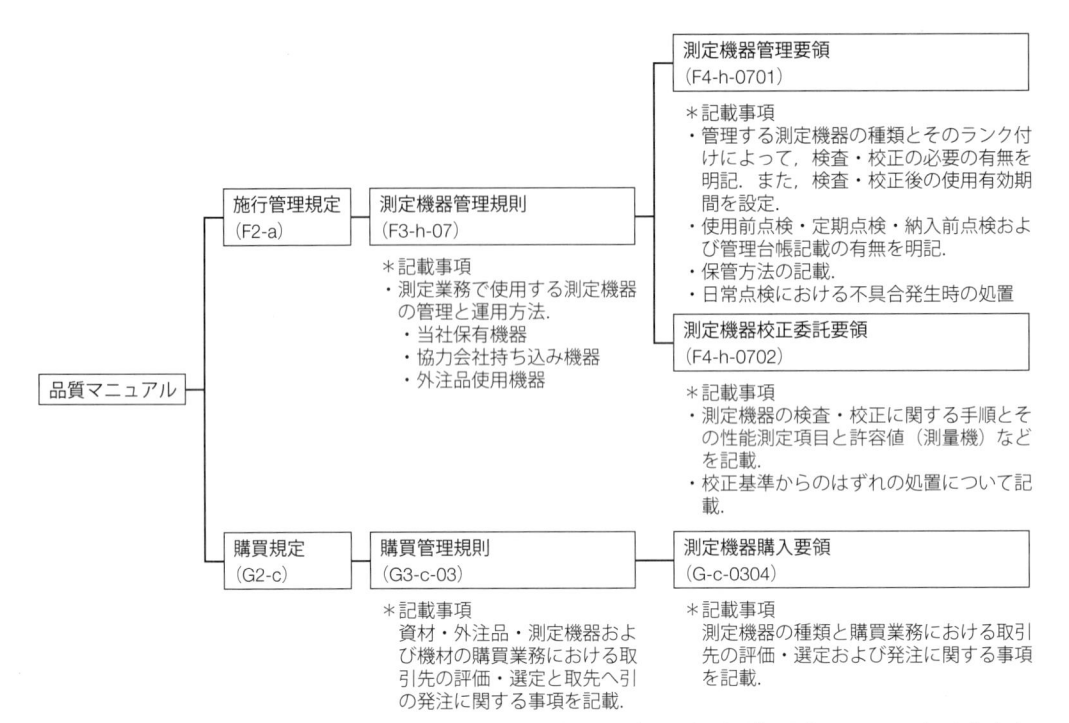

```
品質マニュアル ─┬─ 施行管理規定 ─── 測定機器管理規則 ─┬─ 測定機器管理要領
                │   （F2-a）           （F3-h-07）        │   （F4-h-0701）
                │                    *記載事項            │  *記載事項
                │                    ・測定業務で使用する  │  ・管理する測定機器の種類とそのランク付
                │                      測定機器の管理と    │    けによって，検査・校正の必要の有無を
                │                      運用方法．          │    明記．また，検査・校正後の使用有効期
                │                        ・当社保有機器    │    間を設定．
                │                        ・協力会社持ち込み│  ・使用前点検・定期点検・納入前点検およ
                │                          機器            │    び管理台帳記載の有無を明記．
                │                        ・外注品使用機器  │  ・保管方法の記載．
                │                                         │  ・日常点検における不具合発生時の処置
                │                                         │
                │                                         └─ 測定機器校正委託要領
                │                                             （F4-h-0702）
                │                                            *記載事項
                │                                            ・測定機器の検査・校正に関する手順とそ
                │                                              の性能測定項目と許容値（測量機）など
                │                                              を記載．
                │                                            ・校正基準からのはずれの処置について記
                │                                              載．
                │
                └─ 購買規定 ─────── 購買管理規則 ─── 測定機器購入要領
                    （G2-c）           （G3-c-03）         （G-c-0304）
                                      *記載事項          *記載事項
                                      資材・外注品・測定機器および  測定機器の種類と購買業務における取引
                                      機材の購買業務における取      先の評価・選定および発注に関する事項
                                      引先の評価・選定と取先へ引    を記載．
                                      の発注に関する事項を記載．
```

出典　細谷克也編著(1997)：ISO 9000's 審査登録シリーズ 9　実践！建設業の品質システム・ノウハウ集（下），p.429，日科技連出版社

付図25-1 "要求品質→品質特性"変換の考え方（品質表：ガスライターの例）

要求品質展開			操作性										安全性			
			携帯性			機構操作性			炎の特性				ガス		本体材料	
一次	二次	三次	寸法	形状	重量	Gトルク	開閉レバー弾力	調節レバー弾力	レバー大きさ	火力	耐風性	耐水性	炎の長さ	炎の幅	発火点	ガス成分	熱伝導率	材質	表面処理成分
操作しやすい	片手で着火できる	本体が掌に入る	◎	◎															
		持ったときの安定感	◎	◎	◎													◎	
		軽い力で着火	○	○	△	◎	◎		◎							◎			
	炎がよい	炎の大きさが適度					△			△			◎	◎	○				
		炎の大きさが一定					△			△	◎		◎	◎	△				
		火力が十分								◎					◎				
	火が消えにくい	風が吹いても消えない				○					△	◎	◎	◎	△				
		雨でも消えにくい				○					△	◎	○	○	△				
	炎を調整しやすい	適度の力で調節できる					◎	◎											
		調節量がわかる																	
	携帯しやすい	ポケットに入る	◎																
		ポケットで重くない			◎														
		ポケットでふくらまない		◎															
安全である	やけどをしない	炎が出過ぎない							◎				◎	△				
		炎が指にかからない											△	◎	△				
		本体が熱くならない																◎	◎
		炎がきちんと消える																	

◎：関係が深い，○：関係がある，△：やや関係がある

付図 25-2 要求仕様（品質特性）の層別方法

要求仕様 1次		操作性											安全性				
2次		携帯性			機構操作性				炎の特性					ガス		本体材料		
3次 品質保証の手段		寸法	形状	重量	Gトルク	開閉レバー弾力	調節レバー弾力	レバー大きさ	火力	耐風性	耐水性	炎の長さ	炎の幅	発火点	ガス成分	熱伝導率	材質	表面処理成分
設計		○	○	○				○	○					○		○	○	○
製造工程					○	○	○					○	○					
検査	受入検査													○	△	△		△
	工程内検査									○	○							
	最終検査				△	△	△					○	○					

（注）△は，無試験検査，間接検査などの検査を採用する．

この表は，単独で使用してもよいが，付図 25-1 の品質表とつなげて作るとさらに効果的です．付図 25-1 の下にこの表をつなげてみてください．

付図 26-1 不適合管理のフロー

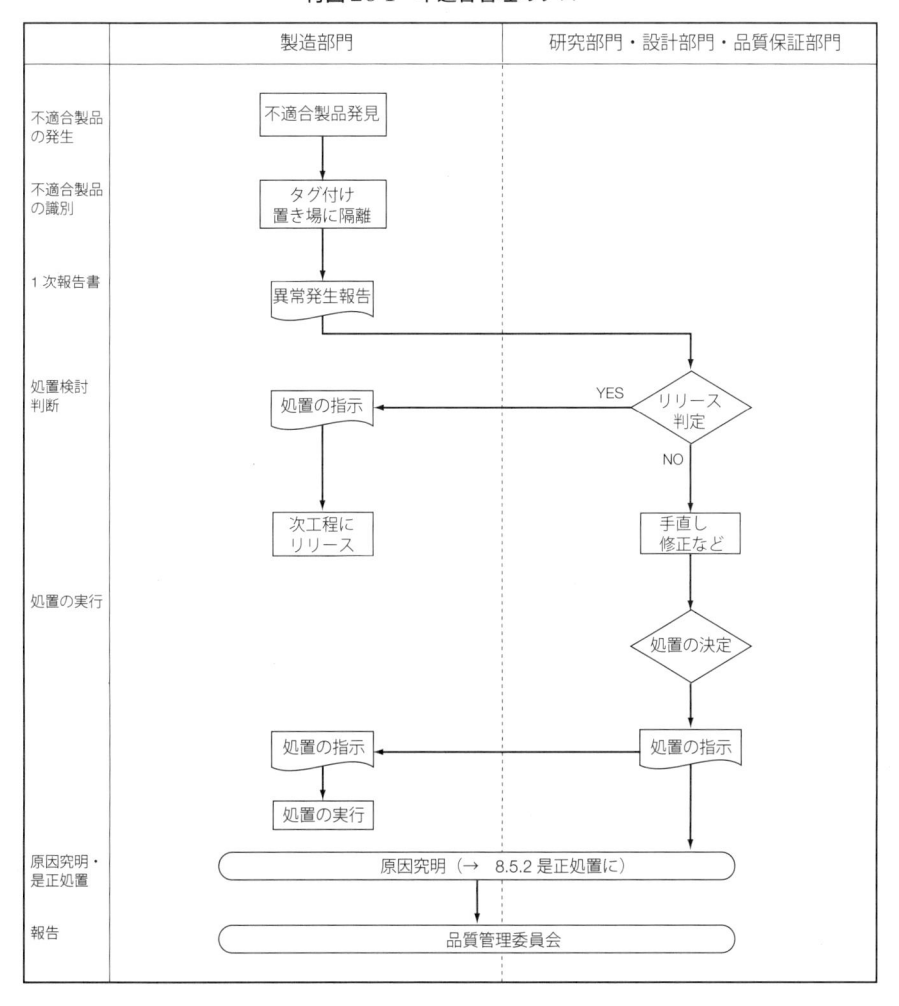

付図 28-1　ヒストグラムの作り方の例
（正規母集団からのサンプリング実験結果：n=100，測定単位 =0.2）

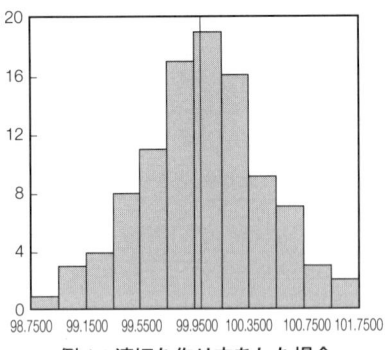

例1：適切な作り方をした場合
（柱の幅を 0.2，測定単位の整数倍にした場合）

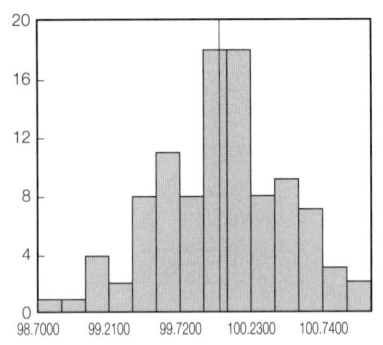

例2：適切でない作り方をした場合
（柱の幅を 0.17，測定単位の整数倍にしない場合）

付図 28-2　管理図の作り方の例

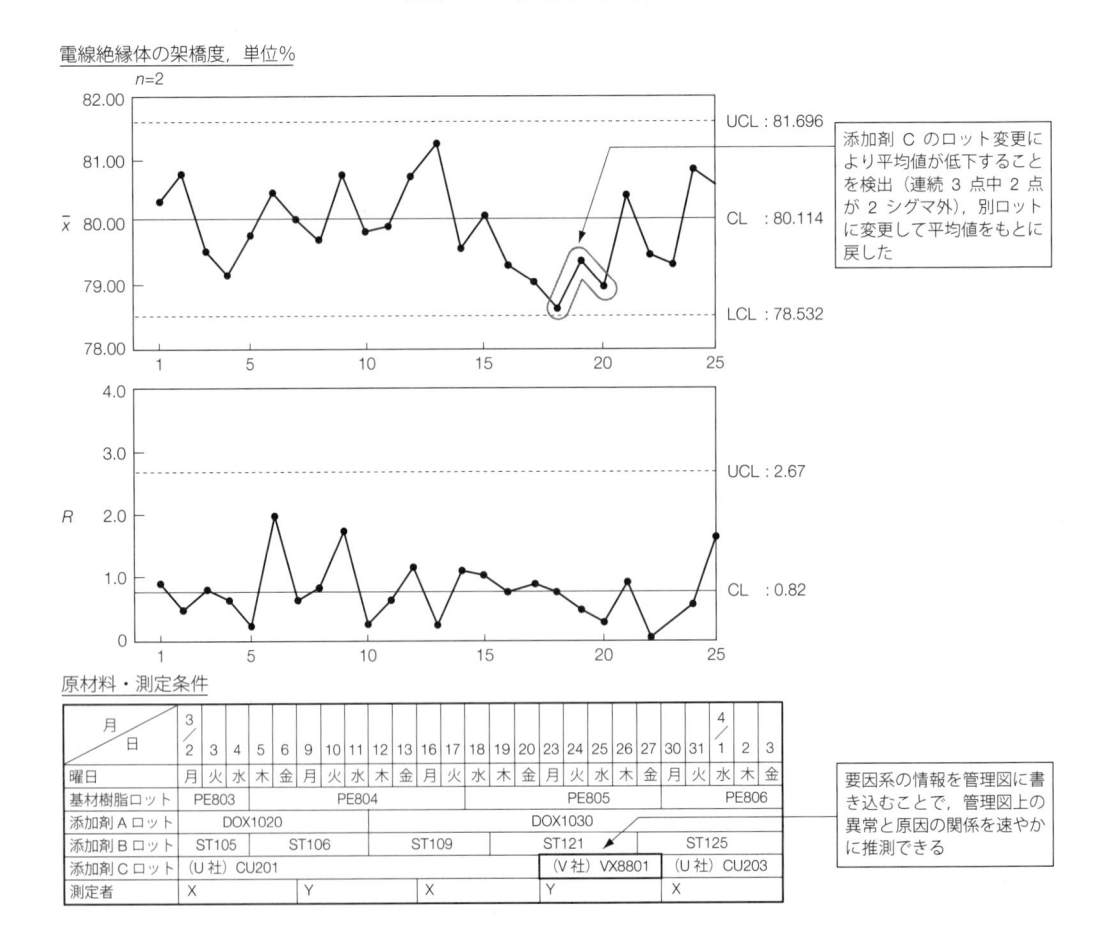

電線絶縁体の架橋度，単位%

$n=2$

$\bar{x}$ 管理図：UCL : 81.696，CL : 80.114，LCL : 78.532

添加剤 C のロット変更により平均値が低下することを検出（連続 3 点中 2 点が 2 シグマ外），別ロットに変更して平均値をもとに戻した

R 管理図：UCL : 2.67，CL : 0.82

原材料・測定条件

月	3/2	3	4	5	6	9	10	11	12	13	16	17	18	19	20	23	24	25	26	27	30	31	4/1	2	3
曜日	月	火	水	木	金	月	火	水	木	金	月	火	水	木	金	月	火	水	木	金	月	火	水	木	金
基材樹脂ロット	PE803				PE804										PE805								PE806		
添加剤 A ロット	DOX1020													DOX1030											
添加剤 B ロット	ST105			ST106				ST109								ST121					ST125				
添加剤 C ロット	(U社) CU201															(V社) VX8801					(U社) CU203				
測定者	X				Y						X					Y					X				

要因系の情報を管理図に書き込むことで，管理図上の異常と原因の関係を速やかに推測できる

付　図　　　227

付図 29-0　ISO をベースにした "改善" の流れ

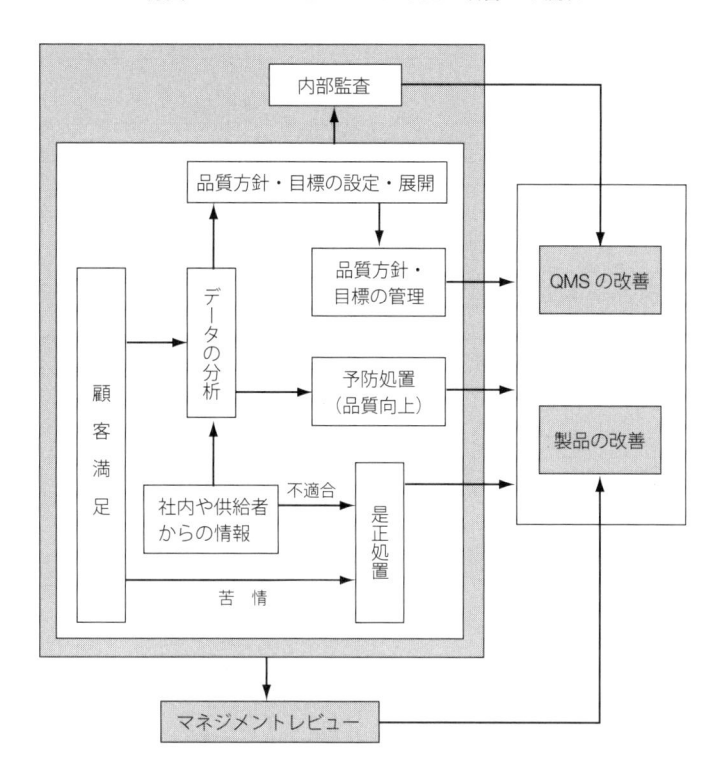

付図 29-1　QC 的問題解決の手順

No	基本ステップ	実施事項
手順1	テーマ選定	・問題点をつかむ ・テーマを決める
手順2	現状の把握と目標の設定	現状の把握 ・事実を集める ・攻撃対象（特性値）を決める 目標の設定 ・目標（目標値と期限）を決める
手順3	活動計画の作成	・実施事項を決める ・日程，役割分担などを決める
手順4	要因の解析	・特性値の現状を調べる ・要因をあげる ・要因を解析する ・対策項目を決める
手順5	対策の検討と実施	対策の検討 ・対策のアイデアを出す ・対策の具体化を検討する ・対策内容を確認する 対策の実施 ・対策方法を検討する ・対策を実施する
手順6	効果の確認	・対策結果を確認する ・目標値と比較する ・成果（有形・無形）をつかむ
手順7	標準化と管理の定着	標準化 ・標準を制定，改訂する ・管理の方法を決める 管理の定着 ・関係者に周知徹底する ・担当者を教育する ・維持されていることを確認する

（注）問題によっては，目標が与えられてから現状把握を進める場合や，現状を把握してからテーマの選定に入る場合などもありますので，その場合は基本を遵守したうえで，適宜手順を変更してもかまいません．

出典　細谷克也(1995)：QC 的問題解決法，p.80，日科技連出版社

付図 29-2　QC 七つ道具

手法名	目的	特徴
パレート図	重点項目を絞り込む 項目ごとの重要度を把握する	項目ごとの件数，金額などを表示する 棒グラフと累積値を表す折れ線グラフを組み合わせた図
特性要因図	問題の原因を追究する 因果関係の知識を整理する	結果としての特性を右端に置き，その原因，さらに原因，…と魚の骨のように表示した図
層別（の考え方）※	ばらつきの要因を把握する	データをばらつきの原因になると思われる要因ごとに再集計して，要因ごとのデータの分布，変化等の比較をする
チェックシート	データの収集と整理を容易にする	データ収集を容易にし，かつミスを少なくするような集計用紙や記録簿など
ヒストグラム	データのばらつきを把握する 分布の特徴を見る 規格値とデータの関係を見る	データを度数分布表に整理し，この度数分布を表示した柱状図
散布図	2 変数間の関係を見る 相関・回帰の検討を行う	二つの変数を横軸と縦軸にしてデータをプロット（布置）した図
グラフ 　　　及び	データからの情報把握を視覚的に容易にする	円グラフ，帯グラフ，棒グラフ，レーダーチャートなど，データを見やすく表示した図
管理図	工程を管理する 工程での問題を解析する 群内変動と群間変動を見る	横軸に時系列をとった折れ線グラフに管理限界を引いた図

（注）　"層別"は，手法ではなく，データを扱うときの共通の考え方であるとして，七つ道具から除く場合もある．
　　　その場合は，"グラフ"と"管理図"をそれぞれ一つの手法とする．

　　出典　岡本眞一，山田雄愛，綾野克俊（1998）：文科系のための品質管理，p.110，日科技連出版社

付図 30-1　是正処置の基本フロー図の例

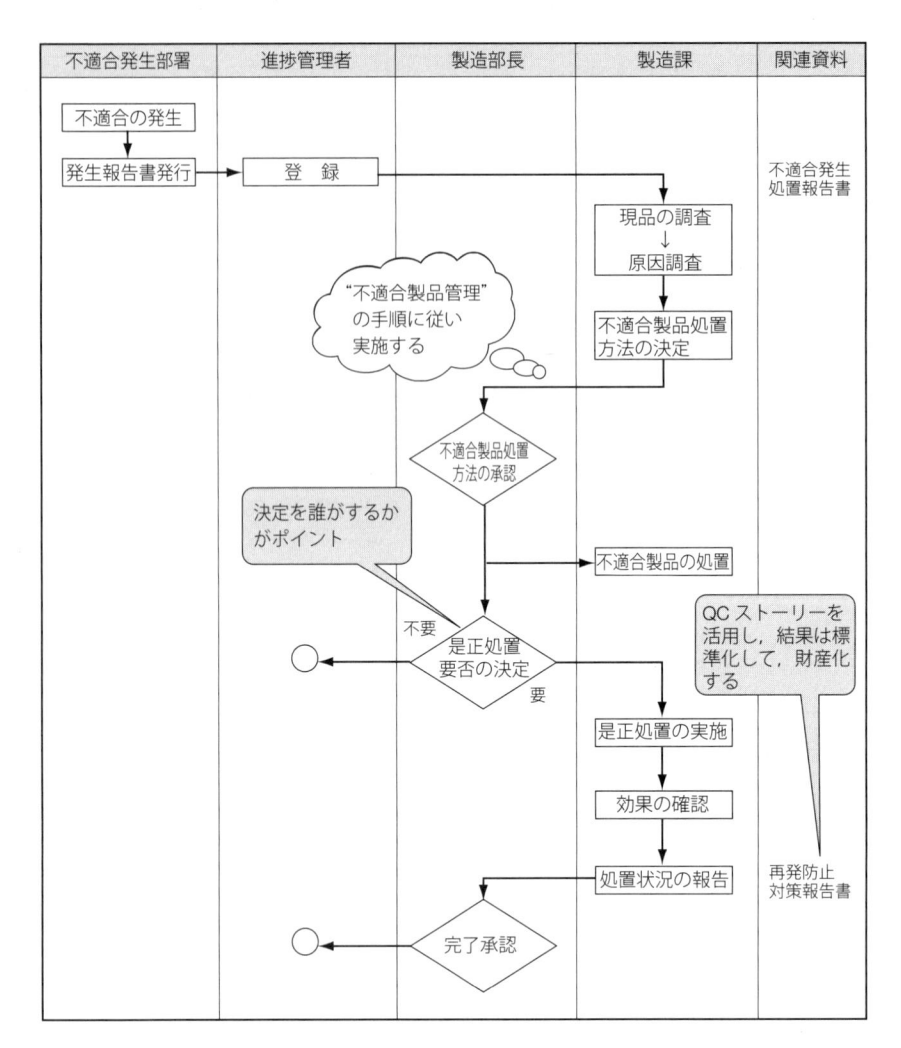

不適合発生部署	進捗管理者	製造部長	製造課	関連資料
不適合の発生 → 発生報告書発行	登録		現品の調査 → 原因調査 → 不適合製品処置方法の決定	不適合発生処置報告書
	"不適合製品管理"の手順に従い実施する	不適合製品処置方法の承認	不適合製品の処置	
	（決定を誰がするかがポイント）	是正処置要否の決定（不要／要）	是正処置の実施 → 効果の確認 → 処置状況の報告	QCストーリーを活用し，結果は標準化して，財産化する／再発防止対策報告書
		完了承認		

付図30-2 不合格発生処置報告書の例

登録番号：

						検査課長	進捗管理者
発生状況	製品名		検査月日				
	不良項目名		検査員名				
	不良発見数		ロット番号				
	抜き取り数		ロットサイズ				
調査状況	不適合品の調査結果：						調査者
処置方法の決定	当該ロット処置方法		処置実施者氏名：				製造課長
	1. 全数選別 2. 廃棄処理 3. 特別採用 4. その他の処置		当該ロットの処置に関する指示事項：				
							製造部長
	是正処置	要・否					特採承認
	是正処置実施者氏名：		周辺ロットの処置に関する指示事項：				
処置結果							製造課長
							製造部長
備考							進捗管理者

付図 30-3 再発防止対策書の例

テーマ名		部長	課長	報告者
登録番号				
取りあげた理由と目標				
現状把握				
解析				(添付資料：有・無)

	What	Who	When	How
対　策				
歯止め（標準化）	What	Who	When	How
効果確認				
備　考（水平展開等）				

付図　　　233

付図 31-1　予防処置の基本フロー図の例

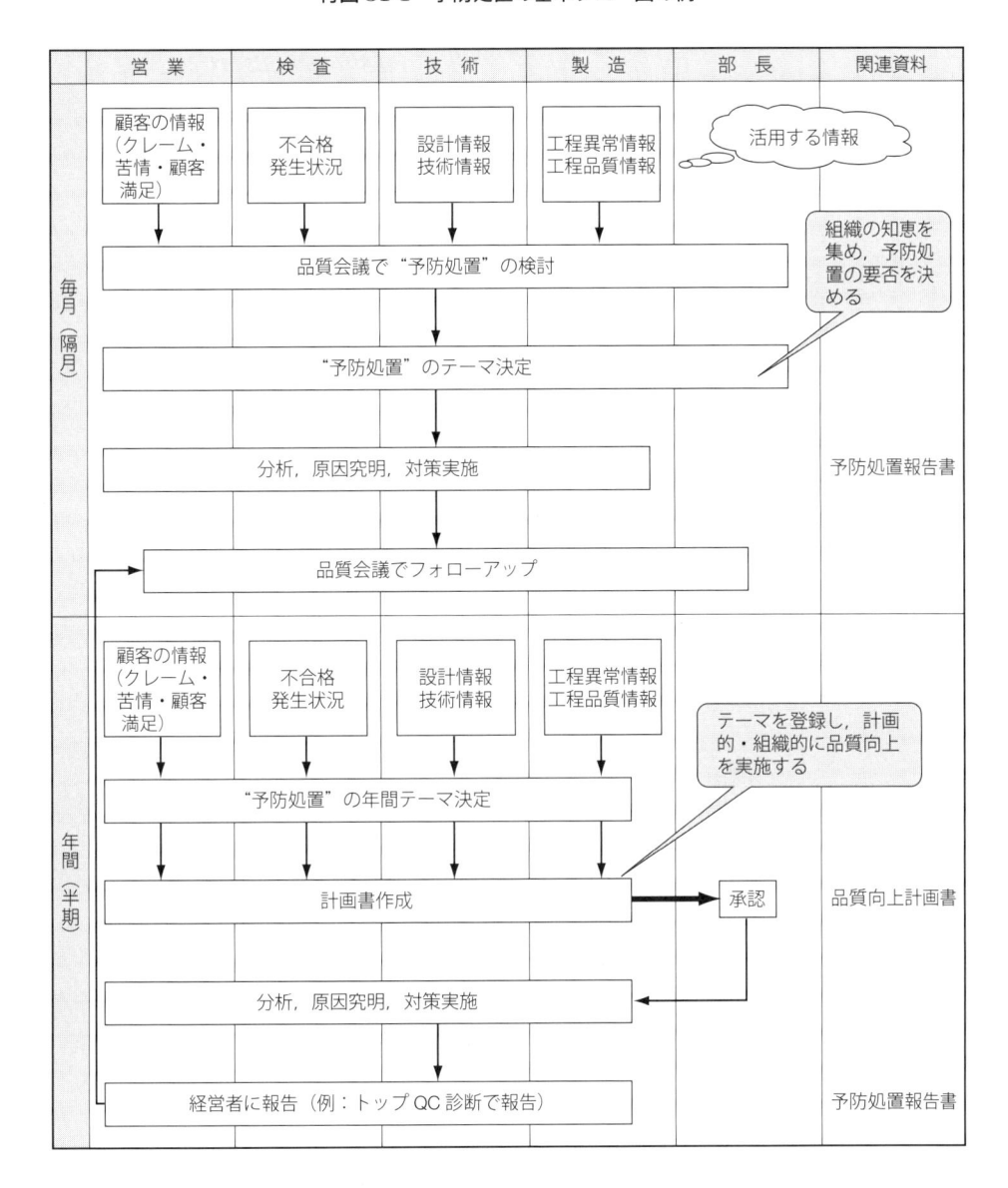

	営業	検査	技術	製造	部長	関連資料
毎月（隔月）	顧客の情報（クレーム・苦情・顧客満足）	不合格発生状況	設計情報技術情報	工程異常情報工程品質情報	活用する情報	
	↓	↓	↓	↓		
	品質会議で"予防処置"の検討				組織の知恵を集め，予防処置の要否を決める	
	↓					
	"予防処置"のテーマ決定					
	↓					
	分析，原因究明，対策実施					予防処置報告書
	↓					
	品質会議でフォローアップ					
年間（半期）	顧客の情報（クレーム・苦情・顧客満足）	不合格発生状況	設計情報技術情報	工程異常情報工程品質情報	テーマを登録し，計画的・組織的に品質向上を実施する	
	↓	↓	↓	↓		
	"予防処置"の年間テーマ決定					
	↓					
	計画書作成				承認	品質向上計画書
	↓					
	分析，原因究明，対策実施					
	↓					
	経営者に報告（例：トップ QC 診断で報告）					予防処置報告書

付図 31-2　品質向上報告書の例

<table>
<tr><td rowspan="2">テーマ名</td><td rowspan="2" colspan="3"></td><td>部長</td><td>課長</td><td>報告者</td></tr>
<tr><td rowspan="2"></td><td rowspan="2"></td><td rowspan="2"></td></tr>
<tr><td>登録番号</td><td colspan="3"></td></tr>
<tr><td>取りあげた
理由と目標</td><td colspan="6"></td></tr>
<tr><td>現状把握</td><td colspan="6"></td></tr>
<tr><td>解　析</td><td colspan="6">（添付資料：有・無）</td></tr>
<tr><td rowspan="2">対　策</td><td>What</td><td>Who</td><td>When</td><td colspan="3">How</td></tr>
<tr><td></td><td></td><td></td><td colspan="3"></td></tr>
<tr><td rowspan="2">歯止め
（標準化）</td><td>What</td><td>Who</td><td>When</td><td colspan="3">How</td></tr>
<tr><td></td><td></td><td></td><td colspan="3"></td></tr>
<tr><td>効果確認</td><td colspan="6"></td></tr>
<tr><td>備　考
（水平展開等）</td><td colspan="6"></td></tr>
</table>

索　引

アルファベット

BMO 法 ·· 181
control ·· 163
FMEA ··· 27
FTA ·· 27
ISO 9000 ·································· 18, 19, 20
ISO 9001 ···································· 18, 20, 23
ISO 9004 ··· 23
ISO 10002 ·· 160
ISO 19011 ·· 160
JIS Q 9005 ······················· 22, 23, 160, 166
JIS Q 9006 ······························ 23, 160, 166
JIS Q 9023 ··· 24
JIS Q 9024 ··································· 24, 160
JIS Q 9025 ··· 24
JIS Q 10002 ································ 160, 181
JIS Q 19011 ······································ 160
manage ······································· 163, 164
PDCA ·· 170
　　── サイクル ······························ 201
PLP ·· 51
QC 工程表 ·· 186
　　── の作り方 ······························ 219
QC ストーリー ································ 201
QC 的問題解決の手順 ······················· 228
QC 的問題解決法 ······························· 30
QC 七つ道具 ····························· 199, 229
QFD ·· 51
QMS ·· 18, 19
　　── モデル ····································· 34
quality ··· 23
Quality Management System ·········· 18, 19
SCM ··· 179
SDCA サイクル ······························· 201
Total Quality Management ················· 18
TQM ·· 18
TQM 9000 ··································· 18, 21
　　── 発展表 ······································ 18

あ 行

アフターサービス ····························· 188
インフラストラクチャー ·········· 78, 178

か 行

改善活動 ·· 201
学習 ·································· 39, 165, 167
革新 ·· 39, 165
環境問題 ··· 59
監視機器及び測定機器の管理 ·········· 190
間接検査 ·· 196
管理 ·· 29
　　── 技術 ······································ 178
　　── のサイクル ···························· 201
管理図 ······································ 199, 229
　　── の作り方 ······························ 226
教育訓練プロセス ····························· 178
業務品質目標管理表 ························· 175
グラフ ·· 229
クレーム ·· 193
　　── 品 ··· 197
経営資源 ··· 75
経営者のコミットメント ················ 174
経営ビジョン ···································· 174
経営要素管理 ···································· 162
経済的貢献 ··· 59
継続的改善 ······································· 200
原因追究 ·· 163
研究開発 ··· 87
検証 ·· 183
　　── 活動 ······································ 103
現状打破 ·· 164
検定・推定 ······································· 199
源流管理 ·· 164
コア技術 ··· 89
コアコンピタンス ··············· 20, 29, 167
構成管理 ·· 105
工程管理 ·· 186
購買管理 ·· 184
効率 ·· 198
顧客価値創造 ···································· 164
顧客関連プロセス ····························· 180
顧客の所有物 ··························· 122, 189
顧客満足 ·· 191
　　── の獲得 ·························· 162, 163
故障の木解析 ····································· 27
故障モード影響解析 ···························· 27

個別事業形 …………………………………… 47
コミュニケーション ………………………… 176
固有技術 ……………………………………… 178

さ 行

再格付け ……………………………………… 197
財務資源 ……………………………………… 83
作業環境 ……………………………………… 179
3階層の経営戦略 …………………………… 33
散布図 ………………………………………… 229
資格 …………………………………………… 178
識別 …………………………………………… 188
資源 …………………………………………… 75
自己診断 ………………………………… 33, 145
自己評価 …………………………… 33, 145, 166
質 ……………………………………………… 23
実験計画法 …………………………………… 199
質方針 ………………………………………… 59
質マネジメントシステム ……………… 18, 34
　　──の形態 ……………………………… 45
　　──マニュアル ……………………… 49
　　──マニュアルの構成 ……………… 49
質目標 ………………………………………… 59
社会的貢献 …………………………………… 59
社会に対する責任 …………………………… 57
修理 …………………………………………… 197
俊敏性 ………………………………………… 167
情報 …………………………………………… 81
　　──技術 ………………………… 80, 179
　　──システム ………………………… 179
ショートカット ……………………………… 183
初期流動管理 ………………………………… 187
自律 …………………………………………… 166
　　──性 ………………………………… 167
人材育成マネジメントシステム …………… 178
新製品開発計画書 …………………… 182, 215
人的資源 ……………………………………… 178
水平展開 ……………………………… 202, 203, 204
ステークホルダー ………………… 28, 165, 174
製造者責任予防 ……………………………… 51
製品 …………………………………………… 36
　　──開発体系図 ………………… 182, 214
　　──競争力 …………………………… 163
　　──・サービス ……………………… 36
　　──実現 ……………………………… 180
　　──の監視及び測定 ………………… 195
責任・権限 …………………………………… 175
是正処置 ……………………………………… 202

設計・開発の計画 …………………………… 182
設計・開発フロー図 ………………… 182, 214
設計変更 ……………………………………… 184
全社一体形 …………………………………… 47
全社統合形 …………………………………… 47
全社品質目標 ………………………………… 175
全数検査 ……………………………………… 196
戦略的マネジメントレビュー ……………… 71
層別 …………………………………………… 229
組織情報 ……………………………………… 57
組織図 ………………………………………… 208
組織能力 ………………………………… 29, 166
　　──像 ……………………… 22, 23, 33, 165
　　──像の明確化 ………………… 63, 145

た 行

妥当性確認 …………………………… 105, 183
多変量解析 …………………………………… 199
チェックシート ……………………………… 229
知識・技術 …………………………………… 83
超ISO企業 …………………………………… 19
デザインレビュー …………………………… 183
手直し ………………………………………… 197
統計的手法 …………………………… 152, 198
特殊工程 ……………………………………… 187
特性要因図 …………………………………… 229
特別採用 ……………………………………… 197
トップ懇談会 ………………………………… 178
トップ診断 …………………………………… 178
トレーサビリティ …………………………… 188

な 行

内部監査 ……………………………………… 193
抜取検査 ……………………………………… 196

は 行

パートナー …………………………… 57, 109
廃却 …………………………………………… 197
パレート図 …………………………………… 229
ヒストグラム ………………………… 199, 229
　　──の作り方 ………………………… 226
ビフォアサービス …………………………… 188
評価指標
　　──（供給者との共生関係度合い）…… 139
　　──（顧客満足） ……………………… 135
　　──（社会に対する影響度合い）…… 141
　　──（組織の人々の満足） …………… 137
　　──（投資者・株主の信頼） ………… 139

品質	29	──規定	171
品質機能展開	51	──システム	171
品質記録	172	文書体系図	206
──一覧表	208	文書体系の概略	170
──管理規定	172	文書ファイル	171
品質計画	180	変化への対応	33, 165
──書	180	母集団	199
品質情報	174		
品質特性	195	**ま 行**	
──の層別方法	225	マーケットイン	162
品質表	216, 224	マーケティング	85
品質方針	174	マネジメントレビュー	176
──・目標の設定	174	──チェックシート	211
品質マニュアル	48, 49	無試験検査	196
──の構成	49	目的志向	28
品質マネジメントシステム	18, 34		
付帯サービス	187	**や 行**	
不適合管理	196	有効性	198
──のフロー	225	ユーティリティ	179
部門品質目標管理表	175	予防処置	203
部門目標展開表	175	4S	116
プロセス	205		
──アプローチ	206	**ら 行**	
──アプローチの概念図	206	利害関係者	174
──の概念図	205	レベル1	31
──の監視及び測定	194	レベル2	31
プロダクトアウト	162	レベル3	31, 32
文書管理	171	レベル4	31, 33

ISO から TQM 総合質経営へ
　―ISO からの成長モデル

定価：本体 2,700 円（税別）

2007 年 4 月 27 日　　第 1 版第 1 刷発行

監　　修　飯塚　悦功
編　　著　超 ISO 企業研究会
発 行 者　島　　弘志
発 行 所　財団法人 日本規格協会
　　　　　〒 107-8440　東京都港区赤坂 4 丁目 1-24
　　　　　　　　　　　http://www.jsa.or.jp/
　　　　　　　　　　　振替　00160-2-195146
印 刷 所　三美印刷株式会社
製　　作　有限会社カイ編集舎

© Yoshinori Iizuka, et al., 2007　　　　　Printed in Japan
ISBN978-4-542-70223-3

当会発行図書，海外規格のお求めは，下記をご利用ください．
　出版サービス第一課：(03)3583-8002
　書店販売：(03)3583-8041　注文 FAX：(03)3583-0462
　JSA Web Store：http://www.webstore.jsa.or.jp/
編集に関するお問合せは，下記をご利用ください．
　編集第一課：(03)3583-8007　FAX：(03)3582-3372

超 ISO 企業実践シリーズ

①	[総論] ISO を超える	飯塚悦功 著 A5 判・120 ページ 定価 1,260 円(本体 1,200 円)
②	ISO 9001 の基本概念と有効活用	住本 守 著 A5 判・86 ページ 定価 1,260 円(本体 1,200 円)
③	TQM の基本的考え方 －超 ISO 企業の羅針盤	飯塚悦功・慈道順一 共著 A5 判・128 ページ 定価 1,260 円(本体 1,200 円)
④	[経営課題] お客様クレームを減らしたい	松本 隆 著 A5 判・104 ページ 定価 1,260 円(本体 1,200 円)
⑤	[経営課題] QMS の有効性を継続的に改善したい	福丸典芳 著 A5 判・132 ページ 定価 1,260 円(本体 1,200 円)
⑥	[経営課題] コスト低減を実現したい	丸山 昇 著 A5 判・134 ページ 定価 1,260 円(本体 1,200 円)
⑦	[経営課題] 設計・開発段階での品質問題を減らしたい	石川 茂 著 A5 判・116 ページ 定価 1,260 円(本体 1,200 円)
⑧	[経営課題] 人を育てたい	村川賢司 著 A5 判・104 ページ 定価 1,260 円(本体 1,200 円)
⑨	[経営課題] 製造段階での品質問題を減らしたい	二宮慶三 著 A5 判・132 ページ 定価 1,260 円(本体 1,200 円)
⑩	[経営課題] QMS の効率を高めたい	丸山 昇 著 A5 判・94 ページ 定価 1,260 円(本体 1,200 円)
⑪	[経営課題] 顧客満足度を向上させたい	山崎正彦 著 A5 判・100 ページ 定価 1,260 円(本体 1,200 円)
⑫	[経営課題] 購買製品の品質を向上させたい	福丸典芳・池田晃三 共著 A5 判・102 ページ 定価 1,260 円(本体 1,200 円)

JSA 日本規格協会 http://www.jsa.or.jp/